庄子哲学精神的渊源与酿生

(修订本)

邓散行 著

中国社会科学出版社

图书在版编目（CIP）数据

庄子哲学精神的渊源与酿生 / 邓散行著. -- 修订本. -- 北京：中国社会科学出版社，2024.5
ISBN 978-7-5227-3591-7

Ⅰ.①庄⋯ Ⅱ.①邓⋯ Ⅲ.①庄周（约前369-前286）—哲学思想—研究 Ⅳ.①B223.55

中国国家版本馆 CIP 数据核字（2024）第 101509 号

出 版 人	赵剑英	
责任编辑	郝玉明	
责任校对	谢　静	
责任印制	李寡寡	
出　　版	中国社会科学出版社	
社　　址	北京鼓楼西大街甲 158 号	
邮　　编	100720	
网　　址	http://www.csspw.cn	
发 行 部	010-84083685	
门 市 部	010-84029450	
经　　销	新华书店及其他书店	
印　　刷	北京君升印刷有限公司	
装　　订	廊坊市广阳区广增装订厂	
版　　次	2024 年 5 月第 1 版	
印　　次	2024 年 5 月第 1 次印刷	
开　　本	710×1000　1/16	
印　　张	20.75	
字　　数	312 千字	
定　　价	108.00 元	

凡购买中国社会科学出版社图书，如有质量问题请与本社营销中心联系调换
电话：010-84083683
版权所有　侵权必究

序 一

李中华

任何思想文化体系或学术思潮皆有其由以产生的背景和渊源，如若离开其背景和渊源，我们就很难对这种思想文化体系或学术思潮作全面深入的研究。这就像地理学家或水利学家对一条大河的考察，要准确了解其流量大小、水质清浊、盈枯变化、水流湍缓、支脉分布，乃至与之相关的季节、气候等情况，一定要沿流溯源，彻底弄清这条大河的来龙去脉，此之谓"若知其流，必溯其源"。

庄子其人其书，乃中国文化之大流也。其说汪洋恣肆、茫无涯涘，似大河考察之不可比，故其源头实难得窥。南宋学者林经德在其《庄子口义后序》中说："《南华》一书，古今之奇笔也。然尊之者或流于清虚，讥之者或疑其怪诞。虽文字之妙不容泯没，而笺传不明，为书之累久矣。……盖此书之所以难通者，字义多异于吾书，言论或违于先圣，旨趣之不可诘，如凭虚捕象罔，而赤手搏蚊螭；会归之不可定，如穷三江而昧支流，溯九河而迷故道。每一开卷，未尝不跃然以喜，亦未尝不惕然以惑。"这里所谓"会归之不可定"，即指《庄》书渊源之难明。而由《庄子》一书思想之复杂，自可推知其源头亦必复杂，故古今研究者对庄学渊源之考察，往往陷于纷淆迷离，有如林氏所谓"穷三江而昧支流，溯九河而迷故道"。

其实，对庄学思想的研究与对庄学思想之渊源的考察，是一个问题的两个方面，二者之间的逻辑关系十分紧密。因此，要知其流，必探其源；

欲探其源，亦必知其流。有鉴于此，邓联合君的《庄子哲学精神的渊源与酿生》正是一部对庄子哲学思想的探源之作，这是他在多年研究的基础上出版《"逍遥游"释论——庄子的哲学精神及其多元流变》（北京大学出版社2010年版，以下简称《释论》）之后的又一部关于庄子思想的著作。

这部新著的特点或新义可归纳为四点。第一，如题所示，作者已出版的《释论》主要探讨的是"庄子的哲学精神及其多元流变"，而新作之名为"庄子哲学精神的渊源与酿生"，从两本书名的对比中即可看出作者的用心，即如其所言："考察庄子哲学精神的渊源和酿生，不仅可以带动对构成庄子哲学思想的相关范畴和观念之前源的追探，而且还有其自身固有的更为重要的理论意义，即：揭示以庄学精神为代表的独立的个体意识在早期中国思想的演进过程中究竟是怎样破茧而出的。"这一点，也正是作者对庄子哲学精神的渊源和酿生问题尤感兴趣，从而将其作为这部新作的中心论题的根本原因。在作者看来，如果不能具体而微地揭示其中某些具有关键性的理论范畴和思想观念的历史前源，庄学精神何以生成亦将无从得到切实的说明；反之，亦不能贴切、完整地把握庄子思想的义涵和庄学精神的全貌，从而做到"穷三江而明支流""溯九河而知故道"。此即是从庄子"独异的个体"生命哲学之"流"而会乎庄学精神之"源"。"源"与"流"的紧密结合，是这部庄学研究新著之最大亮点。

关于庄学思想之渊源的探讨，虽古已有之，但近世以来的研究最为突出。邓联合之新作，系统地整理、归纳了近世以来关于庄学思想渊源的研究成果，尽其所能，搜刮殆尽，可谓翔实地占有材料。其行文及注脚所引的文献资料，数量之多，范围之广，几乎囊括了近世以来所有名家关于庄学思想源头考辨的材料。可以说，该书在文献资料的收集、运用、引征、评说的范围、能力及水平方面，似皆超越了同类著作。

第二，在翔实、系统地占有材料的基础上，作者对庄学思想渊源这一主题展开了比较全面客观的讨论，并首先揭示了庄子思想的"巫魅性及其文化归属"。其中涉及以往研究者考订庄学归属的各种具有代表性的看法和意见，例如对"庄学源于楚文化"说、"庄学源于齐文化"说以及"庄学源于商宋文化"说等，作者都一一重新作出厘定和考辨，认为庄子思想的来源是多元的，因此不能把庄学简单视为某种特定地域文化的产物。因为，无论楚文化、齐文化还是商宋文化，其实都是内涵和外延较为含混且动态发展的历史性概念。而如果抛开地域文化的探源理路，"庄学的巫魅性只应被归结为巫文化的遗痕"。因为"作为人类古代文化的普遍形态，巫文化并不仅仅存在于楚、齐及商宋等特定的地理空间，而是几乎无处不在，其差别只是形态、程度各异而已"。作者的这一看法，对于确定庄学源头及其思想特质，都具有独特意义。之所以如此，其理由起码可以归结出两条：一是巫文化作为人类早期历史阶段的普遍信仰，不应有特定地域的限制，而此时的楚文化、齐文化及商宋文化只是这种普遍信仰的子系统而已；二是就历史连续性而言，巫文化的产生、传播和发展自有其先后的历时性，无论庄子为楚人、齐人或宋人，均为战国时代的楚人、齐人或宋人，而战国时代的楚、齐、宋，盖早已是巫文化历史发展的晚期，所以就其历时性而言，对于人类早期流行的巫文化传统来说，再辨析庄子为哪一国人似已无太大意义。因此可说，探讨庄学思想的渊源而打破地域文化的分限，是邓联合这部新著的又一新义。

第三，在确定了庄学思想与巫文化（其中包括神话在内）的渊源关系这一前提下，作者借鉴了法国人类学家马塞尔·莫斯的代表作《巫术的一般理论》的观点，并把莫斯所描述的巫文化的常见特征与《庄子》文本相比照，通过分析那些被边缘化的巫者、畸人、巧匠等特殊社会群体，揭示了庄子生命哲学的超越向度正是在巫文化的影响下形成和发展的。作者指出，一方面，庄子为个体自我构筑了一个宏富雄奇、玄远伟阔而又无比强大的心灵世界，一个不仅间离，更且凌驾于现实社会之上的世界。这个世界"对于微贱的个体来说，它既可作为自我的精神逃遁之所，又是可借以抵抗现实社会的逼迫乃至超越整个尘垢世界的圣域"；"在此圣域中，个体已然克服了包括生死在内的所有现实自我必有的缺憾和限制，获致超绝时空的神性生命样式"。另一方面，庄子生命哲学中的"自我神化"的理想，本质上是孤独的个体在现实社会中找不到出路、看不到意义的境况下，

"为摆脱自我生命的死局，转而向内主动寻求精神突围的结果，而与日常经验世界相悬隔的巫魅观念和信仰恰恰可为其内在突围提供丰富的思想资源"。在此一意义上，作者得出结论认为："庄子撇开了垄断化、排他化、政治化的官方宗教传统，他所承继的是日渐式微的巫文化的原始精髓。"这就意味着，在先秦诸子中，似乎唯独庄子以其内有的"自我神化"的生命理想，对渐逝的巫文化进行了继承、改铸、加工和过滤，走出了一条迥异于儒墨诸家学者而继承并扬弃巫文化的道路。庄子哲学中卓伟超拔的自我生命意识的觉醒，盖与此有重要关系。应当说，这也是轴心时代"哲学突破"的本有之义。

第四，除巫文化外，作者还分别对庄子与先秦道家、庄子与作为对话者的先秦儒家及名家等的关系，做了翔实的分析与考辨。其中，作者对庄子与先秦道家之老子、关尹、列子、杨朱及稷下道家的关系一一作了比较系统的梳理、考证和辨析，可以说有许多亮点和新义。例如，在庄子与老子的关系方面，作者一方面强调了庄与老的差别，认为老子追求的理想目标是得道之圣王"以道莅天下"，而庄子的言说中心恰恰是统治者逼压下的普通个体，其思想大旨是险恶时世中个体生命的存养和精神超越。因此，与老子相比，庄子的思想旨归不是为得道之圣王或为世主提供治道，而在于个体自我的心灵超脱，即所谓"乘道德而浮游"。另一方面，作者通过考辨，揭示了"巫史传统与庄老思想背景之亲缘"关系，导致二者思想由以生成的文化渊源存在着重合之处，这种重合之处即二者共同依循的巫文化传统，而非如前人所谓的"殷文化"背景。正因为二者的文化渊源具有亲缘契合性，所以庄子特别倾心于老学，且在吸收和继承的同时，亦超越了老学。其超越主要表现在庄子从"道物关系"、"得道之方"、"得道者"和"生存智慧"四个方面对老子思想的发展或转换。细读该书，可发现作者对庄老关系，以及对庄子与关尹、庄子与列子、庄子与稷下道家等关系的辨证梳理，其中亦有许多新义。

至于作者从其所揭示的庄子与作为对话者的儒家及惠施的关系角度所进行的研究，也具有重要的启示作用。因为，《庄子》书极具对话争论的性质，庄子思想即是在百家之学相互激荡和彼此促发的社会文化氛围中产生的，所以诸子间的相互对话、交锋、批评和反思，乃是庄学产生的必要条件。正如作者所指出的，如果没有这些思想交锋和互动，便不会有庄子之学和《庄子》其书。

总之，邓联合君的新著《庄子哲学精神的渊源和酿生》，可以为读者全面理解庄子思想提供新的视角、开拓新的领域。该书不仅对庄学本身的研究具有重要意义，而且对整个先秦道家及诸子思想起源的研究，对具有原生态和胚胎性质的中国早期巫文化及神话的研究等，也都具有重要的参考价值。当然，任何新作都不可能尽善尽美，尤其是对于《庄子》这样的奇书，两千多年来研究成果不计其数，到头来仍是仁者见仁而智者见智，并没有形成统一的确解，也不可能有统一的确解，这也许就是千百年来《庄子》一书的最大魅力所在。

邓联合君书稿成，嘱我写序。几读书稿，考虑再三，是为序。

李中华　于碣石园

序　二

王玉彬

　　庄子之学，振拔于沉浊之中，超离于尘垢之上，由"朝彻"而"见独"，终而达致"独与天地精神往来"的玄妙境界，真可谓"冷笑行藏只独知"者。然而，"独"体现的仅仅是其思想风格与境界情态，绝非意味着庄子哲学即是横空出世甚至无中生有之物。古今多有学者认为《天下》篇乃《庄子》一书之后序，该篇纵论天下道术，探古学源流，判诸子短长，庄子深厚的"学术功底"已展露无遗；司马迁亦云"其学无所不窥"，也说明庄子汲取的"学术资源"是何等丰赡。庄子哲学必有植根其中的饶沃土壤、流衍而出的丰沛源泉。其根之深，其源之远，非常值得研究者对之进行反本溯源式的开掘与疏浚。

　　但是，由于《庄子》的篇章难辨真伪，文风瑰玮参差，思想驳杂歧异，诸多因素交织而成为探源之路上的巨大障碍。历代的研究者往往会因此而迷失于庄子的"广莫之野"，以至于小题大做、捕风捉影、郢书燕说，从而提出了纷纭的歧见与异解。这些后出的见解，恰如在庄子广袤错综的原野上又遍植了层层荆棘，稍有不慎便会"伤吾足"，愈发使人茫然而不知所措，茶然而不知所归。

　　于庄子哲学而言，一方面亟须对之进行反本溯源乃至正本清源的研究，方能深化对它的认知与理解；但另一方面，由于客观的困境外加历史的积垢，其本源已然愈加难辨难寻。邓联合先生的这部《庄子哲学精神的渊源与酿生》，其问题意识、研究理路以及理论关怀，均是针对上述"庄学探源之困"及其必要性而发的。

前人之所以容易在寻找庄子"桃花源"的路上迷失，多是因为缺乏恒定于心的"道枢"的指引，以至于不能跨越《庄子》文本的暗沼，更难以穿越前人成见的丛林。在本书中，邓联合先生以"庄学精神"为"道枢"，找到了走出困境的可能路径。所谓"庄学精神"，即"庄之所以为庄者"，邓先生将其意涵诠定为兼具精神境界与生存方式两种维度的"独异的个体"。因为这种生命哲学精神是"基调鲜明"的，所以可照亮返本的道路；因为它又是"取向明确"的，所以能够指引溯源的方向。由此理路之转换，作者在本书中通过筚路蓝缕式的努力，一改前人在"探源"问题上的率意性、偶然性、片段性，从而截断众流、熔铸异说，第一次全面系统而细致地梳理了影响庄子哲学精神之生成的文化基因与思想资源，并对其间复杂而隐秘的关系进行了客观而平实的讨论，可谓对庄子哲学又进行了一次深入而切实的突破式、系统性的研究。

在作者看来，巫文化、老子、关尹、列子、杨朱、儒家、惠施等对庄子均有着或大或小的影响，它们的思想光芒在《庄子》书中若隐若现，构成了庄子哲学挥之不去的思想背景。尤其是在对"庄子与巫文化"之关系问题的精彩探讨中，作者探赜索隐，将庄子隐晦而远古的"精神胎记"揭示了出来，不仅还原了庄子的精神风貌，拓展了庄子的思想空间，更能帮助我们进一步准确、翔实地理解《庄子》中的一些难解文本或现象。由于关尹、列子、杨朱等思想家资料的阙如，作者极为审慎地处理了庄子与他们的思想关系，既不夸大其同，也不忽视其异，而是在小心翼翼地考辨论证中向最为切实稳妥的结论逼近。前人对庄子与老子、儒家及惠施等的关系已有着极为丰富的论述，本书于此亦能于众声喧哗中总揽诸说，时出灼见。

在对材料的运用上，作者不仅严格从《庄子》等原典的文本与概念出发，辨析庄子思想与其他学派之间的内在牵系，从而使立论更为坚实而可信；更让人叹服的是，作者细致搜罗并归纳了前人探源的种种意见，所引资料之丰富，所述观点之全面，堪称一部"庄学探源"的"指南"甚至

"百科全书"了。

邓联合先生曾出版过《"逍遥游"释论——庄子的哲学精神及其多元流变》一书,对庄子哲学进行了独出机杼的诠释,并对后世"逍遥义"的流变进行了提要钩玄的论说。实际上,《释论》与作者这部新著的关系,可谓一以贯之、两全其美。所谓"一以贯之",是因为作者对庄学之"独异的个体"生命主题有着一贯的体认,庄子的哲学精神充盈并灌注于两书之终始。所谓"两全其美",指的是本书解决了庄子哲学何以根深、何以源远的问题,《释论》则呈现出庄学如何叶茂、如何流长的特征。庄子哲学的根深叶茂、源远流长,正由这两本书得到了全景式的呈现。读者参看两书,不仅能对庄子哲学的"来龙"与"去脉"有所知解,相信也会更容易体味到庄子哲学所蕴含的那种忘形自得之怀、齐物逍遥之心。

王玉彬　于北京大学

目　录

绪　论　苦寻庄子魂 ……………………………………………… 1
　第一节　庄子哲学探源之困 ………………………………… 1
　　一　古今歧说 ……………………………………………… 1
　　二　《庄子》文本的驳杂性 ……………………………… 5
　第二节　思路转换 …………………………………………… 14
　　一　庄子哲学精神的实质 ………………………………… 14
　　二　庄子哲学精神的两个面相 …………………………… 19

第一章　庄子与巫文化：从"人神合一"到"自我神化" ……… 25
　第一节　庄子思想的巫魅性及其文化归属 ………………… 26
　　一　庄子与楚文化 ………………………………………… 27
　　二　庄子与齐文化 ………………………………………… 35
　　三　庄子与商宋文化 ……………………………………… 37
　　四　从巫文化的角度看 …………………………………… 45
　第二节　庄子与神话：超绝日常的个体样态 ……………… 49
　　一　时空之外的神性生命 ………………………………… 51
　　二　特异功能者 …………………………………………… 60
　第三节　庄子与民间巫者：边缘社会的"天人" …………… 73
　　一　巫者的边缘化 ………………………………………… 74

  二　畸人 ·· 78
  三　巧匠 ·· 85
 本章结语 ·· 94

第二章　庄子与道家：形之生灭，神之逍遥 ············ 98
 第一节　道家学脉中的庄子 ································ 99
 第二节　庄子与老子：从"以道莅天下"到"乘道德
     而浮游" ·· 104
  一　"老庄"、"庄老"及"老自老，庄自庄" ············ 104
  二　巫史传统与庄老思想背景之亲缘 ···················· 110
  三　道物关系 ·· 118
  四　得道之方 ·· 127
  五　得道者 ·· 138
  六　史官理性与游世之术 ································ 145
 第三节　庄子与关尹：清静自守，随物应世 ············ 154
  一　关尹贵清 ·· 154
  二　《庄子》中的关尹思想印迹 ························ 158
 第四节　庄子与列子：虚而遨游，无待无穷 ············ 163
  一　列子贵虚 ·· 163
  二　被贬责的列子 ······································· 167
 第五节　庄子与杨朱：从贵己重生到无己外生 ·········· 171
  一　杨朱贵己 ·· 171
  二　《庄子》对杨朱的批评 ····························· 180
 第六节　庄子与稷下道家：道术分途 ····················· 186
  一　庄子与宋钘：内外的分合 ·························· 188
  二　庄子与田骈、慎到：齐物的异趣 ·················· 194
 本章结语 ·· 198

第三章　庄子与作为对话者的儒家：从"群于人"到"成其天" …… 201
第一节　所谓"庄出于儒" …… 202
一　庄子出于孔门? …… 203
二　庄子之学出于《易》? …… 210
第二节　修身与存身 …… 214
一　无方与有方的二难 …… 214
二　戒慎委蛇 …… 221
第三节　方内与方外 …… 226
一　从"与人为徒"到"与天为徒" …… 226
二　孔子：从"天之戮民"到"天之君子" …… 233
本章结语 …… 237

第四章　庄子与作为对话者的惠施：从"逐物"到"自宁" …… 240
第一节　庄惠之交 …… 240
第二节　外物与内德 …… 244
第三节　两行与道 …… 247
本章结语 …… 252

第五章　个体的出走与庄子哲学精神的生成 …… 255
第一节　现实世界的尘垢化 …… 256
第二节　圣王历史叙事的覆解 …… 261
第三节　天道的远逝 …… 264
本章结语 …… 266

余论　《庄子》与《诗》的显隐关联 …… 271
第一节　显性关联：《庄子》中的《诗》 …… 272
第二节　隐性关联：章法与语汇 …… 278
第三节　隐性关联：自然书写、民间日常与"诗的情趣" …… 283
本章结语 …… 288

参考文献 ·· 289
    一　典籍 ·· 289
    二　论著 ·· 291
    三　论文 ·· 300

附　录　巫魅性、巫史传统与庄子哲学精神探源 ················ 308

后　记 ·· 317

绪　　论
苦寻庄子魂

第一节　庄子哲学探源之困

一　古今歧说

庄子哲学思想的源头究竟在哪里？

通观现存文献可知，最先追探庄学之源的记述恰恰是在《庄子》书中。① 更具体地说，与庄子同时或稍后的学者已经论及这个问题了。据《庄子·秋水》篇所载，魏公子牟在解答公孙龙"闻庄子之言"而产生的困惑时，曾以无比推崇的语气详细介绍了庄子之学的风神，其中有云："始于玄冥，反于大通。"此外，《天下》篇在述评庄子之学时又说②：

---

① "庄学"有二义：狭义是指庄子或《庄子》的哲学、宗教、政治、文学等思想；广义既涵括前一义，又广包古今中外学者对《庄子》其书的考辨、整理、注解以及对庄子其人、其思想的评论阐说。此处所谓"庄学"是狭义的，并尤其涉指庄子的哲学思想。

② 关于《天下》篇的作者，历来诸说不一，详可参阅严灵峰《老庄研究》，台北：台湾中华书局1979年版，第169—207页。张恒寿认为，该篇"作者是一位受老庄影响很深的儒家，成书年代在荀子以后、司马谈以前"（《庄子新探》，湖北人民出版社1983年版，第313页）。事实上，无论其作者是谁，《天下》篇都是在司马迁《庄子列传》之前最先追探庄学之源的著作。

> 芴漠无形，变化无常，死与生与，天地并与，神明往与！芒乎何之，忽乎何适，万物毕罗，莫足以归，古之道术有在于是者。庄周闻其风而悦之……。

魏牟所说的"玄冥"颇为难解，从与之对应的"大通"一词来看，"玄冥"应是指庄子哲学思想的逻辑起点。《天下》篇提及的"古之道术"无疑是指庄子之学出乎其中的历史文化前源，不过论者用以描述这种道术之特点的"芴漠无形"云云未免过于虚玄缥缈，使人难以确知其意。

从战国一直到现在，尽管古今学者殚精竭思，"上穷碧落下黄泉"，但实事求是地说，庄子哲学思想的渊源问题仍未得到周当的解决。本书之所以把庄子的"哲学精神"而非其"哲学思想"的渊源和酿生确立为中心论题，固然是基于笔者对这两个问题的内涵、实质及其关系的理解和判断，另一方面，实亦是迫于庄学探源不得不面对的困难和障碍而作出的不得已选择。为什么这样说呢？

不妨让我们首先回顾一下古今学者关于庄学之源的各种论说。据实而论，自《天下》篇最先指认庄子之学源于其体纯备、"其运无乎不在"的"古之道术"之一端起，或者把时间往后推，自汉代司马迁为庄子作传时，说"其学无所不窥，然其要本归于老子之言"（《史记·老子韩非列传》）起，关于庄子思想的渊源，古今学者提出的看法诚可谓繁杂歧出。概言之，这些看法可归为如下几类。

第一，循着时间线索向前追溯，主要观点有：（1）庄子当为殷之遗民，并且极可能是宋之公族，而消极、愤世、不满周政的庄子思想则应出自殷商文化背景；（2）同样循着时间线索，《天下》篇的作者对庄学渊源的追溯显然更为古远。

第二，从空间性的地域文化差异的角度来考察，主要观点有：（1）庄子自是楚人，其学则应出于南方的楚文化；（2）庄学是东方的齐文化或海滨文化之产物；（3）庄子既然是宋国人，故其学必在商宋的文化土壤中孕育而成；（4）庄子思想综合吸收了东部的齐鲁文化、南方的楚文化、西部和西北部的周文化和晋秦文化、北方的燕赵文化等多种因素，从而形成并归属于中原文化系统。

第三，根据不同社会群体或阶层、阶级的思想特征和价值取向，有学者认为：（1）庄学出自厌世、避世的"逸民"或隐士，堪称隐士思想的集大成者；（2）庄学出于养生家或神仙家；（3）貌似高逸的庄子其实是个混世之徒，其思想出于战国时期悲观的"没落奴隶主贵族"；（4）庄子是具有贫民或平民性格的知识分子，其思想可被视为"自由农民"的代表。

第四，依据某一学派的总体特征、发展脉络，以及学派内部不同学者间的师承、影响关系，首先划定庄子的学派归属，进而探掘其思想来源。

就道家而论，主要观点有：（1）庄子是老子的衣钵继承人，庄学则为老学之"注脚"或发扬光大者——按照这种观点，庄老的关系恰如孟子之于孔子；（2）庄子虽承老子，但其学却标揭新理、别有所树，从而卓然大异于老，甚至自立一宗；（3）杨朱是早于老子的道家前驱，由此，同属道家且晚于老子的庄子之学，其渊源无疑可追溯至讲求"全性保真"的杨朱[1]；（4）杨朱晚于老子，其"为我"之说构成了庄子思想的直接背景[2]；（5）庄子综合吸收了老子、杨朱、列子等道家先驱的思想成分而自成一家。

就儒家而论，主要观点有：（1）庄子极可能是子夏，或颜渊，或子张，或子贡等孔子后学的后学，故其书虽然时有呵骂圣贤之辞，但其学却辗转源出自儒家，他在骨子里实际上是尊孔的；（2）庄子先为儒、后入道，而终至于不幸沦变为诋訾孔门的"异端"。

除了儒道二家，另有学者认为：（1）庄子之学源出自墨家，这是因为先秦学术"皆从儒墨生……而道启于墨"；（2）庄子杂取其时的各家各派思想——其中涉及道、儒、墨、稷下、惠施、阴阳等学派或学者，最终独立一派；（3）庄子归宗于佛门，其学乃教外别传之禅家；（4）庄子乃孔门

---

[1] 《淮南子·氾论训》："全性保真，不以物累形，杨子之所立也，而孟子非之。"
[2] 《孟子·尽心上》："杨子取为我，拔一毛而利天下，不为也。"

正传，同时又兼取佛道，最终集三教之大成而自立。

第五，鉴于《庄子》其辞其义具有显著的神秘主义气息和浓郁的神话色彩，而这些特点又与古老的巫文化密切相关，因此，有学者认为：（1）庄子思想是原始"巫教"的分泌物；（2）庄学出自古之巫医；（3）庄学乃自上古神话脱胎而出；（4）庄子思想接近并以"原始思维"为背景。

第六，从庄子时代既有的传世典籍中寻索庄学之源。以《易经》为代表，有学者认为：（1）庄子的思想体系其实可以径直还原为《周易》的思想体系；（2）"战国之文，其源皆出于六艺"，而庄子为文尤多"寓言假象"，故其书当本于集"言""象"于一体的《易》；（3）更为具体者，庄子的遁世主张、处世哲学和"心斋"等重要思想，以及历来被认为是庄子亲笔的内七篇的篇数、排列顺序乃至各篇所述内容，无一不源出自《易》。当然，更多的学者是到《老子》中去探寻庄子思想的根源。

以上只是拈出了关于庄学渊源问题的众多看法之大要，后文将对其各自内容作详细解析。概括起来，这些看法蕴含的致思理路和着眼点不外乎时间与空间、思想家个人与思想家群体构成的学派、经典与精英（或其书与其人）、文辞与义理、抽象的观念与具象的名物、微观的理论概念与宏观的思想体系（或思想片段与总体理论结构），等等。需要指出的是，以上对各种观点的介绍之所以采取分而言之的方式，乃是为了行文方便。事实上，不少学者在追探庄学之源时，往往并不只是从某一方面或某一角度着手，而是基于《庄子》文本和庄子思想的丰富性、复杂性，交叉运用多种致思理路，故其结论则是庄子之学源出多端，不拘一方。

应当说，除个别学者的看法流于主观臆断或捕风捉影而至于牵强附会外，迄今已经出现的各种看法似乎都可以在《庄子》一书中或多或少得到相应的文本支持，因此对我们理解和解决庄子之学的渊源问题皆有不同程度的启发。尽管这样，如果我们把上述看法全部叠加起来，难免仍会陷入巨大的困惑之中：关于庄子思想的渊源问题，为什么竟会出现如此多的纷纭杂错的解答，甚至有些解答还是截然相反的？例如，庄子之学究竟源出于道还是源出于儒，抑或源出于墨、佛？庄子是老子之学的发扬光大者，还是独成一家？庄子思想究竟是南方的楚文化还是东方的齐文化的产儿？庄学所代表的究竟是没落的奴隶主贵族还是平民阶层甚或"自由农民"的思想意识？如此等等。

既有不同观点的歧异对反、莫衷一是，势必使研究者感到无所适从、茫然无措。或许正是针对这种情况，王叔岷感叹道："庄子之学，空灵超脱，不可究极。……其学之'理不竭，来不蜕，芒乎昧乎，未之尽者！'正无迹可寻，无可归属也。岷常谓庄子之学不能归入任何一家，任何一学派。盖亦所谓'无家可归'者也。"[①] 相应于以上所列的各种层出不穷的歧见，此论甚是诚切。问题是："无家可归"的庄子之学果真"无迹可寻"吗？

毋庸置疑，无论多么"芒乎昧乎"，"空灵超脱，不可究极"，纵使不能归入任何一学派，庄子思想也必然自有其渊源，只是我们难以得其门而入罢了。正如杨儒宾所说，"不管庄子再怎么样的自成一家，或者具有如何的原创性，他的思想总是在一定的历史脉络中形成的，总有些历史影响因素可谈"[②]。详而言之，问题的关键在于：庄子之学究竟是在怎样的历史脉络中形成的？影响庄子思想的历史文化因素又有哪些？

二 《庄子》文本的驳杂性

从方法上说，无论采取笔者前文列举的哪一种致思理路，从哪一着眼点切入，欲寻庄学之源，皆须依《庄子》一书。然而，《庄子》文本的驳杂性对研究者却造成了莫大的障碍，古今学者在庄学探源问题上之所以歧见迭出，其根本原因亦正在于此。

庄学研究者的一个共识是：今本《庄子》是由后人整理而成的庄子学派的集体著作，它的作者既有庄子本人，又有其后学。同时，我们还不能排除有其他学派的作品、后人添加的文字以及注《庄》者的注文混入书中

[①] 王叔岷：《先秦道法思想讲稿》，"中央研究院"中国文哲研究所1992年版，第88—89页。
[②] 杨儒宾：《庄子"由巫入道"的开展》，《中正大学中文学术年刊》2008年第1期。

的可能。略举几例：(1)《说剑》篇被罗根泽断为"纵横家托之庄子"而造出的故事，"编《庄子》书的只见是庄子的故事，遂拉来了"，陈鼓应也认为该篇"绝非庄子学派的作品"，而郭象之注《庄》，于三十三篇中，独《说剑》篇未着一字，足见他对该篇文章是高度怀疑的；(2)《大宗师》篇中"狶韦氏得之……而比于列星"一段，历来学者多有疑议，陈鼓应认为这段并无深意的神话可能为后人所添加，无妨删去；(3)《齐物论》篇中"庸也者，用也；用也者，通也；通也者，得也；适得而几矣"一段，严灵峰等学者认为是"前人为'用'字作注，而混入正文者"。①

这种情况已经使《庄子》中的某些文章难以辨明其真伪、写作时间及作者归属了，如果再考虑到下述情况，问题就会变得愈加复杂，即：该书自战国后曾被多人多次编纂整理过——例如汉初的淮南王刘安及其门客、西汉后期的刘向以及两晋之交的郭象，经历了一个由早先的五十二篇到今本三十三篇的演变过程。简言之，今本《庄子》的生成过程历史性地加剧了它的驳杂歧混特征。

刘安、刘向整理《庄子》书的详情，今已不可确考，大约是划分内外篇并为各篇拟题等。② 至于作为今本编定者的郭象，其《庄子注》后序云：

---

① 陈鼓应注译：《庄子今注今译》，中华书局 1983 年版，第 805、182、64 页。又，任继愈认为，《说剑》和《让王》篇都是"庄子学派以外的人所伪托的"（胡道静主编：《十家论庄》，上海人民出版社 2004 年版，第 168 页）。

② 刘安及其门客是否整理过《庄子》，学界对此有不同看法。张恒寿、熊铁基等学者通过对《文选》李善注等文献的分析，认为刘安及其门客撰有概括、阐说《庄子》思想的《庄子后解》和《庄子略要》，这说明他们对《庄子》一书进行过较为全面深入的研究，其思想阐发和文本研究极有可能就是建立在对该书进行整理编纂的基础上的。崔大华则指出，《庄子》在汉代的整理者应当是奉命校中秘书的刘向，而非汉初的刘安。笔者认为，纵然刘向确曾整理过《庄子》，也不能就此排除刘安等人也曾整理过该书的可能性。关于这个问题，参见张恒寿《庄子新探》，第 22—26 页；熊铁基、刘固盛、刘韶军《中国庄学史》，湖南人民出版社 2003 年版，第 76—77 页；邓联合《"逍遥游"释论——庄子的哲学精神及其多元流变》，北京大学出版社 2010 年版，第 40—44 页；邓联合《〈庄子〉内七篇之篇名由来问题的再检讨》，《南京社会科学》2010 年第 2 期。

绪论　苦寻庄子魂

> 若《阏弈》、《意修》之首,《尾言》、《游凫》、《子胥》之篇,凡诸巧杂,若此之类,十分有三。或牵之令近,或迂之令诞,或似《山海经》,或似梦书,或出《淮南》,或辩形名,而参之高韵,龙蛇并御,且辞气鄙背,竟无深澳,而徒难知以困后蒙。今沉滞乎流,岂所求庄子之意哉?①

这段话具体指出了郭象当时所看到的《庄子》文本的驳杂性。在他看来,《庄》书之所以如此,乃是由于"一曲之士,不能畅其弘旨,而妄窜其说"所造成的。既然这"十分有三"的文本不能用以"求庄子之意",于是郭象便对其采取了"皆略而不存"的做法,"令(今)唯哉(裁)取其长达致全乎大体者为卅三篇者"②,这也就是我们今天所能看到的《庄子》一书的貌相。

据崔大华推测,郭象修订《庄子》的原则有二:一是全部删除占全书约十分之三的《尾言》《游凫》《子胥》之类的篇章文字;二是删除《阏弈》《意修》之类的首章和篇目,而将其后的某些章节保留下来,并联入另外一些与之内容相近的篇章中。经过郭象之手,《庄子》虽然变得"更为精纯",但是其中许多重要的思想资料也就从此遗佚了。③ 王叔岷更详细指出,"郭本内、外、杂篇之区划,盖由私意所定";郭象的整理手法有五种:外篇合入内篇,外篇移为内篇,内篇移为外篇,两篇合为一篇,一篇分为两篇。因此,讨论《庄子》篇章真伪,不可凭郭本之分为断,而应当"破今本内、外、杂之观念。大抵内篇较可信,而未必尽可信。外、杂篇较可疑,而未必尽可疑。即一篇之中,亦往往真伪杂糅"。④ 此外,冯友兰

---

① 刘文典撰:《庄子补正》,安徽大学出版社、云南大学出版社1999年版,第899页。
② 陆德明《经典释文·序录》亦云,《庄子》一书"言多诡诞,或似山海经,或类占梦书,故注者以意去取"。
③ 参见崔大华《庄学研究——中国哲学一个观念渊源的历史考察》,人民出版社1992年版,第62页。
④ 参见王叔岷《庄子校诠》下册,"中央研究院"历史语言研究所1994年版,第1434—1438页。

认为,"在唐朝以前,并没有一个定本《庄子》";"在唐朝还存在的各种《庄子》本子中,有些篇在郭象本中是内篇的,在别的本子中是外篇;有些篇在郭象本中是外篇的,在别的本子中是内篇",而且内篇的次序在各家本子中也不一致。因此,研究庄子哲学,"应该打破郭象本内、外篇的分别,以《逍遥游》和《齐物论》为主要线索,参照其他各篇";同时还应看到,"这些篇不一定都是庄周写的"。①

由上可见,关于今本《庄子》,王叔岷和冯友兰有两点共识:其一,今本内、外篇的区分可能并不符合《庄子》一书的原貌;其二,今本某些篇的文字也可能并不是全部出自(庄子)一人之手,而是可能羼入他人手笔。这也就是说,大至《庄子》全书的三个部分(内外杂篇),小至其中某些篇里的文字,无不具有驳杂歧混的特点。②

就庄学探源而言,《庄子》一书的驳杂歧混性给研究者造成的巨大障碍是:对庄子思想的理解和把握,应以哪些篇的文本为可靠依据?进一步,我们应对其中哪些文本的思想进行历史性的溯源?

尽管王叔岷、冯友兰等学者已经指出,研究庄子思想应破除郭本内、外、杂篇的划分,但时至今日,学术界仍有相当多的人坚持认为,内篇出自庄子之手,真实反映了其本人的思想,外杂篇则晚出,为其后学所作,是对庄子思想的继承、发挥或曲解、背离。1980 年代,刘笑敢曾以"道""德""性""命""精""神"为关键词,从语言学的角度论证内篇的写作时间早于外篇。③ 经过他的论证,内篇乃庄子所作似乎成了定论。然而现在看来,刘氏这一被陈鼓应赞为"有着无可辩驳的说服力"④ 的论证存在着严重的方法缺陷。因为,无论内篇还是外杂篇,其中都有大量章节或段落并未出现刘氏倚重的六个关键词。对于这些文本,若按刘氏的标准和

---

① 冯友兰:《中国哲学史新编》上册,人民出版社 1998 年版,第 400—402 页。
② 张恒寿《庄子新探》一书大致也持上述观点。
③ 参见刘笑敢《庄子哲学及其演变》,中国社会科学出版社 1988 年版,第 5—13 页。
④ 刘笑敢:《庄子哲学及其演变》,陈鼓应之"序"。

方法，我们将无从判断其写作时间以及作者和思想归属。这反过来证明，以内篇为庄子所作并借此来把握庄子思想的做法并不妥当。

与以内篇为庄子所作的看法不同，司马迁在《庄子列传》中全然没有提及内篇的文章，而偏偏以多被后世学者视为伪作的《渔父》《盗跖》《胠箧》为庄子亲笔。任继愈更力排众见，他从荀子和司马迁所见到的庄子著作出发，断言内篇体现的"决不是庄周的思想，而是'后期庄学'的思想。因此，剖析庄周的哲学体系时，应以《盗跖》、《马蹄》、《胠箧》、《庚桑楚》、《渔父》、《天地》、《天运》、《天道》、《在宥》、《知北游》等篇为主，而以其他各篇中相类似的观点作为参考"，反映"后期庄学"思想的内篇则应"一律摒除"。① 从庄学探源的角度说，司马迁之所以指认庄子思想"本归于老子之言"，任继愈之所以认为庄子思想代表"自由农民"且继承发展了老子哲学，具有唯物主义的世界观，固然是基于其各自的理论"前见"，另一方面则与他们所选取的《庄子》文本有关，因为这些文本内在包含着与二者之"前见"相一致或在某种意义上可达成"共识"的思想内容。

总体来看，在庄学界，基于对内外杂篇之作者和思想归属的各自研判，不同学者在阐释庄子思想时所采取的文本使用方法约略有三：（1）独依内篇；（2）对内外杂篇的文本全部采纳而不细究其所出和思想性质；（3）以内篇为主，兼采外杂。笔者认为，就庄子思想之阐释而言，这三种方法都是可行的。因为，《庄子》文本的驳杂性"天然"地蕴含着多元开放且巨大的理论阐发空间，同时也为各种"言之成理，持之有故"的文本处理方法提供了合法使用的可能。并且，从历史上看，无论过去、现在还是将来，都没有也不可能有众所公认的唯一确定的文本方法，事实上自古以来学者都在论说各人自己的庄子，这也是庄学研究始终活跃、庄子总是充满魅力且常说常新的重要原因。然而，庄学探源与庄子思想阐释毕竟是两种性质迥异的学术工作：后者无论采取"我注《庄子》"还是"《庄子》

---

① 胡道静主编：《十家论庄》，第187页。

注我"的方式，其目的均在于申述"我"对庄子思想的理解、阐发或重构，所以具有相当的主观性、开放性；前者则属于严格的历史还原和客观的思想追踪，它拒绝主观性、开放性，不容许多种文本处理方法的同时存在，因为如若那样的话，不同的研究者就会按照自己的"前见"和研判，借由不同的《庄子》文本和内中所含的不同的庄子思想，为庄学设置不同的历史前源。在拿不出确凿无疑的文本依据的情况下，这种探源与其说是客观的历史性的思想还原，毋宁说是自说自话，甚或是一厢情愿地为庄学乱修系谱、乱指"祖先"。

另一方面，无论独依内篇或打通内外杂篇，除少数几篇外，以"篇"为单位来研析庄子思想的做法，其实都与《庄子》文本"片段性"的松散特征而不是"结构性"的整体特征不相符。

张恒寿在分析《至乐》篇时曾指出，王夫之、罗根泽等人之所以得出不恰当的结论，是因为他们的研究方法有误，即"过分相信全篇是一个整体"；相反，"如果分章论述，这些问题，便都基本上解决了"。[①] 事实上，"分章论述"正是张恒寿的重要论著《庄子新探》所遵循的一以贯之的研究原则，而他之所以采取这个研究原则，则是基于他对《庄子》文本的基本判断，即：《庄子》的某些"篇"并不是严格的统一整体，故其"思想单位"应当是"篇"中关系疏松的"章"或"段"。

在现代庄学中，持此看法的还有几位学者。例如，徐克谦说："今本《庄子》书中不少文章并不是一个整体，而是由几段互不相关的片段缀合成篇的。"[②] 张涅认为，《庄子》全书多数由局部性、阶段性、随感性、零散性的"片段"构成，"各篇本身并没有有机的结构"，因此"篇"不应被当作庄子思想研究的基本单位。[③] 止庵也提出，研究庄子哲学不应"局限于《庄子》中的'篇'，而是应以篇中的段落作为研究单元"，因为，

[①] 张恒寿：《庄子新探》，第198页。
[②] 徐克谦：《庄子哲学新探——道·言·自由与美》，中华书局2005年版，第16页。
[③] 参见张涅《庄子解读——流变开放的思想形式》，齐鲁书社2003年版，第3—4页。

绪论　苦寻庄子魂

"除了那些显然与庄学本身无关的篇目外,《庄子》并没有完整的文章,所谓的'篇'只是若干段落的有意义或无意义的集合"①。

此外,瑞士学者毕来德认为,假如人们以为《庄子》一书的"文学外壳"之下,"有一个能够以抽象概念来加以表述的哲学系统",并且"可以按照现存文本顺序去读《庄子》,把它看作是一种论证的过程",那就只会误读该书,"同时也是一种错误"。因为,"在《庄子》某些篇章当中,是可以看到某种顺序,可是在别的章节中,却完全没有"。所以毕来德主张,对《庄子》一书应采取"多声部"的"复调解读"方式。具言之,"必须对每一单独的段落都加以分析,并且就这一个段落本身,进行思考";然后,再把这一段落与书中其他相关段落——或与之"呈现某种契合",或与之"产生一定共鸣"的那些段落——进行比较研究,"而不必管这些段落是在书中的哪一个部分",由此,"思考也随之变成多声部的复调思考"。这种解读方式的前提和依据是:《庄子》原是"多声部"的文本,它主要通过"独立段落的复调形式"来表达其思想。②

从本书讨论的问题来说,欲探庄学之源,需完整、切实地把握庄子思想,这就要求我们必须把那些确为庄子所作,因此能够真实反映其思想的文章,以独立的章节或段落为单位,一条一条,抽丝剥茧,从《庄子》中巨细无遗地精准分离出来。庄学史上做过这项工作的大概只有著名学者张恒寿先生,他在其《庄子新探》一书中曾苦费心力,对《庄子》各篇进行条分缕析,并逐一研判其中各章或各段的早出或晚出。但时至今日,张先生的诸多论断似乎并未被学术界广泛接受,而仍只是"一家之言",研究者依然在按照自己的理解去择舍取用《庄子》文本,进而各说各话。而在笔者看来,由于《庄子》文本原初具有和屡经编纂删改而造成的极度驳

---

① 止庵:《樗下读庄——关于庄子哲学体系的文本研究》,东方出版社1999年版,"序"第4页。

② 参见[瑞士]毕来德《庄子四讲》,宋刚译,中华书局2009年版,第117—118页。

11

杂性，以及该书文风固有的玄奥性、多义性、背反性①，乃至庄子及其后学思想发展过程中可能存在的流变性、矛盾性②，欲从今本《庄子》中抽离并重新拼合出一部精纯的"庄子文汇"，实际上是不可能的。换言之，庄子本人作品的本貌在今天已经不可能被如实复原了。既然如此，我们将何以把握庄子思想，精确认定究竟哪些概念、哪些观点是属于庄子本人的，从而又将何以如其所是地揭示庄学之源呢？

另一个不容忽视的问题是：在追溯庄学之源时，是否应当把由于种种原因而佚脱的《庄子》文章，特别是被郭象以"私意"删裁的那十分之三的内容，纳入考察范围？

据司马迁的记载，庄子"著书十余万言"，但我们今天所能看到的《庄子》却不足七万字，可见从汉代的五十二篇到今本三十三篇，后世遗佚的文章数量是很大的。王叔岷《庄子校诠》内附《庄子》佚文共一百七十六条③，撇除其中那些与《淮南子》和形名之学有关的材料以及部分细碎支离的文字，杨儒宾把余下的佚文分为五组：《占梦书》、《山海经》、《博物志》、天文知识以及巫与医，他并且指出，"这五组的内容都可归类为巫文化的材料"④。崔大华的看法是：现已辑录的《庄子》佚文内容较为驳杂，大都"显示不出明显的理论观点或思想倾向，可能正是被郭象视为是'迂诞'、'鄙背'的芜杂材料而删削掉的"，其学术价值仅在于"可以印证郭象在《庄子注》的跋语中所列举的被删削的'巧杂'篇章是确

---

① 《庄子·天下》："庄周……以谬悠之说，荒唐之言，无端崖之辞，时恣纵而不傥，不以觭见之也。以天下为沈浊，不可与庄语，以卮言为曼衍，以重言为真，以寓言为广。"

② 张松辉认为，应当"把庄子视为一个活生生、思想情感相当复杂矛盾的人看待"，他对庄子心路历程的描述是：早年积极入世，甚至"在出仕问题上很有点饥不择食"，但后来迫于残酷的政治现实，加之庄子认为生命重于名利，在深感力量不足、缺乏从政信心的情况下，他最终选择退隐，而做了隐士的庄子却仍然时有"身在江海之上，心居乎魏阙之下"（《让王》）的心态。由此，《庄子》书中某些篇或某些段落之间的思想矛盾便可得到合理的解释（参见《庄子研究》，人民出版社 2009 年版，第 68—73、172—182 页）。

③ 参见王叔岷《庄子校诠》下册，第 1386—1412 页。

④ 杨儒宾：《庄子与东方海滨的巫文化》，《中国文化》2007 年第 1 期。

绪论　苦寻庄子魂

实存在过的"。① 王威威则认为，从思想内容看，佚文作者"更进一步加深了与方术之士、民间信仰的交流"，对方术及民间信仰中的诸多现象和问题进行了思考、解释，以至于"与外杂篇相比更进一步偏离庄子的思想主旨"，"类似《山海经》、《占梦书》的内容以及对鬼神问题的讨论正是这一发展方向的体现"。②

显然，崔大华的看法意在强调庄子的文章应当是哲学性、理论化的，它不应具有"迂诞""鄙背""芜杂"的特质；除了同样包含这一潜在看法外，王威威的判断还另有一个前提预设：内篇为庄子所作，外杂篇则出自其后学。客观地说，这两种看法其实都是后世基于郭本《庄子》而逐渐形成的习见，不足以用来甄别从古本中佚失尤其是被郭象删削的文字。如果我们抛开习见，对目前所能搜罗到的《庄子》佚文既不作祛魅化的删削或真伪取舍，也不加以内外杂篇的归属分疏，而是将其全部看作该书固有的内容，那么，庄子思想的理论化特质和庄子作为"哲学家"的理性形象难免会暗弱许多。更其甚者，如果我们再把今本中尚未被删除的那些带有神秘色彩的内容——例如"神人"和"真人"等奇异的人物形象、各种直接引用或改头换面的神话传说以及"心斋""坐忘""凝神"等精神内修术，与《庄子》佚文结合起来考察，那么，庄子的"哲学家"形象势必大打折扣；更进一步，庄子甚至还可以被赋予另一种身份定位：与巫文化保持着密切关系的神秘主义者或神秘主义哲学家。

由此带来的问题便是：如何理解《庄子》全部文本中所谓"理性"与"神秘"成分之间的关系？庄子本人的思想究竟应当涵括哪些内容？怎样厘定庄子思想的理论实质？就本书所讨论的问题来说，值得思考的是：对于包括《庄子》佚文在内的那些带有神秘主义色彩的大量思想文本，是否应当追探其渊源所自？而由于"理性"与"神秘"的交织互渗，在庄子思想的构成要素和总体结构斑驳迷离、晦暗不明的情况下，我们又将何

---

① 参见崔大华《庄学研究》，第51—52页。
② 王威威：《庄子学派的思想演变与百家争鸣》，人民出版社2009年版，第272页。

以探掘庄学之源？

第二节　思路转换

一　庄子哲学精神的实质

虽然我们无法完整复原庄子思想文本的总貌，并把那些真正可以归拢到庄子名下的理论范畴和观念从中全部提拎出来，进而一一发掘其历史文化前源，但这并不意味着在此问题上我们只能拱手退缩，无所作为。事实上，如果把问题稍作转换和聚焦，一种替代性的研究路径便会呈现在我们面前，即：通过考察庄子哲学精神的渊源和酿生，以带动对庄子哲学思想之前源的追探。

这里有必要交代一下庄子的"哲学思想"和"哲学精神"之间的关系。简单地说，后者是前者的灵魂、根本、大要、基调、理论实质、思想内核和价值旨归，它一方面对内可以统摄全部的《庄子》文本（包括佚文）以及构成庄子哲学思想的所有范畴和观念，另一方面，对外它又是《庄子》其书和庄子思想相较于其他的先秦诸子著作和思想而具有的独特的理论旨趣、精神气质、价值取向和人文品格，无论现存的《庄子》内外杂篇和佚文存在着怎样的思想差异，也无论研究者对《庄子》文本和庄子思想的理解存在着多么大的分歧。质言之，所谓庄学精神即庄子哲学思想的"庄子性"之所在，它是庄子之为庄子者，无论对于庄子其人、其文、其思想，皆然也。

既然庄学精神是庄学的"庄子性"之所在，它弥散于全部的《庄子》文本、庄子思想乃至其后学的思想中——虽然这种弥散并不是匀质的、无矛盾的，那么，构成庄子哲学思想的相关范畴和观念无疑可以被拢括于其下，而我们对庄学精神之渊源和酿生机制的考察，自然也就会产生"纲举目张"的理论效应，亦即把对这些范畴和观念的探源问题牵涉出来。

回过头看，无论直接还是间接、自觉还是不自觉、微观还是宏观，前

绪论　苦寻庄子魂

文列举的古今学者对于庄子思想之源起问题的讨论，实际上都是在从不同的角度或层面围绕庄学精神展开的，他们最为关注的同样是庄学精神的渊源和生成脉络问题，而这些讨论提出的各种观点不仅有助于解答并且最终亦皆可归旨于笔者所说的庄学精神的渊源和酿生这一中心论题之下。当然，从相反角度说，如果不能具体而微地揭示其中某些具有关键性的理论范畴和思想观念的历史前源，庄学精神何以生成的问题亦必将无从得到切实的解决。

另一方面，对庄学精神之渊源和酿生机制的考察之所以可能，是因为与《庄子》文本的驳杂歧混以至于众说不一相比，在中国思想史上，庄子哲学的基本精神却是基调鲜明、取向明确而非晦暗迷离的，古今学者对它的理解和论说很大程度上也达成了高度的共识。这为我们的研究提供了一个可以凭依的基础。

就其思想的根本旨趣而言，庄子哲学本质上是一种生命哲学或人生哲学。虽然对于所谓本体、知识、价值、伦理、历史、语言、政治乃至艺术、技术等问题，庄子也有分别的讨论，并且卓见迭出，但是，所有这些讨论归根结底只有被归置于生命哲学的视域中，才能获得恰当的理解。换言之，我们可以用生命哲学来统摄庄子思想中的本体论或宇宙论、知识论、价值论、伦理观、历史观以及政治观等诸多内容。至于庄子哲学的精神实质，笔者则将其概括为"独异的个体"，本书后文将具体阐述此一论断的涵义。关于古代学者对庄子哲学以个体生命为核心关切的基本精神的阐释、批评或肯认，笔者已有详论。[①] 为进一步明确庄子哲学的个体生命精神，不妨让我们再来引介一些现代研究者的观点。

在撰著于 1930 年代末至 1940 年代初的《中国政治思想史》一书中，萧公权认为，庄子思想之积极性的重要表现是通过"怀疑政治之效用而肯定个人之价值"："社会之一切幻想可以消除，而个人之生存与乎保全顺适此生命之愿望，则为不容否认之事实。社会制度苟有不利于个人之自适自全者则当裁抑之，损减之，以免枝叶之害及根本。……老庄思想诚为先秦

---

① 参见邓联合《"逍遥游"释论——庄子的哲学精神及其多元流变》，第 1—28 页。

为我思想之最精辟阀肆而富于条理者也。"① 萧公权指出,我们不能因为庄子"未明揭废君之义,遂误会其认约束羁管为必要也",因为本性"自足自由"的"个人之价值"在庄子哲学中是至高无上的。② 曾在1960年代出版《庄子》英译本的美国学者华兹生(Burton Watson)认为,"《庄子》的中心主题可以用一个词来概括:'自由'",这不是指"政治、社会、经济的自由,而是精神的、心灵的自由"。在他看来,在中国早期文学中,《庄子》一书的独特性之一便在于,它是唯一不谈政治、国家管理等问题而只关心个人之生命和自由的作品。③ 近乎此,长期从事中国政治思想史研究的刘泽华认为:"在先秦诸子中除了'庄学'之外,其他诸子几乎都是为了'干世主'而作的。"④ 确如这几位学者所言,庄子是先秦诸子中最先并且是唯一意识到个体作为独立的血肉之躯和精神生命与群体性的家国天下相互矛盾、相互冲突的思想家,他不是如儒家、墨家那样视个体与群体为一体,从而热切拥抱家国天下,并渴望被家国天下所拥抱。正相反,对于庄子来说,相较于家国天下,个体是更为重要的第一位的独立存在,个体的价值不需要从群体性的人际关系来衡量。因此在庄子的思想世界中,个体怎样在现实社会中安顿自身,进而怎样实现人格独立和精神自由,才是真正值得思考的问题。要言之,庄子在中国哲学史上的独特性在于,他第一次标揭了个体存在的至上价值。

此外,葛兆光认为,在战国时期的百家争鸣中,存在着宇宙时空、社会秩序和个人存在三种话题。在对个人存在话题的讨论中,儒家更注意个人"在社会中的现实存在"和以社会为坐标的价值实现,而道家学派的庄子"在对现实的愤懑和烦扰中"则提出了另一种关于"人"的思路,他关注的是"自然而且自由"的"个人生命在宇宙间的存在意义",而"并

---

① 萧公权:《中国政治思想史》第一册,辽宁教育出版社1998年版,第155页。
② 萧公权:《中国政治思想史》第一册,第176页。
③ 徐来:《英译〈庄子〉研究》,复旦大学出版社2008年版,第116页。
④ 刘泽华、汪茂和、王兰仲:《专制权力与中国社会》,天津古籍出版社2005年版,第219页。

绪论　苦寻庄子魂

不看重人在现实中的社会价值"。① 杨国荣也认为，庄子"对个体予以了相当的关切"，他"所代表的道家哲学与儒家哲学的差异之一，亦体现于对个体与整体的不同侧重"。② 台湾学者韦政通更把庄子称为中国古代"个人主义"的代表：对于庄子来说，个人不是在群体性的社会生活中，而唯有在与社会相隔离的"孤独生活"中，方能达到生命的圆满。③

综上可说，庄子的哲学精神彰显了独立的个体意识在中国思想史上横空出世般的觉醒，在这种生命精神中，个体不仅超越了对个体构成压制的现实政治、社会伦理，甚至还超越了个体处身其中的整个经验世界，从而被赋予了本体化的崇高地位。从宏观的人类历史范围看，这种情形与德国哲学家雅斯贝斯对个体和个性在轴心时代中"首次出现"的描述基本一致。他认为，处于轴心时代的个人不仅渴望其"特殊的人性"的解放和拯救，而且相信"仅仅独自一人"就能踩出一条通向"道"、涅槃或上帝的路径。雅斯贝斯说："他通过在存在整体内不断意识到自己而超越自己。他可能放弃一切尘世财物，避居荒漠、森林或山岭，作为隐士而发现孤寂的创造力，然后也可能作为智者、贤哲和先知而重新入世。"④ 如果把"特殊的人性"的觉醒和个人对其自我超越能力的信念作为个性出现的标志，那么，我们今天所谓的个体及个体意识早在轴心时代就已经诞生了。

尤其需要注意的是，雅斯贝斯这里谈到了以哲学家为代表的两类个体，即出世的隐士和入世的贤哲等。与这种观点相通，法国学者路易·迪蒙在总体上把个体分为两类："入世的个体"和"出世的个体"（例如古代印度的弃世修行者），他认为个体主义并不是欧洲文艺复兴运动的特殊产物，因为此前它已经存在于东西方文明的早期阶段中。在伦理的层面上，迪蒙对个体的界定是："它独立自主，因此是非社会性的，它负载着

---

① 葛兆光：《中国思想史》第一卷，复旦大学出版社1998年版，第279—286页。
② 杨国荣：《庄子的思想世界》，北京大学出版社2006年版，第18页。
③ 参见韦政通《中国的智慧》，岳麓书社2003年版，第32—33页。
④ ［德］卡尔·雅斯贝斯：《历史的起源与目标》，魏楚雄、俞新天译，华夏出版社1989年版，第9—10页。

我们的最高价值。"迪蒙发现,"与社会世界的间离化是个体精神发展的条件","如果个体主义是在传统的、整体主义的社会中出现,那么它会成为社会的对立面,社会的某种补充,也就是采取出世个体的形式"。例如在西方世界,"人们普遍认为,从柏拉图和亚里士多德到希腊化时期的这个过渡中,哲学思想出现了中断(一个大缺口)——个体主义的突然出现。城邦曾被柏拉图和亚里士多德认为是自足的,而现在被认为是自足的是个体。这个个体或被视作事实,或被伊壁鸠鲁派、犬儒派、斯多葛派视为理想。显而易见,希腊化思想的第一步是抛弃社会世界"[1]。结合其对古希腊和古印度情形的分析,迪蒙倾向于认为历史上最先出现的是"出世的个体"。

显然,这与雅斯贝斯的观点略有不同。撇开二者之间的分歧,不妨说,个体意识的觉醒是轴心时代人类精神发展的显著标志,或所谓"哲学的突破"的重要路径和组成部分。[2] 这种思想现象同样发生于中国历史的轴心时代。更具体地说,迥异于重视整体(家国天下)的儒家,庄子哲学所张扬的超拔卓异的生命精神代表了独立的个体意识在中国思想史上的觉醒,虽然庄子本人以及他所褒扬的理想人物既不能被简单视为出世的隐者,更非积极入世的圣哲。而从此后的中国历史看,正如笔者后文将会谈到的那样,无论治世还是乱世,无论被褒扬、被信仰,还是被责难、被斥骂,庄子哲学所张扬的个体生命精神一经出现,便在秦汉之后的中国社会产生了极其深远广泛且复杂的回响。不同于儒家提倡的修齐治平的人生理想,以独异的个体生命精神为灵魂,庄子思想于后世之流风所及,用晚明王应遴所著杂剧《逍遥游》中的话说便是:"咳!不知教尽了世间多少人荒唐为志,又不知变尽了普天下多少人狂诞成风。"[3]

从这个角度说,考察庄子哲学精神的渊源和酿生,不仅可以借此追探

---

[1] [法]路易·迪蒙:《论个体主义:对现代意识形态的人类学观点》,谷方译,上海人民出版社2003年版,第21—24页。

[2] 参见陈来《古代宗教与伦理——儒家思想的根源》,生活·读书·新知三联书店1996年版,第3页。

[3] 转引自方勇《庄子学史》第二册,人民出版社2008年版,第711页。

构成庄子哲学思想的相关范畴和观念的历史文化前源,而且还有其自身固有的更为重要的理论意义,即:揭示以庄学精神为代表的独立的个体意识在早期中国思想的演进过程中究竟是怎样破茧而出的。坦率地说,这一点也正是笔者对庄子哲学精神的渊源和酿生问题尤有兴趣,从而将其作为本书中心论题的根本原因。

二 庄子哲学精神的两个面相

庄子哲学是以个体为本位的生命哲学,应当说古今学者对此并无较大疑议,然而论及庄学精神所涉指的具体内容,不同时期、不同学派的学者就难免"仁者见仁,智者见智"乃至完全背反了。而在古今庄学史上,围绕着对庄学之个体精神的理解和评价,也始终存在着两种相对相反却又相伴相随、相映成趣的思想史面相:一种是自荀子开始的视庄子为异端邪道乃至必灭之而后快的"难庄""废庄""禁庄""葬庄"之论,一种是正面肯定、高度称誉乃至引为同路知己或奉之为师的"好庄""赞庄""颂庄""师庄"之论,二者同样绵远不绝。

由于《庄子》中存在着大量的"诋訾孔子之徒""剽剥儒墨"的言论(《史记·庄子列传》),所以在前一种"负面"现象中,对庄学精神的非难相应地主要来自以正统自居的儒家。概要而言,儒家的非难包括两点:第一,在日用伦常和政治生活的实践层面,批评庄子逃避人伦和君臣之义,其弊轻则造成自私无用的个体人格,重则危害君臣父子的政治和伦理生活秩序;第二,在本体、心性和境界的终极层面,批评庄子离弃仁义而谈天道、心体,以致最终堕入虚无空寂之境域。[①]

比较言之,肯定、赞誉庄子的后一种现象虽属"正面",但内中详情却甚为复杂。论者或以庄子为遗物绝世、"超然自丧"、"纵躯委命"而"独与道息""独与道俱""与道翱翔"的"真人"或"至人"[②];或以庄

[①] 参见邓联合《中国思想史上的"难庄论"和"废庄论"》,《哲学动态》2009 年第 7 期。
[②] 语出《汉书》卷四十八贾谊《鵩鸟赋》。

子为"安神闺房""呼吸精和""永保性命之期"的养生家,或不愿"入帝王之门""立身扬名"而宁愿自娱其志的逍遥自得者。① 举例来说,后汉经学大师马融从庄子思想中领悟到的是"生贵于天下"之旨,所以他不愿"以曲俗咫尺之羞,灭无赀之躯"(《后汉书·马融传》);奉庄子为师的嵇康因为"读庄、老,重增其放,故使荣进之心日颓,任逸之情转笃"②;但在明人张文牺、沈津、沈一贯看来,类似于嵇康的"狂简""诞放""蔑裂礼教"之徒,实乃"非善读《庄子》者矣",其所得者不过皮相罢了③;而与嵇康读《庄》后变得愈加狂荡激越截然相反,另一明人冯梦祯"沉面濡首"读《庄》的结果则是萧然委顺,"不复与家人忤,亦遂不与世忤";人们常奉庄子为傲然遗世的高逸之士,但明代的陈治安从《庄子》中洞见的却是巧妙高明的处世策略,所谓"于人情世故极是委屈周旋,世法不疏也。当崎岖臬兀之冲,横逆纷拿之会,能自超然无碍,为有得于《庄》教为然"④,而近人康有为亦以庄子"处人间世极精"⑤;明末清初,傅山在其《庄子翼批注》中力反庄学史上向来被倚重的郭象注,并尖锐批判郭注蕴含的"奴人奴见""奴颜"⑥,他从庄学中开掘出的是极其鲜明的个性解放精神,这种精神一定程度上甚至具有异端性;清代王先谦最看重庄子的"喜怒哀乐,不入于胸次"一语,他说:"窃尝持此以为

---

① 语出《后汉书》卷四十九《仲长统传》。
② 夏明钊译注:《嵇康集译注》,黑龙江人民出版社1987年版,第272页。
③ 张文牺《庄子小像赞》:"皮相者,仅想像其狂简之似";沈津《庄子题辞》:"是书故不可以不读也,第当具只眼耳。否则,为所恐动,或资以诞放,或流而空虚,非善读《庄子》者矣";沈一贯《庄子通序》:"昔嵇叔夜之贤才,犹曰好读《庄子》,而增其放旷。余谓叔夜非善《庄子》者也"(谢祥皓、李思乐辑校:《庄子序跋论评辑要》,湖北教育出版社2001年版,第291、40、55—56页)。
④ 谢祥皓、李思乐辑校:《庄子序跋论评辑要》,第78、91页。
⑤ 康有为撰,姜义华、吴根梁编校:《康有为全集》第二集,上海古籍出版社1990年版,第570页。
⑥ 例如,针对郭象把《庄子·逍遥游》中的"二虫"解为鹏、蜩,傅山批云:"明明白白二虫是蜩与莺鸠,而谓鹏蜩,奴人奴见乃至此。"(《傅山全书》第二册,山西人民出版社1991年版,第1065页)

绪论 苦寻庄子魂

卫生之经，而果有益也"①；如此等等。

时至二十世纪，学者们基于各自的不同理解，贬黜和褒扬庄学精神的对反现象依然并存。例如，胡适在《中国哲学史大纲》中说：庄子的人生哲学是不问世间善恶、贫富、贵贱的"出世主义"，或是对任何现实问题都"一概达观，一概归到命定"的"极端'不遣是非'的达观主义"，这种思想"初看去好像是高超得很。其实这种人生哲学的流弊，重的可以养成一种阿谀依违、苟且媚世的无耻小人；轻的也会造成一种不关社会痛痒，不问民生痛苦，乐天安命，听其自然的废物"。②陈独秀认为，庄子安命知足、顺应自然、事事不强求的人生哲学是虚无的个人主义和任自然主义，是一种只能"叫我们空想、颓唐、紊乱、堕落、反古"的古老幽灵，它不仅已经铸成了"腐败堕落的国民性"，而且正成为毒害青年的"最大原因"，依之而行者必将"永远堕落"、万劫不复。③与胡适和陈独秀对庄子的深恶痛绝全然相反，同一时期的李大钊从庄学精神中却推阐出了抛除物欲和名利之困扰，积极有为、奋发进取、永葆青春的人生哲学，并写出了传世名文《青春》。④"只手打孔家店"的老英雄吴虞则借庄子拒楚聘之事，极力赞许其独立自由之人格："他不肯出来，一则不能在窃盗名下去做忠臣，二则不能和那些窃盗们做同事；宁可衣敝履穿，游戏污渎之中，以自快其志。那一种不屈的精神、自由的思想，何等伟大！"⑤但在1940年代的侯外庐看来，庄子追求的自由其实只是逃避历史现实的精神"假象"，是对真正自由的"否定"和"反动"，而其齐生死、忘物我的人生

---

① （清）王先谦：《庄子集解》，中华书局1987年版，"序"。
② 参见胡适《中国哲学史大纲》，上海古籍出版社1997年版，第192—201页。
③ 参见《陈独秀文章选编》上册，生活·读书·新知三联书店1984年版，第238—239页；《陈独秀文章选编》中册，生活·读书·新知三联书店1984年版，第13、66、121页。
④ 参见高瑞泉编选《向着新的理想社会——李大钊文选》，上海远东出版社1995年版，第51—61页。
⑤ 《吴虞集》，四川人民出版社1985年版，第158—159页。

主张，本质上也不过是东方社会特产的神秘主义。① 吊诡的是，紧随侯外庐之后，同为马克思主义史学家的郭沫若对庄子则同时持褒贬两种看法：他一方面批判其厌世态度和滑头主义的处世哲学，另一方面却又赞扬庄子蔑视权贵、愤世嫉俗的"反抗性"，认为他"特别尊重个性，强调个人的自由到了狂放的地步"。② 二十世纪下半叶至今，庄子生命哲学所获得的恶评和美誉，归其大要盖不出乎前，故不赘述。

综观古今学者对庄学精神的领会、诠解和评价，庄子显然被赋予了多副迥然相异的面孔：或绝世拔俗或圆滑世故，或狂诞放荡或萧然委顺，或求肉体保全或重精神超脱，或独立自由或媚世堕落，或积极奋进或安命知足……。究竟哪副面孔才是庄学精神的真实写照？或许都不是，因为这些面孔说到底只是所学不同、所遇各异的勾描者心目中的庄子；或许又都是，因为勾描者大多"持之有故"，是在用《庄子》其文或庄学话语来描画庄子的面孔，而驳杂歧混的《庄子》文本也恰恰为其各取所需提供了可资利用的素材。

这种甚为吊诡的思想史现象提示我们：庄学精神可能具有复杂矛盾的内蕴，以致可被进行多元歧向的解读。而本书之所以用"独异的个体"指称庄学精神，也正是为了总领其诡异独特的意涵。

欲知庄学精神何谓，最正确的方法当然还是需回到《庄子》其书，书中最能彰显庄学生命精神的文本则有两处：一是《逍遥游》篇，二是《天下》篇对庄子思想和人格风貌的评述。除了作为篇名，"逍遥游"三字其实就是庄子本人的生命理想，同时又是贯穿《庄子》全书的思想灵魂。这一点可说是学界的共识。例如，严复《〈庄子〉评语·内篇总评》云："[庄子]开宗明义，首告学者必游心于至大之域，而命其篇曰《逍遥游》。"③ 刘笑敢更一语点透："庄子之所以为庄子……在于他的逍遥论。"④ 蒙培元

---

① 参见侯外庐《中国古代思想学说史》，辽宁教育出版社1998年版，第155—156页。
② 郭沫若：《十批判书》，东方出版社1996年版，第190—191页。
③ 《严复集》第四册，中华书局1986年版，第1104页。
④ 刘笑敢：《庄子哲学及其演变》，第153—154页。

说："《庄子》内篇的《逍遥游》，正是庄子哲学的主题所在。"① 王博说："逍遥游其实是一个从人间世开始的艰难旅程的终点。在这个旅程中，有德的内充，有道的显现，有知的遗忘，有行的戒慎……所有这一切，对于逍遥游来说都是必须要走的路。"② 徐克谦认为，"庄子哲学以追求个人精神'无待'的'逍遥游'为崇高理想"③。归结这几位学者的看法，无论"开宗明义""主题所在""旅程的终点"，还是"崇高理想"抑或其他，以上看法在视"逍遥游"为统摄全部《庄子》文本和庄子思想的灵魂这点上，显然并无根本分歧。此外，前辈学者章太炎、冯友兰等也把"逍遥游"当作庄之所以为庄者。④

再看《天下》篇对庄子其人其学的评述：

> 独与天地精神往来，而不敖倪于万物，不谴是非，以与世俗处。……上与造物者游，而下与外死生、无终始者为友。

这段话，不正是对以"逍遥游"为生存样式和生命理想——"逍遥"而"游"其心于天地、"游"其身于世间——的庄子之生命风貌的绝佳勾画吗？既然"逍遥游"是庄之所以为庄者，那么我们就可以说：庄学精神即在"逍遥游"，而对渗透于《庄子》全书的庄子"逍遥游"之思想结构的剖析也便等同于对庄学精神之内在意涵的解读。

关于"逍遥游"，历来学界大多采取玄远高明的阐释路向，把它视为内在的精神境界。而根据笔者的既有研究心得，从"逍遥"与"游"二

---

① 蒙培元：《自由与自然——庄子的心灵境界说》，《道家文化研究》第十辑，上海古籍出版社1996年版。

② 王博：《庄子哲学》，北京大学出版社2004年版，第112页。近乎王说，杨国荣认为"逍遥游"是"庄子哲学系统的逻辑终点"（《庄子的思想世界》，第19页）。

③ 徐克谦：《庄子哲学新探——道·言·自由与美》，第195页。

④ 参见冯友兰《中国哲学史新编》上册，第401—402页；《章太炎全集》第六册，上海人民出版社1986年版，第3页。

词的本义和用例、"逍遥游"作为篇名可能晚出、《逍遥游》篇的文本构成和思想主题、《庄子》全书文本的驳杂性、"逍遥游"对《庄子》全书文本的统摄意义、《天下》篇对庄子思想和生命风貌的评述以及庄学精神在后世所产生的影响、所遭受的批评等方面来看，庄子的"逍遥游"思想绝不局限于《逍遥游》篇，而是弥散于《庄子》全书中；更为重要的是，它还具有二重性的思想结构。①

具言之，作为庄学精神之所在的"逍遥游"不仅是个体内在的精神境界，而且还是个体外在的现实生存方式。推进一步说，在精神境界和生存方式这两个方面，"逍遥游"又分别表现为复杂且内在相通的二重结构。在精神境界层面上，个体既希望忘我超拔于尘垢之外，心"与造物者游"，同时却又不得已而放弃心灵向外向上的终极超越，在对当下命运的安顺中达致恬然自适；他既因为栖心于"道"而无情以对凡俗琐屑，同时却又因为对世间有所牵念而难免动情。在生存方式层面上，个体既严守自我的人格立场和生命理想而疾俗孤傲，同时却又为保身计而不得不对世事随顺委蛇；他既因为愤然以对人间丑类、毫不妥协而表现出了高亮的道德节操，同时却又因为向凶险之徒做出让步、依违圆滑而显得善恶是非不分，毫无道德原则。从"源"与"流"的关系角度说，庄子"逍遥游"思想所包含的种种二重性，也正是庄学精神之所以能够被后人加以多元歧向的解读，并且产生复杂影响的根本原因之一，而笔者之所以在庄子生命哲学所欲挺立的"个体"之前加上"独异"二字，其因由亦正在于此。

以上只是提纲挈领地介绍了庄学之个体生命精神的大概意涵，目的是为后文的具体分析提供必需的支撑点，实则其间牵涉的理论细节甚多，限于篇幅，此不详述。以上述介绍为铺垫，笔者希望后文在对庄学精神之渊源和酿生问题的考察中，能把相关理论细节即支撑起庄学精神的那些思想范畴和观念适时带出，并逐一检讨其生成机理。

---

① 笔者对庄子"逍遥游"思想的内涵及其二重结构的分析，参见拙著《"逍遥游"释论——庄子的哲学精神及其多元流变》，第28—188页。

第一章
庄子与巫文化：从"人神合一"到"自我神化"

二十世纪二十年代，许地山曾认为，《国语·楚语》所载"绝地天通"传说中颛顼任命的"南正所司底事体是属于天志底，是巫祝或道家思想所从出。……哲学思想底起源可以说都是巫祝们玄想或妄解底结果。因为他们底责任就是要将玄渺无端底天则来解释或规定这陵乱发展底人事。这原始底哲学在各种文化底初期，都可以找出来"①。许氏这一论断或推测虽需进一步论证，但以道家出于巫祝，这在当时的学术界却颇为新颖，而我们今天更可循此进路追探庄子哲学思想的渊源。这是因为，且不论早已被郭象"略而不存"的那些"或似《山海经》，或类占梦书"的鄙背诡诞之文，即便从郭象删定的今本《庄子》来看，其中仍存留着大量的带有神秘主义色彩的文字，这些文字或隐或显皆深刻烙有巫文化的印痕。上承许说，1940 年代闻一多在其文《道教的精神》中进一步指出，"《庄子》书里实在充满了神秘思想"，其前源很可能是某种神秘的"原始宗教，或更具体点讲，一种巫教"，庄子哲学既是从中分泌出的"质素"和"精华"，同时也是古老"巫教"的鲜活"反影"。②

---

① 许地山：《道家思想与道教》，《燕京学报》1927 年第 2 期。
② 闻一多同时认为，这种"巫教"很可能就是作为后世道教之前身的"古道教"。（参见《闻一多全集》第一册，生活·读书·新知三联书店 1982 年版，第 143—144 页）

严格地说,"巫教"之称仍可商榷①,但此一洞见却为庄学研究特别是对于庄子哲学思想渊源的追探,开示了一个极具启发性和"诱惑力"的致思路向。惜乎长期以来大陆学界多把庄子定位为"理性"的思想家,故研讨重点大多集中在庄子思想除魅化的人文意涵方面,而对其与神秘的巫文化的血脉关联,除了简单笼统地视之为楚、殷或东方海滨文化的影响,以及在神话学领域偶有创获外②,其他方面皆言之甚少且肤泛。事实上,适切的"返魅",亦即回溯、还原先秦时期巫文化的历史场景,进而细致深入地理清庄子思想中的巫文化遗存,不仅丝毫无损庄子作为哲学家的辉光,反倒有助于我们贴实把握其思想精蕴,拓宽庄学研究的空间。

本章最为关注的问题是:庄子哲学的个体生命精神与巫文化究竟有何关联?

第一节 庄子思想的巫魅性及其文化归属

诚如晋人王坦之《废庄论》所云,"其言诡谲,其义恢诞"(《晋书》卷七十五),以文辞之瑰奇诙诡、思想之玄渺谲怪为表征,庄子之学具有深邃的巫魅性质,这是学界共知的事实,但究竟何以如此,学者则持论不一。其中较为常见的做法是把庄子纳入某种地域文化系统中,进而借以解释

---

① 虽然并非针对闻氏之说,饶宗颐对"巫教"这一提法颇不以为意(参见饶宗颐《历史家对萨满主义应重新作反思与检讨——"巫"的新认识》,《中华文化的过去、现在和未来》,中华书局 1992 年版)。

② 大陆神话学领域的庄学研究成果,比较重要的有:顾颉刚《〈庄子〉和〈楚辞〉中昆仑和蓬莱两个神话系统的融合》(《中华文史论丛》第二辑,上海古籍出版社 1979 年版);袁珂《〈庄子〉的神话与寓言》(《中华文化论坛》1995 年第 3 期);赵沛霖《庄子哲学观念的神话根源》(《文史哲》1997 年第 5 期);朱任飞《〈庄子〉神话的破译与解析》(东北师范大学出版社 1999 年版);叶舒宪《庄子的文化解析》,湖北人民出版社 1997 年版)。

第一章 庄子与巫文化：从"人神合一"到"自我神化"

其学之巫魅性质的渊源所自。概括起来，此类看法主要有三：楚文化说，齐文化说，商宋文化说。鉴于这个问题对于我们探讨庄子哲学精神的前源和特质而言，确实是无法回避的重要理论环节，故需对此三说进行逐一辩议。

一 庄子与楚文化

早期文献中，南方的楚地和楚人常以与中原文化构成对待关系的"他者"形象出现。《汉书·地理志》说，楚地的社会文化风气是"信巫鬼，重淫祀"，《列子·说符》亦云"楚人鬼"，而把庄子思想的巫魅性视为楚地巫风直接或间接影响的结果，甚至进而断言庄子为楚人、庄子之学出自楚文化系统，则是学术界由来已久且至今仍然颇为流行的观点。

按太史公所作本传，庄子为"蒙人"，而据崔大华的研究，宋代开始出现了庄子为楚人之说。例如，朱熹在谈及庄孟何以同时但不相及的问题时云：

> 孟子平生足迹只齐鲁滕宋大梁之间，不曾过大梁之南。庄子自是楚人，想见声闻不相接。大抵楚地便多有此样差异底人物学问，所以孟子说陈良云云。（《朱子语类》卷一百二十五）

> 庄子去孟子不远，其说不及孟子者，亦是不相闻。今亳州明道宫乃老子所生之地。庄子生于蒙，在淮西间。孟子只往来齐宋邹鲁，以至于梁而止，不至于南。然当时南方多是异端，如孟子所谓"陈良，楚产也，悦周公仲尼之道，北学于中国"；又如说"南蛮鴃舌之人，非先王之道"，是当时南方多异端。（《朱子语类》卷一百二十五）

从中可见，朱熹断定"庄子自是楚人"的理由和涵义有两层：就地理空间说，庄子所在的南方之蒙属于楚地；就文化属性说，庄子思想的异端性与"南方多异端"的社会风气相符。但从历史上看，蒙为楚地的说法并无确凿依据，即使蒙在宋亡后或被楚争得，但宋将亡之时，庄子可能已经去世，故不能说他生前是楚人。① 相较而言，朱熹想当然地说"生于蒙"的庄子是楚人，似更多是从文化属性着眼。按照他的看法，既然南方的社会风气"多异端"，那么，异端的庄子思想产生并属于楚文化系统再自然不过了。同时我们还可以发现，对于朱熹来说，"南方"和"楚地"在文化属性上是一回事。在没有证据表明蒙为楚地的情况下，朱熹之所以能够从"南方多异端"的儒家习见得出"庄子自是楚人"的结论，端赖潜含于他心中的另一儒家习见——"庄子是异端"——作为其逻辑推理的中间环节。这也就是说，"南方多异端"和"庄子是异端"这两个儒家习见即便只缺少一个，朱熹也不能得出"庄子自是楚人"的结论。在他的上述论说中，我们可以发现两个语词链：一个是"北方—孟子—正统—儒家"，一个是"南方—庄子—异端—道家"。这是两个基于儒道互黜的意识形态化的语词链，其背后的思想叙事是：庄子与孟子之所以同时但不相及，表面原因是地理空间的南北不相接，根本原因则是正统与异端的对立。在表面原因缺少信实证据的情况下，笔者认为，朱熹的"庄子自是楚人"之说实际上是他基于儒家意识形态臆造的一个历史幻象。

朱熹的看法虽为主观臆断，但于后世却影响深远。二十世纪初，梁启超、刘师培、王国维等人仍然大致延承了朱熹的观点，且更有新的发挥。按照梁启超《论中国学术思想变迁之大势》中对先秦学派的划分，庄子和老子等道家人物皆属"南派正宗"。梁氏认为，南方"气候和，其土地饶，其谋生易，其民族不必惟一身一家之饱暖是忧，故常达观于世界以外"，所以"南学之精神"便是"探玄理，出世界；齐物我，平阶级；轻私爱，厌繁文；明自然，顺本性"；相应于此，"南方则多弃世高蹈之徒，接舆、丈人、沮、溺，皆汲老、庄之流也：盖民族之异性使然也"。② 依梁氏之

---

① 参见崔大华《庄学研究》，第7—8页；郎擎霄《庄子学案》，天津市古籍书店1990年版，第2页。

② 参见梁启超撰《论中国学术思想变迁之大势》，夏晓虹导读，上海古籍出版社2001年版，第25—27页。

第一章　庄子与巫文化：从"人神合一"到"自我神化"

见，庄子思想实是南方之地理环境、社会风习和民族性格的天然产儿。近乎此，刘师培在《南北学派不同论》中说："楚国之壤，北有汉江，南有潇湘，地为泽国，故老子之学起于其间。从其说者大抵遗弃尘世，渺视宇宙，_{如庄、列是也}。①……老学起源荆楚，然学派所行，仅及宋郑，_{庄子宋人，列子郑人}。"又说："荆楚之地僻处南方，故老子之书，其说杳冥而深远，老子为楚国苦县人。及庄、列之徒承之，_{庄为宋人，列为郑人，皆地近荆楚者也}。其旨远，其义隐，其为文也纵，而后反寓实于虚，肆以荒唐谲怪之词，渊乎其有思，茫乎其不可测矣。"此论虽以庄子为宋人，但既然其学"为老聃之支派"，而老学又"发源于泽国之地"，故庄子之学亦可归为"南方之学"也，更何况宋近荆楚。②不难看出，刘氏是以"地理环境决定论"为预设，以老子为中介，从文辞和义理两个方面溯庄子思想之源为楚文化。在《屈子文学之精神》一文中，王国维对庄学的看法与刘师培大同小异。他认为，南人在文辞方面常有"伟大丰富"的想象力，"彼等巧于比类，而善于滑稽"，例如，庄子"言大则有若北溟之鱼，语小则有若蜗角之国；语久则大椿冥灵，语短则蟪蛄朝菌……；此种想象，决不能于北方文学中发见之"。在义理方面，南方学派长于思辨、推崇隐士、重视个体、持平民立场、有遁世倾向，其理想"树于当日之社会外"，而庄子即出于并归于南方学派，具有南人的思想特点。③

1930年代，蒙文通也指认道家"本于南方"而为"南方之教"，出于陈、宋的"老、庄与屈子同也"，战国时期农家的代表人物"许行亦楚产也"。④其后，冯友兰在其两卷本《中国哲学史》中，先是认定身为隐士的老子乃楚国人，其思想代表着"楚人精神"，后又专辟"庄子与楚人精神"一节，指出庄子虽为宋人，但其"思想实与楚人

---

① 小字"如庄、列是也"为刘氏自注，下同。
② 刘师培：《清儒得失论：刘师培论学杂稿》，中国人民大学出版社2004年版，第228—229、254页。
③ 《王国维全集》第一卷，中国文史出版社1997年版，第30—32页。
④ 蒙文通：《先秦诸子与理学》，广西师范大学出版社2006年版，第26—27页。

为近"。① 冯氏给出的具体理据是：《楚辞》"想象丰富，情思飘逸"，而"《庄子》书中，思想文体，皆极超旷"，尤其是外篇的《天运》起首一段，更是在形式和内容上皆与《楚辞·天问》相类；庄子反对传统的思想和制度，这与老子相一致；庄子"剽剥儒墨"，但对老子却推崇备至；在地理上，"宋与楚近"。根据这几条理据，冯友兰断言：庄子之所以能够"述超旷恍惚之思，而自成一系统"，应是他"受楚人思想之影响"的结果。②

笔者认为，上述几种"庄子楚人说"皆失于粗疏笼统。③ 不可否认，《庄子》文风的浪漫神奇色彩、庄子思想的玄渺谲怪特征乃至其相对于儒家的"异端性"，确实与朱熹、冯友兰等古今学者心目中的楚文化存在着某些相同或相似之处。基于这些相同或相似的特征，严格说来，我们所能做的至多是把二者进行类型化的处理，视二者为一类，亦即把它们一并归入某种既高于庄子之学，又高于楚文化的另一大类。如若仅仅因为二者具有某些相同或相似处，便就此认定庄子是楚人抑或庄学源出自楚文化，无疑是轻率武断的，其结论也无法成立，因为这种做法犯了把逻辑上的共性或相似性关联直接等同于客观历史中的因果关系的错误，用不当的抽象逻辑分析取代了实证的历史探源。事实上，以上学者之所以在此问题上各持定见，只是基于他们对庄子之学和楚文化所进行的粗线条、肤泛化的简单比较，至于说庄子之学源出自楚文化，则属于以二者之共性或相似性为依托的主观联想，而并无令人信服的客观依据。

虽然如此，或许是由于庄学和楚文化共有的某些特点，尤其是它们共有的巫魅色彩，极易使人产生二者之间必定存在着某种亲缘性的源流因果关系的联想，所以，庄学出自或属于楚文化之类的看法不仅在现代学者中仍然流行甚广，更有不少学者出于要把这种源流因果关系坐实之目的，又

---

① 朱自清也说："庄子名周，宋国人，他的思想却接近楚人。"（《经典常谈》，生活·读书·新知三联书店1980年版，第83页）

② 冯友兰：《中国哲学史》上册，中华书局1961年版，第216—218、277—278页。

③ 傅斯年指出，"近人有以南北混分诸子者，其说极不可通"，而在文化上以"南"为"楚"更属误判（《傅斯年全集》第二卷，湖南教育出版社2003年版，第270—271页）。

第一章 庄子与巫文化：从"人神合一"到"自我神化"

对此问题进行了多方考辨。

例如，冯友兰的学生涂又光认为，庄子之所以重个体，是因为其思想产生于楚国的社会土壤中。他的理由是：首先，楚人的生产关系是以"自由自在、自给自足的小农劳动者"为主体的庶农制；其次，楚人具有以个体为本位的神话世界观，这表现为在"夫人作享，家为巫史"（《国语·楚语下》）的社会文化风气下，楚地"人人自办通神的祭祀，自己记录和解释通神的意义"，而不必通过专职的巫觋。[①] 这种看法实际上只是提供了一个空泛的宏大理论叙事，其可质疑处在于：楚地的生产关系和神话世界观究竟是通过什么途径，何时且在多大程度上影响到了生活在蒙地的庄子？庄子哲学的个体精神和巫魅特质难道只能由楚国的社会文化土壤孕育出来，而绝不可能是庄子受到其他思想文化影响的结果，更不可能是他自己的新创？

鉴于"庄子楚人说"缺乏实证，而要在庄子与楚文化之间建立起总体性的直接关联亦非常困难甚或不可能，所以有学者便退而求其次，转而认为庄子虽未必是楚人，但其学却确乎受到了楚文化的"深刻"影响。概括起来，学者用以支撑这种观点的证据大致如下。

（1）《庄子》多用楚语，例如"迷阳""蟪蛄"，以及"抟扶摇而上"中的"抟"、"謷乎大哉"中的"謷"，等等。尤可提及者，《庄子》中的"逍遥""游""儵忽"三词在《楚辞》中亦多见，而其他的先秦著作却罕用。[②]

（2）《庄子》多言楚事，一些湮灭的楚国旧闻在其中也时有出现，这说明庄子熟悉楚国社会和楚国历史。

（3）《庄子》中提到了许多楚人，且多是正面形象。

（4）从楚王派使者聘庄子为官之事来看，庄子与楚国应当有着某种非同一般的密切关系。

---

① 参见涂又光《楚国哲学史》，湖北教育出版社1995年版，第14、16—20页。
② 在《庄子》中，"迷阳"见《人间世》篇，"蟪蛄""抟扶摇而上"见《逍遥游》篇，"謷乎大哉"见《德充符》篇。关于《庄子》中"逍遥""游"的用例，参见邓联合《"逍遥游"释论——庄子的哲学精神及其多元流变》，第49—57页。朱桂曜认为："庄子生于齐楚之间，故习用楚语。"（《庄子内篇补正》，上海商务印书馆1935年版，第7页）

（5）《庄子》中描写了大量的南楚之物，包括花鸟虫鱼、鸟兽草木等。

（6）《庄子》中的神话更多地具有南方昆仑神话的地域色彩。

（7）从《庄子》书中的记述看，江淮一带是庄子活动的主要区域，他游历最多的可能就是楚国。

（8）公元前478年，楚灭陈国（老子故里），楚与庄子的故里宋国由此成了邻国，这使得庄子具有了接近楚文化的"地缘优势"。

（9）从文化传统看，作为殷商后裔的宋人与作为祝融后裔的楚人有着悠久的文化联系和共同的文化心理。①

这些证据既有辅助性的"外证"（例如第八、九条），又有出自《庄子》文本的"内证"。撇开说服力较弱的"外证"，关于"内证"，笔者的看法是：其一，这些证据大都琐碎表面，尚未触及庄子之学的根本特质以及其与楚文化之间深层次的内在思想关联；其二，以庄子"无所不窥"的渊博知识和生平游历区域之广大②，其书中多次出现楚语、楚人、楚事、楚物，丝毫不奇怪，这并不足以说明他在思想上受到了楚文化多么"深刻"的影响，事实上，《庄子》书中同样多次记述了其他地区和国家的语词、名物以及人与事；其三，从本章所关注的问题看，即使这些证据表明庄子思想和楚文化之间存在着某种关系——甚至关系密切，我们也不能就此认为庄子之学的巫魅性必定出自楚文化，而绝不可能另有渊源，更何况所谓"楚文化"其实是一个非常笼统复杂的概念，正如屈原也具有深诚的忧国忠君思想那样，巫魅性并不是楚文化的唯一特质。

值得注意的是，在前述各种看法的基础上，杨义又对庄子与楚国、庄学与楚文化的关系提出了新解。他认为，庄子虽是宋人，但其思想却上承老子而为楚学；不仅如此，庄子的祖脉也在楚，而"祖脉则是庄周继承老

---

① 参见崔大华《庄学研究》，第27—29页；熊铁基、刘固盛、刘韶军《中国庄学史》，湖南人民出版社2003年版，第10—15页；刘绍瑾《也谈南北文化之划分及老庄的文化归属》，《学术研究》1997年第11期；蔡靖泉《"庄子自是楚人"说》，《荆州师专学报》1998年第3期。

② 张松辉对庄子生平游历范围的分析可供参考（《庄子研究》，第14—16页）。

第一章　庄子与巫文化：从"人神合一"到"自我神化"

子学脉而变异成自身形态的发生学之重要依据"。据杨义推测，庄子的先祖当是以其谥号为氏的楚庄王的苗裔，因吴起变法，"属于疏远公族的庄氏家族"，因为受到政治斗争的牵连，被迫外逃避祸而最终迁居于宋国乡野。① 尽管流亡在异乡，但庄氏毕竟是楚之公族，所以"庄子有可能获得由家族传递的文化教育"。这也就是说，庄子不仅因为上承老子而为楚学，他自身就拥有经家族传递而来的"楚人的文化基因"。为证明这一点，杨义从《庄子》的《逍遥游》《应帝王》《至乐》篇分别找出了三条"内证"：大鹏（凤）意象、浑沌信仰以及庄子鼓盆而歌之事。在他看来，这三条皆透露出了庄子内心中潜藏着的楚俗记忆，因为楚人同样崇拜凤鸟、信仰浑敦（沌）氏，且有居丧歌舞的传统习俗。②

杨氏所举的三条证据皆与巫文化关系密切：前两条可以还原为上古神话，而神话是巫者思维的重要精神资源；鼓盆而歌属于丧仪，而操持丧仪正是巫者的职业内容之一。因此，如若庄子的大鹏意象、浑沌信仰和鼓盆而歌果真脱胎自楚俗的话，那么，楚文化与庄子之学的巫魅性之间的源流因果关系似乎也就部分成立了。但在笔者看来，这三条证据皆经不起推敲，不足以说明庄子具有"楚人的文化基因"。

首先，凤鸟崇拜不为楚人所独有。古代东夷的少皞族、嬴姓族以及殷人同样都崇拜凤鸟，并且后二者还奉之为始祖。③ 饶宗颐认为，"东方鸟夷"对凤鸟的普遍崇拜，"从少昊时代降及于殷，形成一思想上的传统，

---

① 崔大华早已有类似推断，不过他同时又认为："庄子家世的面目已被世代久远的历史风尘剥蚀、覆盖得无法辨识了。"（《庄学研究》，第29—31页）

② 参见杨义《庄子还原》，中华书局2011年版，第9、12—17、24—31、47—49页。

③ 例如，《左传·昭公十七年》："昭子问焉，曰：'少皞氏鸟名官，何故也？'郯子曰：'……我高祖少皞挚之立也，凤鸟适至，故纪于鸟，为鸟师而鸟名。'"《史记·秦本纪》："秦之先，帝颛顼之苗裔。孙曰女修。女修织，玄鸟陨卵，女修吞之，生子大业。"傅斯年认为，少皞氏和嬴姓均为淮济下游地区的古代东夷部族，嬴姓后来入于西戎（参见《傅斯年全集》第三卷，第213、215—220页）。又，《诗经·商颂·玄鸟》："天命玄鸟，降而生商。"陈梦家解释说，"玄鸟即凤，其雌曰皇"（《商代的神话与巫术》，《燕京学报》第20期，1936年12月）。

因之产生许多关于凤鸟的美丽神话"。① 考古发现也证明，中国上古时期的神鸟传说"多集中于东海岸"。② 而作为"古之巫书"（鲁迅语）③，在《山海经》所记述的那些流传久远的上古神话中，"凤鸟""凤皇""鸾凤""鸾鸟""玄鸟""皇鸟"等意象更是屡屡出现（例如《海外西经》《大荒西经》《海内经》等处）。据此可问：难道庄子笔下的大鹏意象只能来自楚俗？特别需要指出的是，凤是殷人的"图腾"、"信仰"和"象征"④，而庄子所在的宋又是殷遗之国，所以，如果说大鹏意象出自殷宋固有的文化传统，岂不更为切近可信？反之，不从殷宋文化传统而偏偏到楚俗中寻索其原型，岂不是舍近求远？

其次，浑沌信仰也不为楚人所独有。因为，正如叶舒宪所指出的那样，"浑沌这样一种意象和观念……是神话思维时代人类最普遍、最常见的一种象征语汇。综观世界各民族的创世神话，宇宙万物始源于混沌大水的情节实在屡见不鲜"⑤。

最后，居丧歌舞同样不是楚人独享的"专利"。《礼记·檀弓》载，"孔子之故人曰原壤，其母死，夫子助之沐椁"，这时原壤却登木而歌。对此反常之举，难道我们能认为这是原壤心中潜藏着楚俗记忆的表现吗？从《养生主》篇的"老聃死，秦失吊之"以及《大宗师》篇的孟子反和子琴张"临尸而歌"、孟孙才"居丧不哀"等寓言看，庄子对儒家丧仪甚为反感，他在生死问题上的态度是以理化情，不悦生、不恶死。据此，鼓盆而歌对于庄子来说实在是非常"合理"的事情，完全不必援用楚俗来解释。

---

① 饶宗颐：《古代东、西方鸟俗神话——论太皞与少皞》，《饶宗颐二十世纪学术文集》第一册一卷《史溯》，台北：新文丰出版股份有限公司2003年版。
② 张光直：《中国青铜时代（二集）》，生活·读书·新知三联书店1990年版，第55页。
③ 袁珂：《〈山海经〉盖"古之巫书"试探》，《社会科学研究》1985年第6期。此外，袁行霈也认为，《山海经》很可能是"古代的一部巫觋之书"（《山海经初探》，《中华文史论丛》第三辑，上海古籍出版社1979年版）。
④ 闻一多：《龙凤》，《闻一多全集》第一册，第69—72页。
⑤ 叶舒宪：《庄子的文化解析》，第123页。

二 庄子与齐文化

再来看庄子之学源自齐文化说。在当今学界，持此看法的学者较少，蔡德贵是最为坚持者，他的立论依据主要有以下几个方面。

（1）由于蒙在宋灭后归入齐国，庄子自然就成了齐人。

（2）《庄子》的文风阔达放纵，言多谐隐，且多次提到乡俗之"野语"，这种语言风格充分体现了齐文化的特点。

（3）《庄子》中多次提到齐国的人、事和名物。

（4）相比于孔、孟等其他先秦诸子，《庄子》中多次提及海洋，且十分熟悉海洋的习性，而齐国是战国时期为数不多的濒海国家之一。

（5）《庄子》中大量引用了发源或流行于齐国的神话。

（6）庄子塑造的"神人""真人"等神秘人物形象，是他受到燕齐沿海地区流行的神仙思想之影响的结果。

（7）齐地的五行说和阴阳说在《庄子》中有所体现。

（8）庄子的"心斋"、气论等重要思想与《管子·内业》的某些说法相一致，而且他还多次提到稷下学者（例如宋荣子、季真、接子等）及其思想，另外，《天下》篇对稷下各派的精到总结，亦"非出自稷下背景的学者莫属"。

（9）以"自由主义"和"相对主义"为表现特点，"贵齐"作为庄子全部思想的主线，只有在齐国社会的工商业背景和民主化的政治风气中才能产生。

根据这些理由，蔡德贵指出，"《庄子》中齐海洋文化资源要比宋文化资源和楚文化资源丰富得多"，可见"庄子是齐海洋文化的产儿"。[①] 笔者

[①] 参见蔡德贵《庄子与齐文化》，《文史哲》1996年第5期；蔡德贵《再论庄子与齐文化》，《东岳论丛》2003年第6期。此外，孙立认为，老庄思想不属于南楚文化系统，而应归入"当时的大齐鲁文化圈"，因为"齐文化对《庄子》的影响是广泛的，有直接的，有间接的。《庄子》一书所涉及的齐地的人物、神话和民俗，给《庄子》一书增添了浓郁的神话色彩"，这是"形成《庄子》独特文化品位"和"浪漫文风"的重要原因（参见孙立《老庄故里及文化归属考辨》，《学术研究》1996年第8期；孙立《〈庄子〉与齐——对〈庄子〉文化归属的再思考》，《学术研究》1998年第9期）。

不认同这一论断。以下对蔡氏的九条理由作逐一辨析。

第一条说庄子是齐人缺乏扎实论证，最为牵强，无法成立。既然第一条难以成立，庄子并非齐人，那么第九条也就站不住脚了，并且以"贵齐"为庄子全部思想的主线也缺乏论证，失之偏颇。另外，与庄子交往深密、主张"合同异"的惠施也有"相对主义"的思想倾向，而老子思想中更是早已内蕴着所谓"相对主义"以及"自由主义"的精神，难道庄子绝不可能对惠、老之学有所汲取，而只能在齐国的社会政治土壤中获得思想灵感？第二条至第四条与支撑庄子之学出自楚文化说的某些证据如出一辙，也流于琐碎表面，故不再细加驳议。关于第五、六条，顾颉刚早已指出，《庄子》融合了东方的蓬莱神话与西方的昆仑神话两大系统，而昆仑神话中同样也有类似于"神人""真人"的长生久视的奇异形象[①]；再者，即使《庄子》中的一些神话确乎起源于齐国海滨地区，但到了庄子的时代，这些神话早已经广泛流传开来，成为许多地方知识分子公共的文化资源，而庄子改造利用某些蓬莱神话以表达自己的哲学思想，也实属正常，恰如他同时援用了昆仑神话一样，更不用说昆仑神话的成分在《庄子》中相对要多于蓬莱神话的成分了。关于第七条，我们很难认定阴阳说是齐地的文化特产——《易经》和《老子》中早已有阴阳观念[②]，而且，五行说和阴阳说既不具有典型的庄学特色，也不是庄子思想的关键组成部分。考虑到庄子的"心斋"思想涉及巫者神秘的心灵内修问题，需要重点讨论的是第八条，即庄子和稷下学派的关系。笔者认为，庄子对稷下学派的某些思想可能确有借鉴（详见后文分析），但我们却不能以此为理由，把庄学简单归入齐文化系统，甚至认为庄学必然源出自齐文化，因为在庄子这里，除了稷下学派，他还大量吸收了其他学者的思想成分。

综上，我们虽不能说楚文化、齐文化与庄子思想之间没有任何关系，但也不能在缺乏令人信服的实证依据和客观历史分析的情况下，仅凭一些

[①] 参见顾颉刚《〈庄子〉和〈楚辞〉中昆仑和蓬莱两个神话系统的融合》。
[②] 《老子》第四十二章："万物负阴而抱阳，冲气以为和。"

琐碎表面的"内证"材料，或仅凭通过对二者施以外部性的粗线条比较而得到的某些共同点或相似处，当然更不能仅凭抽象虚阔的宏大理论叙事和毫无理据的想象性推测，便径直认为庄子之学的巫魅性一定肇端自齐文化——特别是齐国海滨的神仙思想，或是巫风盛行的楚地社会文化影响的结果。

事实上，虽然我们不应断然排除楚文化和齐文化确乎影响了庄子思想的可能性，但另一方面，即使撇开楚文化和齐文化，庄子思想之巫魅性的渊源所自问题仍然可以得到合理的解释，而且新的解释反过来可以统括那些认为庄子思想之巫魅性出于楚文化或齐文化的观点。

三 庄子与商宋文化

搁置了舍近求远、曲奥周折而至于牵强附会的楚文化说和齐文化说，回过头看，庄子思想的巫魅性其实从商宋的社会文化土壤中即可寻找到它的渊源。为此，我们首先需要确认庄子的宋人身份。

汉代以来，关于庄子的国属问题先后出现过宋国、齐国、梁国、楚国、鲁国诸说。笔者的看法是：目前，在宋国说多有证据支持而后四种说法却都缺乏有力证据的情况下，我们还是应当接受汉人的记述，即庄子是"宋之蒙人"（《史记·庄子列传索引》引刘向《别录》）[1]，虽然学界对"蒙"究竟是在今天的河南商丘附近，安徽的蒙城或山东的东明、曹县，仍然颇有争议。

这里不妨再给庄子宋人说补充两条证据。

第一，《至乐》篇："庄子妻死，惠子吊之，庄子则方箕踞鼓盆而歌。"其中的"箕踞"一般被认为是庄子针对儒家力主的端正虔敬的身体姿态，故意做出的旷荡散傲之举。这是思想层面的解释。考古学家李济通过分析殷墟出土的石刻造像则发现，其中"蹲居的与箕踞的远比跪坐的

---

[1] 王葆玹认为，庄子应当是宋庄公的后裔，是宋国公族庄氏的不得意的子孙，其家族在戴氏伐宋之后失去了权势（《老庄学新探》，上海文化出版社2002年版，第154页）。

多",这表明"商人的习于箕踞与蹲居",或者说这两种身体姿态在商人中是"比较普遍的习俗";至于"说蹲居与箕踞不礼貌,显然是周朝人的观点"——《礼记·曲礼上》有"坐毋箕"之说,而"尚鬼的殷人在'祝'的制度极度发展时",他们"似乎也没有鄙视"这类姿态。① 据此可知,庄子的"箕踞"或正是他作为殷人后裔久已习惯了的日常身体姿态,而不一定是针对儒家、刻意为之的"思想姿态"。只是在庄子的时代,这一身体姿态在其本身既已积淀了殷与周两种不同文化观念差异的同时,又纠结着儒与道、礼与非礼的思想冲突。②

第二,庄子不认同周人的历史观。由《尚书》可见,周人构建的历史叙事近为夏商周三个朝代的天命转移,远则是尧舜禹三位圣王的以德相禅。许倬云认为,从考古发现看,"夏商周三代嬗替的秩序,毋宁是周人的历史观",其实质是"周人对自己胜利合法性的解释",其意图是通过将其解释"向古代投射为三个连续的朝代",周人可以"自居为正统"。③ 而据《古史辨》派的研究,尧舜禹原不过是传说中的神话人物,后来才进入了官方正典而成为周人理想中的圣德之王。虽未达乎此,庄子同样前所未有地颠覆了周人描画的往古图景。

在庄子的历史书写中,一方面,尧舜禹不仅不是圣王,反倒是"用兵不止"、假行仁义、贼害天下的暴君④,正如研究尧舜传说的著名学者陈泳

---

① 李济:《跪坐蹲居与箕踞》,《李济文集》第四卷,上海人民出版社2006年版。
② 参见邓联合《"箕踞"的思想文化解析》,《中国哲学史》2013年第2期。
③ 参见许倬云《万古江河:中国历史文化的转折与开展》,上海文艺出版社2006年版,第49—50页;许倬云《西周史》(增补本),生活·读书·新知三联书店2001年版,第110页。
④ 《齐物论》:"昔者尧问于舜曰:'我欲伐宗、脍、胥敖……';《人间世》:"昔者尧攻丛、枝、胥敖,禹攻有扈,国为虚厉,身为刑戮,其用兵不止……";《庚桑楚》:"大乱之本,必生于尧、舜之间,其末存乎千世之后。千世之后,其必有人与人相食者也!"王玉彬在解读《齐物论》"十日并出"章时指出,作为"德之进乎日者",尧强推德治于天下的举措,本质上"不过是道德与武力的互为利用,规训与惩罚的相互纠缠"(《〈庄子·齐物论〉"十日并出"章辨正》,《中国哲学史》2015年第4期)。

超所说，庄子批判圣王的理论着力点在于"将尧舜连同仁义之道一并轰毁"①。另一方面，三代之间的天命转移也并非历史嬗变的真相，真相是"禹用力而汤用兵"（《天运》），"周见殷之乱而遽为政，上谋而下行货，阻兵而保威"，"杀伐以要利，是推乱以易暴也"（《让王》），可见所谓天命转移只不过是用来文饰暴力征服和权谋诈取的托词。对周人历史叙事的颠覆，或正是庄子作为被周人灭了国的殷遗心理的反叛性发抒，其背后隐含着他对周政权和周文化的激烈抗拒。

确认了庄子为"宋之蒙人"后，再来看宋国的文化特点，这无疑要从宋之前世即殷商的社会文化风气说起。

殷人"尚鬼"，史多有载，如《礼记·表记》云："殷人尊神，率民以事神，先鬼而后礼。"其主要表现为殷人之神灵信仰体系的广泛分散，其中既有帝以及风云雨雪等天神、山川四方等地示，又有先公先王等人鬼②，可谓"一神与多神，兼而有之"③。与此对应，殷人有着极为繁复杂多的祭祀和占卜活动。④ 陈来指出，殷人的宗教活动"实际上是以一种间接的神秘交感方式来测度帝、鬼、神的意志"，以达到沟通天地神人之目的。⑤ 在此过程中，作为沟通者的巫扮演着关键角色。有学者认为，商朝的"巫可能有不同的层次"⑥，而据陈梦家的研究，商王实际上是"由群巫之长所演变而成的政治领袖"，或"自己虽为政治领袖，同时仍为群巫之长"，因为卜辞中常有王亲自占所梦、亲自求雨、亲自卜风雨、亲自卜祭祀等的记载。⑦ 可为佐证者，《吕氏春秋·顺民》云：

---

① 陈泳超：《尧舜传说研究》，南京师范大学出版社2000年版，第39页。
② 赵法生：《殷神的谱系——殷商宗教中的神灵世界与信仰精神》，《原道》第十三辑，首都师范大学出版社2007年版。
③ 参见饶宗颐《殷代的宗教》，《饶宗颐二十世纪学术文集》第七册五卷《宗教学》，台北：新文丰出版股份有限公司2003年版。
④ 参见陈梦家《殷墟卜辞综述》，中华书局1988年版，第561—562页。
⑤ 陈来：《古代宗教与伦理——儒家思想的根源》，第106页。
⑥ 晁福林：《商代的巫与巫术》，《学术月刊》1996年第10期。
⑦ 参见陈梦家《商代的神话与巫术》。

　　　　昔者汤克夏而正天下，天大旱，五年不收。汤乃以身祷于桑林，曰："余一人有罪，无及万夫。万夫有罪，在余一人。无以一人之不敏，使上帝鬼神伤民之命。"于是翦其发，鄌其手，以身为牺牲，用祈福于上帝。民乃甚说，雨乃大至。

汤的求雨巫术俨然已上升到国家政治行为的高度。除了王者为巫，商代著名的巫师还有巫咸、巫彭、巫贤等①，他们"在当时的社会里占有很崇高的社会地位"②。

　　此外，商代巫风之盛还可以从考古发掘大量出土的两类殷商遗物表现出来，即：酒器和乐器。因为按照张光直的说法，巫师的巫术活动有时需饮酒致醉、产生幻象，以便"达到通神的精神状态"，而商人嗜酒是史上出了名的，"殷代青铜器中酒器之数量和种类之多"，"表示酒在祭祀时是服用的，而且是重要的"，"殷商巫师之饮酒是不成问题的"。再者，歌舞也是巫师通神的常用手段，《说文》释"巫"："祝也，女能事无形，以舞降神者也。"商人之舞亦多与巫术有关③，例如《墨子·非乐》云，"先王之书，汤之官刑有之曰：其恒舞于宫，是谓巫风"，可见当时的"'巫'不仅能歌善舞，而且跳起来一定非常疯狂，简直没完没了"④。

　　问题是：殷亡，周公"封微子启于宋，以续殷祀"（《史记·管蔡世家》）之后，殷代的巫风在宋国是否又能相当程度上得以延续呢？答案是肯定的。从大的方面说，这是因为"周人对殷遗是用一种相当怀柔的政策"，"虽取其统治权，而仍其旧来礼俗"，故其遗民"不以封建改其民族

---

① 《史记·殷本纪》："伊陟赞言于巫咸，巫咸治王家有成……帝祖乙立，殷复兴，巫贤任职。"
② 张光直：《中国青铜时代（二集）》，第41页。
③ 张光直：《中国青铜时代（二集）》，第63—65页。
④ 李零：《中国方术续考》，中华书局2006年版，第31页。

第一章　庄子与巫文化：从"人神合一"到"自我神化"

性也"。① 不仅如此，"续殷祀"的宋君在周代礼制中还高于诸侯一等，即所谓"为客不为臣"，周天子给予宋君之礼遇亦甚是特殊。② 这说明殷遗只是在政治上归顺了周人，其文化礼俗却不仅没有遭到周人强制性的改造或断灭，反而很受尊重。另一方面，周人在构建其自身的社会体制时，也并未全部否定殷人的成就，而是奉行"拿来主义"，对其加以积极吸收，如孔子所谓"周因于殷礼，所损益，可知也"（《论语·为政》）。在此背景下，宋人自然可以延续他们固有的文化传统，因此孔子才会说"吾学殷礼，有宋存焉"（《礼记·中庸》），虽其"文献不足"（《论语·八佾》），但殷礼毕竟尚存于宋也。

殷商盛行的巫风在宋国的实际存续情况，可从如下几方面推知。

其一，《左传·襄公十年》：

> 宋公享晋侯于楚丘，请以《桑林》。荀罃辞。荀偃、士匄曰："诸侯宋、鲁，于是观礼。鲁有禘乐，宾祭用之。宋以《桑林》享君，不亦可乎？"舞，师题以旌夏，晋侯惧而退入于房。去旌，卒享而还。及著雍，疾。卜，桑林见。

宋公请晋侯观赏的"桑林"即汤求雨时的乐舞，为历代殷天子及宋君所专有，后来庄子又用它来形容庖丁的解牛动作③，可见此乐舞在宋国是为人所熟知的。晋侯畏惧杆首缀有五彩雉羽的"旌夏"而"退入于房"，乃至事后患疾，占卜而见"桑林"之神④，这说明此乐舞诡异的巫魅色彩给他造成了非常强烈的视觉和心理冲击。

其二，司马迁在《史记·龟策列传》中用较长篇幅，详细记述了宋元

---

① 傅斯年：《周东封与殷遗民》，见《傅斯年全集》第三卷。
② 参见杜正胜《古代社会与国家》，台北：允晨文化实业股份有限公司1992年版，第514—515页。
③ 《养生主》："合于桑林之舞，乃中经首之会。"
④ 参见杨伯峻编著《春秋左传注》，中华书局1990年版，第977页。

君得神龟而致"宋国最强"的传奇故事。其大概是：神龟托梦于元君，元君解梦而得之后，乃欲放之，博士卫平却以龟为天下"大宝"、可助国运为由，坚决反对放生，最终元君接受卫平的建议，杀龟而"使工占之"，结果"所言尽当"，于是"战胜攻取，莫如元王"。《庄子·外物》亦记有此事。这件事在当时一定具有轰动效应，影响很大，否则司马迁不会用那么长的篇幅来介绍它，而博士卫平对元君"有理有据"的反复劝谏则表明，神龟信仰在宋国士人的精神世界中是根深蒂固的，其渊源无疑可追溯至殷代。

其三，《仪礼》的《士丧礼》《既夕礼》篇、《礼记》的《杂记上》《丧大记》篇，多次出现"商祝"的身影，《礼记·乐记》更有"商祝辨乎丧礼"之说。"商祝"即习商礼之祝，与巫属于同一职业阶层，二者之差异用日本学者白川静的话说就是，"巫系以鬼神为对象而主乐舞，祝系以灵魂为对象而主祈告"[1]。按孔子的说法，周人的丧葬仪式中出现"商祝"，应是"周因于殷礼"的结果。《仪礼》和《礼记》中"商祝"的世俗身份当然不必是殷之遗民，但据此我们却不难推知：在宋国，由殷遗充当的真正"商祝"想必是很活跃的。

其四，在战国诸子的文章中，宋多愚人，如《孟子·公孙丑上》之"拔苗助长"、《韩非子·五蠹》之"守株待兔"、《庄子·逍遥游》之"宋人资章甫而适诸越"等故事中的愚人多出自宋国。何以如此？傅斯年解释说，"大约宋人富于宗教性，心术质直，文化既古且高，民俗却还淳朴"[2]。缪凤林《中国通史要略》则云："尚鬼与尚田猎……亦为商代之特征。……战国诸子言及愚痴……多托之宋人，宋为商后，信鬼则民愚，亦商之遗风然也。"[3] 陈槃以傅说为是、缪说为非，在他看来，信鬼不一定民

---

[1] ［日］白川静：《中国古代文化》，加地伸行、范月娇译，台北：文津出版社1983年版，第140页。
[2] 《傅斯年全集》第二卷，第276页。
[3] 转引自陈槃《旧学旧史说丛》，上海古籍出版社2010年版，第494页。

第一章　庄子与巫文化：从"人神合一"到"自我神化"

愚，而宋人之愚"恐怕也未必如诸子传记所说之甚"，内中或有附会抹黑的成分。① 笔者认为，战国诸子之独以宋多愚人，大概是在新故鼎革、杀伐四起、鬼神失灵的社会背景下，对作为殷遗的宋人仍然死守旧俗、与时相违而至于显得愚痴不化的变相嘲讽吧。

其五，学界对墨子的国属多有争议，但无论其为宋人还是鲁人，有一点是可以肯定的，"墨家以宋为重镇"②，宋文化对墨家思想具有重要影响。其中最突出的表现是，墨子极有可能"承袭了殷人崇尚鬼神的文化，主张天有意志，鬼神能赏善罚恶"③。循流溯源，就我们所讨论的问题而言，墨子的天志鬼神观念逆向性地佐证了宋文化浓厚的巫魅气息。

其六，关于《诗经》中的《商颂》，王国维、傅斯年等众多学者皆将其断为春秋时之宋诗，或为"宋襄公之颂"，"多半是东周时代宋国王公大夫的手笔"。此时距殷政覆亡已久，但从《商颂》诸篇看，作为殷遗的宋人依然保持着炽烈发达的民族意识，对其先祖的功业和遗训仍刻骨铭心、念念不忘。④ 在这种民族意识下，具有显著巫魅特点的殷商文化传统自然会在宋国得以承续，前述宋君所用的殷天子之"桑林"乐舞、博士卫平对神龟的珍重即可视为其例。

至此可以说，欲从地域文化的角度探寻庄子之学的渊源，我们完全没有必要因其文及其思想的巫魅色彩而把眼光死盯在远方的楚文化或齐文化上，从庄子生于斯、长于斯的商宋文化土壤中，其瑰奇之文、其玄渺之思的渊源所自问题即可得到切近的解释。简言之，如果一定要从地域文化的角度探掘庄学之源，不妨说：庄学是商宋文化结出的奇葩。

这里还有一个需要厘清的问题：既然庄子是商宋文化的产儿，那么，以巫魅性为突出表现，庄子之学的精神品格为什么与楚文化、齐文化又的

---

① 参见陈槃《旧学旧史说丛》，第494页。
② 《傅斯年全集》第二卷，第276页。
③ 陈红映：《庄子的文化渊源新探》，《思想战线》1994年第1期。
④ 参见《傅斯年全集》第二卷，第187—194页；张光直《中国青铜时代》，生活·读书·新知三联书店1983年版，第259页。

的确确存在着相同或相似之处呢？要回答这个问题，我们需把思路向前推到更为古远的历史时期，从殷商文化的起源和传播说起。

陈梦家认为："商部族最早活动于东方的渤海沿岸，它和辽东半岛、山东半岛的古代土著有若干共同之处：有玄鸟为其始祖的神话，用兽骨占卜，杀人殉葬，衣尚白等等。"① 张光直更明确说，"殷商文明中很重要的一些成分"，"绝大部分是与统治阶级的宗教、仪式、生活和艺术有关的"，"很清楚的起源于"东海岸地区。② 此外，傅斯年、徐中舒、胡厚宣等学者也认为商族和商文化滥觞于东方的渤海沿岸。③ 由此可知，庄子之学之所以与齐文化有若干共同点或可通处，并不是由于前者乃是后者直接孕育的结果，而是因为孕育了庄子的商宋文化与齐文化原初同出一地，二者拥有共同的历史前源或古老的血脉亲缘。④

再来看商文化与楚文化的关系。关于楚族的起源，顾铁符提出，作为祝融集团的主要组成部分，楚人"原来是东夷，不过较早就进入中原"，后又南迁至江。⑤ 此外，郭沫若、胡厚宣、王玉哲等诸多学者亦持楚人东来说。⑥ 依傅斯年的分析，东夷"以淮济间为本土"，与殷人同属早期中国的东系或东区（与西系的夏和周相对）。⑦ 除了地望，殷人与包括楚人

---

① 杜正胜主编：《中国上古史论文选集》下册，台北：华世出版社1979年版，第813页。
② 张光直：《中国青铜时代》，生活·读书·新知三联书店1983年版，第75页。
③ 参见《傅斯年全集》第三卷，第182页；徐中舒《徐中舒历史论文选辑》上册，中华书局1998年版，第181页；胡厚宣、胡振宇《殷商史》，上海人民出版社2003年版，第14—15页。
④ 通过考察其师承、职业和乡里，杨儒宾也认为，庄子的巫文化知识乃是"殷商文化的折射"，又由于殷商发迹于辽东一带，所以身在宋地的庄子"虽然不直接思索海洋的巫文化，但他的思想却透过海洋的巫文化之格局显现出来"，而庄学的巫魅性之所以与燕齐海滨文化相通，至少是因为二者"在神话题材上分享了共同的资源"（《庄子与东方海滨的巫文化》）。
⑤ 顾铁符：《楚国民族述略》，湖北人民出版社1984年版，第17、20页。
⑥ 参见姚汉荣、姚益心《楚文化寻绎》，学林出版社1990年版，第3—4页；李玉洁《楚国史》，河南大学出版社2002年版，第12页。
⑦ 《傅斯年全集》第三卷，第228页。

在内的东夷还具有文化上的相同处,例如都有凤鸟崇拜等。楚成为殷的方国乃至南迁后,在文化上又进一步受到了殷人的巨大影响;在殷楚两种文化的相互关系中,殷文化明显起着主导作用。例如,湖北黄陂等地出土的许多楚地青铜器,无论种类和形制,还是在饕餮纹的运用上,都与中原地区出土的商代青铜器完全一致。[1] 在张光直看来,这是殷文化自"中商时代"就已蔓延到长江中游地区的结果[2],而饕餮纹的运用则表明,殷人"尚鬼"、重巫的宗教文化观念对楚人影响深刻,因为,这些"动物纹样乃是助理巫觋通天地工作的各种动物在青铜彝器上的形象"[3]。由此可见,把庄子之学的巫魅色彩看作楚文化的印痕,甚至简单认为庄学出自楚文化,既不确当,更颠倒了历史的前后因果,因为殷和楚不仅原本具有相近相通的文化前源,而且巫风盛行的殷文化还深刻影响了楚文化。

四 从巫文化的角度看

坦率地说,笔者并不赞同把庄子之学视为某种地域文化之产儿的做法。因为,无论楚文化、齐文化还是商宋文化,其实都是内涵和外延均较为含混且动态发展的历史性概念,被拢括于其中的各种物质和精神要素也往往存在着相当的差别,如若基于对这些要素取同去异而得到的某几条抽象特征来划定庄学的文化归属,便难免会忽视庄子思想的独特个性,而有削足适履之失。另一方面,作为"其学无所不窥"的圣哲,庄子的思想来源其实是丰富多元的,即使是其中的神秘主义成分,我们也不应在未经考辨、缺乏信实理据的情况下,认为这些成分一定源出自楚文化、齐文化或商宋文化,那种做法未免压缩了庄子的知识视野,看扁了其兼收并蓄的思想消化能力。

---

[1] 参见陈旭《商、楚文化关系的探讨》,河南省考古学会编《楚文化研究论文集》,中州书画社1983年版;李玉洁《楚国史》,第33页。
[2] 参见张光直《中国青铜时代》,第41、61—62、78页。
[3] 张光直:《中国青铜时代》,第324页。

抛开地域文化的探源理路，严格地说，庄子之学的巫魅性只应被归结为巫文化的遗痕。作为人类古代文化的普遍形态，巫文化并不仅仅存在于楚、齐以及商宋等特定的地理空间，而是几乎无处不在，其差别只是形态、程度各异而已。例如，与宋国相邻的陈国同样是巫风盛行之地①；再如，即使因周公制礼作乐，巫在周政中的地位渐趋衰落，但终归没有彻底消失，而是被纳入世俗化的政治伦理生活秩序中。所以，庄子与巫文化的接触、受巫文化的影响绝不会仅限于商宋甚或楚、齐等某一地。

法国人类学家马塞尔·莫斯在其代表作《巫术的一般理论》一书中，曾概要描述了巫文化的常见特征。如果把莫斯的描述与《庄子》文本相比照，我们就会发现许多惊人的吻合之处，其中特别值得注意的是他对巫师的如下描述。

例如，莫斯指出，巫师通常被认为"才识过人"，并且"有这样一种天赋，能够构思出的事物比任何普通人能够希冀的事物还要多得多"，他们大都擅长讲述充满"神秘和幻想的成分"的神话、"传奇、寓言或冒险故事"。在巫师的讲述中，"寓言跟信仰之间、在被自觉相信的真实历史以及神话跟传奇之间不存在可以划分的界线"②。据此反观《庄子》的文章样式和风格：

> 且夫知不知是非之竟，而犹欲观于庄子之言，是犹使蚊负山，商蚷驰河也，必不胜任矣。且夫知不知论极妙之言，而自适一时之利

---

① 参见陈槃《旧学旧史说丛》，第523页；杨义《老子还原》，中华书局2011年版，第21—24页。白川静更具体指出："春秋时代的陈国，盛行巫风，是谓因为周初封于陈的胡公妻大姬无子，好'巫觋祷祈，鬼神歌舞之乐'，故其民亦化之，巫风乃兴。《诗经·陈风》多巫风之诗，殆歌垣之歌也。"（《中国古代文化》，第138页）《汉书·地理志》："陈国，今淮阳之地。……妇人尊贵，好祭祀，用史巫，故其俗巫鬼。"另外，对陈国文化传统更详细的分析，可参见邹文生、王剑等《陈楚文化》，辽宁教育出版社1998年版。

② 参见［法］马塞尔·莫斯《巫术的一般理论》，杨渝东、梁永佳、赵丙祥译，广西师范大学出版社2007年版，第42—44页。

第一章 庄子与巫文化：从"人神合一"到"自我神化"

者，是非坎井之蛙与？（《秋水》）

寓言十九，重言十七，卮言日出。……言无言，终身言，未尝不言；终身不言，未尝不言。（《寓言》）

以谬悠之说，荒唐之言，无端崖之辞，时恣纵而不傥，不以觭见之也。……其书虽瑰玮，而连犿无伤也。其辞虽参差，而諔诡可观。（《天下》）

鲁迅先生曾经称赞《庄子》一书文辞"美富"，"汪洋辟阖，仪态万方"。① 在庄子笔下，虚构与事实、神话与历史、想象与亲历、本意与言说、荒唐与真知，恢恑憰怪，真真假假，均已被随心所欲地混溶为一体。在刘光义看来，《庄子》书中的"荒唐无端崖者乃神话"。② 关于"三言"，综合诸说，作为一种文学形式，寓言产生于神话或动物故事③，而《庄子》中的寓言尤其具有神话色彩；"重言"是借重古人或先贤之言④，实际上是另一种形式的寓言；"卮言"是酒醉之言，苏何诚通过比较考察《礼记》乡饮酒祭与《九歌》楚巫的酒神祭礼指出，"庄子透过与道密契的酒醉境界流露出的语言，以其诡谲多变的风格，表达出通天贯地、与神相感之道体精神"，因此，所谓"卮言"实为"醉境密契之神话语言"。⑤ 由此可见，莫斯关于巫师的才智和讲说风格的描述不仅可用以概括庄子的文风，而且可用以解释其渊源所自，正如白川静所说："庄周也是在神话的表象之中说出了自己的思想，人们虽以寓言称之，可是在超越事实的里头有真实的神话，如果庄周的思想是源自于神话，那么可以说这是神话最了

---

① 鲁迅：《汉文学史纲要》，人民文学出版社1973年版，第17页。
② 转引自叶舒宪《庄子的文化解析》，第26页。
③ 白本松：《先秦寓言史》，河南大学出版社2001年版，第1页。
④ "重言"也可能是指出于某种意图的重复、反复的言说，如王夫之《庄子解·逍遥游》："鲲鹏之说既言之，重引《齐谐》，三引汤之问棘以征之，外篇所谓'重言'也。"
⑤ 苏何诚：《庄子卮言论：醉境密契之神话语言》，中国政治大学哲学系第九届研究生论文发表会，2006年6月。

不起的发展。"①

关于巫师的形象或身体特征，莫斯的描述有三点值得重视：（1）有些巫师外表"具有特异之处"，他们往往是畸残人，身体不健全，比如腿瘸、背驼或眼盲等；（2）有些巫师的身体具有"非凡的禀赋"，他们"机敏灵巧"，常能展现奇迹般的高超肢体技艺，例如变戏法者和玩杂耍者很可能同时具有巫师的身份；（3）有些巫师对自己的身体存在状态具有匪夷所思的控制力，他们可以运用"超常的力量"，"完成超越正常人力量所能及的事情"，例如飞行、不为灾害所伤、变形等。莫斯的三点描述，要而言之就是：畸残人为巫、巧者为巫、特异功能者为巫。与此相合的是，在庄子笔下，畸残人、巧匠、特异功能者这三种在人类学的视域中与巫存在着天然亲缘的特殊人物形象恰恰经常出现，且备受推崇称扬。这暗示出庄子极可能与当时的部分巫者有着密切接触。

关于巫师的社会地位，莫斯说，"两种文化发生接触时，通常巫术就被归结为相对落后的文化所具有的特征"，因此巫师群体往往被主流社会"排斥在外"。例如，"在吠陀印度时期，给巫师的名字就是'外来者'的名字"。加之他们的身形、能力和信仰经常具有异于世人的"反常特征"，所以"如果巫师有社会身份的话"，那么他们的身份就"可以被界定为反常的社会身份"。②这一点，一方面与周代巫者的社会地位不断下降、巫文化在主流思想世界中日渐式微的历史趋势相合，另一方面在《庄子》中也有直接体现，即：畸残人和能工巧匠这两种极可能为巫的群体恰好处于社会底层，具有"反常"或边缘化的身份和地位。

在行事方式和人格特征上，莫斯说，"巫师总是恪守着一套规则"，"这些规则有的时候是对道德品质和仪式性洁净的追求，有的时候要求举

---

① 转引自张亨《思文之际论集：儒道思想的现代诠释》，新星出版社2006年版，第109页。

② ［法］马塞尔·莫斯《巫术的一般理论》，第36—37、41—42页。

第一章　庄子与巫文化：从"人神合一"到"自我神化"

止具有一定的神圣性，也要求其他方面的神圣性"。①《庄子》中亦有与此相近相通的情形：正如《德充符》篇所描述的那样，那些处于社会底层的"边缘人"同样看重他们至德内充的庄严高洁之人格，向往"游乎尘垢之外"（《齐物论》），庄子本人更是"以天下为沈浊"（《天下》），不愿被世事"污我"，而为了养成此种人格，完全排除外界干扰、物质诱惑、身体欲望和智虑波动，以达至虚静之心境，即"心斋"（《人间世》）或"斋以静心"（《达生》），则是必需的自我修持工夫。

从今本《庄子》全书看，其中很少提到巫术，巫的出场次数也不多，甚至《应帝王》篇还用一则完整的故事嘲讽了郑国神巫季咸的无能，但这绝不意味着庄子彻底否弃并摆脱了巫文化。恰恰相反，纵然暂不考虑那些近似《山海经》、占梦书以及具体谈到驱鬼术的《庄子》佚文，仅据上文借莫斯的人类学描述对庄子之学的观照，我们即可知巫文化对其文、其思想的影响是极其深刻的。下文将从莫斯的分析出发，具体讨论巫文化赋予了庄子哲学之个体生命精神怎样的特质。

第二节　庄子与神话：超绝日常的个体样态

作为人类原始思维的文学形式，神话是巫文化系统的重要组成部分。关于《庄子》中的神话，学界已有相当深入的研究。例如，顾颉刚早已指出，中国古代神话有分别产生于西部高原和东方海滨的昆仑和蓬莱两大系统，战国时期，这两大系统的神话在中原地区大量流传开来，"庄周居于宋，偏近东方，把这两种说法都接到了"，故其书兼括昆仑和蓬莱两大神话系统于其中。② 袁珂不仅区分了《庄子》中由神话改装的寓言与并非寓言的"零星的神话材料"，而且详细讨论了"具有物活论性质的神话而以

---

① ［法］马塞尔·莫斯《巫术的一般理论》，第56页。
② 参见顾颉刚《〈庄子〉和〈楚辞〉中昆仑和蓬莱两个神话系统的融合》，《中华文史论丛》第二辑，上海古籍出版社1979年版。

寓言形式的残骸遗留在《庄子》书中者"。① 袁珂认为,《庄子》"某些部分的浪漫主义的精神实质,和古代神话是比较接近的"②。根据庄子身为尚鬼重巫之殷人后裔的文化背景及其书荒唐无端崖的语言风格,陈忠和认为,"庄子对神话的基本态度是肯定的",所以才会在著述时从中取譬或援以证道。③

更早在二十世纪二十年代,茅盾曾提出,"庄子著书,自称寓言八九",其中的杂篇"大概含有极丰富的神话材料",但今人读该书却感觉"很少神话气味,反倒哲理更玄妙",这是因为"哲学家引神话是把神话当寓言,引来发明己意的",而当他们"把神话当作寓言引用时,一定是任意改变了神话的内容的"。④ 依此说,神话不过是庄子援以表达哲思的文学素材或形式而已。但事实上,这恐怕仅是问题的一个方面,因为神话绝不只是一长串灵异的故事或离奇的意象组合,而是内蕴着人类古老且深邃的思想观念和精神信仰。可以想象的是:成长于巫风尚存甚至颇盛的商宋之地,熟悉且能熟练引用乃至任意改装神话的庄子,不可能不受到神话蕴含的思想和信仰的深刻影响。

在此问题上,除了闻一多先生,其他学者亦多有发明。例如,杜而未用"泛月论"的方法解读《庄子》,把庄子哲学视为"月神宗教与神话"相结合的产物;美国学者吉拉倒特发掘了对于庄子思想具有重要意义的混沌神话体系⑤;朱任飞通过考辨《庄子》书中神话的原型、意境和结构,并重点研析其中的"喻道神话",解读出了深蕴于神话中的庄子的道论思

---

① 袁珂:《〈庄子〉的神话与寓言》,《中华文化论坛》1995年第3期。
② 袁珂:《中国神话史》,上海文艺出版社1988年版,第76页。
③ 陈忠和:《从〈庄子〉的神话素材诠证神话原型与哲学理论之关系》,《辅仁学志·人文艺术之部》2005年第32期。
④ 茅盾:《神话研究》,百花文艺出版社1981年版,第28、80—81页。
⑤ 对杜而未《庄子宗教与神话》和吉拉倒特《早期道家的神话与意义》两书理论观点的介绍,参见叶舒宪《庄子的文化解析》,第23—28页。

第一章　庄子与巫文化：从"人神合一"到"自我神化"

想和自由精神①；张亨更以《山海经》为中心，从中国上古神话内蕴的万物一体信仰、与波利尼西亚人之马那（Mana）相类的古老观念遗存以及神话的前逻辑的整体性思维、具象思维、与经验世界的疏离性等方面，深入分析了神话对庄子思想的影响，其结论是："庄子哲学是神话思想的转化。神话乃是庄子思想的渊源。"② 张氏之论虽有过当之嫌，但确乎从一些重要方面申明了神话对庄子哲学之生成所具有的重要意义。除以上引介，当代学者赖锡三、陈忠和、赵沛霖等人对此问题的探讨亦颇值得关注。③

在吸收借鉴学界既有研究成果的基础上，本节所要讨论的问题是：神话以及其中蕴含的思想和信仰怎样影响了庄子哲学的个体生命精神？

一　时空之外的神性生命

就其现实性而言，任何生命形式皆存在于时空之中，并展现为有限的时间绵延和空间广延，姑且借《庄子·养生主》篇的话说就是"吾生也有涯"。现实中"有涯"的个体生命追求"无涯"的存在样式，乃是人类古老而永恒的信念。神话传说中的神人或神仙意象即是这一信念的人格化身。

顾颉刚在论及神话的魅力时曾说："中原人的思想本来平常。……神话中的那种神奇俶诡的故事和那么美丽的远景闪烁映现在人们的眼前，骤然开辟了一个新天地，平添了许多有趣的想象，这多么令人精神振奋！"他又说："这真是一个雄伟的、美丽的、生活上最能满足的所在，哪能不使人向往这一神话世界呢！"④ 人们有此向往，究其因由，对于囿于日常经

---

① 参见朱任飞：《〈庄子〉神话的破译与解析》。
② 参见张亨《庄子哲学与神话思想：道家思想溯源》。
③ 参见赖锡三《神话、〈老子〉、〈庄子〉之"同""异"研究——朝向"当代新道家"的可能性》，《台大文史哲学报》2004年第61期；赖锡三《道家的神话哲学之系统诠释——意识的"起源、发展"与"回归、圆融"》，《清华学报》2004年第2期；陈忠和《从〈庄子〉的神话素材诠证神话原型与哲学理论之关系》，《辅仁学志·人文艺术之部》2005年第32期；赵沛霖《庄子哲学观念的神话根源》。
④ 顾颉刚：《〈庄子〉和〈楚辞〉中昆仑和蓬莱两个神话系统的融合》。

验的人们来说，神话不仅提供了另一种截然不同的奇幻时空世界，更为重要的是，存在于其中的是超绝时空的神性生命形态。

古老的《山海经》中便记述了许多不死的传说，例如：

> 不死民在其东，其为人黑色，寿，不死。（《海外南经》）
> 有不死之国，阿姓，甘木是食。（《大荒南经》）
> ……有人焉三面，是颛顼之子，三面一臂，三面之人不死，是谓大荒之野。（《大荒西经》）

除了不死之人，书中还多次提到"操不死之药"的群巫（《海内西经》）、"不死树"（《海内西经》）、"不死之山"（《海内经》）以及"冬夏不死"的神草（《海内经》）。应当说，虽然《山海经》可能成书颇晚——"大概是从战国初年到汉代初年"[1]，但这些不死神话的产生和传播却是相当古远的。例如，春秋时期的齐景公便已提出了"古而无死，其乐若何"的问题，而大臣晏子的回答是："古而无死，则古之乐也，君何得焉？"（《左传·昭公二十年》）《左传》记载此事的本意在于驳斥不死之说，但同时却也"显示不死的思想在当时社会中已经开始普及"[2]。

根据历史学者杜正胜的研究，后世语汇中的"'长生'往往表示'神仙不死'，此义却为春秋以前所无"，"不死的奢望"应当是战国以后接着春秋时代之"永保其身"以及"难老""毋死"等观念逐渐发展出来的。[3]且不论这一看法是否切实，神仙传说确是在战国时期开始广泛流传于东部沿海的燕齐地区。《史记》载：

---

[1] 袁珂：《中国神话史》，第 17 页。
[2] 蒲慕州：《追寻一己之福——中国古代的信仰世界》，台北：允晨文化实业股份有限公司 1995 年版，第 199 页。
[3] 参见杜正胜《从眉寿到长生——中国古代生命观念的转变》，《"中央研究院"历史语言研究所集刊》第六十六本第二分，1995 年 6 月。

第一章 庄子与巫文化:从"人神合一"到"自我神化"

> 自威、宣、燕昭使人入海求蓬莱、方丈、瀛洲。此三神山者,其传在勃海中,去人不远;患且至,则船风引而去。盖尝有至者,诸仙人及不死之药皆在焉。(《封禅书》)
>
> 齐人徐市等上书,言海中有三神山,名曰蓬莱、方丈、瀛洲,仙人居之。(《秦始皇本纪》)

学界多有以神仙说起于燕齐方士者。① 然而根据闻一多《神仙考》的说法,齐人的长生不死观念其实源出自西方。《墨子·节葬下》云:"秦之西有仪渠之国者,其亲戚死,聚柴薪而焚之,熏上谓之登遐,然后成为孝子。"《吕氏春秋·义赏》云:"氐羌之民,其虏也,不忧其系累,而忧其死不焚也。"闻一多认为,这两条记载皆指火葬,而"火葬的意义是灵魂因乘火上天而得永生"。据此他推测,齐人的不死观念很可能是其先祖(西方的羌族)由西方带到东方来的。②

顾颉刚也认为神仙说源于西方,"东方的仙岛本由西方的神国脱化而出",他并且区分了东西两种长生不死观念的差别:

> ……西方的昆仑说传到了东方,东方人就撷取了这中心意义,加上了自己的地理环境,创造出这一套说法。西方人说人可成神,他们的神有黄帝、西王母、禹、羿、帝江等等,是住在昆仑等山的。东方人说人可成仙,他们的仙有宋毋忌、正伯侨、羡门高等等,是住在蓬莱等岛的。西方人说神之所以能长生久视,是由于"食玉膏,饮神泉",另外还有不死树和不死之药;东方人说仙之所以能永生,是由于"餐六气、饮沆瀣、漱正阳、含朝霞",另外还有"形解销化",

---

① 例如,许地山说:"神仙思想底起源出于燕齐方士。这两国为当时近海底开明国,海边底景象,如蜃楼云气等,给他们一种仙山底暗示。"(《道家思想与道教》,《燕京学报》第 2 期,1927 年 12 月)

② 《闻一多全集》第一册,第 155—156 页。

庄子哲学精神的渊源与酿生

并藏着不死之药……。①

顾先生进一步指出，当这两种传说结合起来并广泛流传于中原地区之后，"更活泼了战国人的脑筋，想在现实世界之外更找一个神仙世界"②。按张亨的说法，这种精神欲求体现了神话由于超出日常经验而具有的内在"疏离性"对人类心灵的"征服"和"提升"作用。③

恰如此论，在融合了昆仑和蓬莱两大神话系统的《庄子》中，自其开篇《逍遥游》"怒而飞"的大鹏意象始，我们便确乎可以感受到一种出离现实世界的强烈冲动。兹以在庄子思想中具有重要意义的关键词"游"为证。众所周知，《庄子》之文多言"游"，而其中"游"的一个常见用法便是在动宾结构中作"行走或活动"义，后面跟一个表示超绝尘世之处所或对象的宾词。仅从内篇看，"游"的用例有"游无穷""游乎四海之外"（《逍遥游》）；"游乎尘垢之外"（《齐物论》）；"游方之外"，"圣人将游于物之所不得遯而皆存"，"登天游雾，挠挑无极"，"游夫遥荡恣睢转徙之途"，"游乎天地之一气"（《大宗师》）；"立乎不测而游于无有""出六极之外而游无何有之乡""体尽无穷而游无朕"（《应帝王》），等等。与此类用例有异但思想倾向一致的，其他篇还有"上与造物者游"（《天下》）、"心有天游"（《外物》）等。显然，无论就其"身"之游还是就其"心"之游而言，庄子希望游于其中的这些奇幻圣域绝非为时空所限的现实世界，它们"不是在历史之先，要不就是在历史之外，要不然就是在地理空间之外"，总之是"时空之外的存在"。④

---

① 顾颉刚：《〈庄子〉和〈楚辞〉中昆仑和蓬莱两个神话系统的融合》，《中华文史论丛》第二辑，上海古籍出版社1979年版。
② 顾颉刚：《〈庄子〉和〈楚辞〉中昆仑和蓬莱两个神话系统的融合》，《中华文史论丛》第二辑，上海古籍出版社1979年版。
③ 参见张亨《庄子哲学与神话思想——道家思想溯源》。
④ 杨儒宾：《道家的原始乐园思想》，李亦园、王秋桂主编《中国神话与传说学术研讨会论文集》上册，汉学研究中心1996年版。

第一章　庄子与巫文化：从"人神合一"到"自我神化"

《庄子》中的"神人"、"至人"、"真人"及"圣人"等神异人物形象最能彰显这种超世理想：

> 藐姑射之山，有神人居焉，肌肤若冰雪，绰约若处子。不食五谷，吸风饮露，乘云气，御飞龙，而游乎四海之外。(《逍遥游》)
>
> 夫圣人……千岁厌世，去而上仙；乘彼白云，至于帝乡。(《天地》)

与神奇美妙、自由自在的神仙世界形成对反的，是被庄子贬斥为"尘垢"的现实社会。所谓"尘垢"，实际是指现实社会由于秩序的混乱、意义的虚无、价值的沦丧，已经蜕变为没有丝毫生机和希望的僵死存在。《天下》篇说庄子"以天下为沈浊，不可与庄语"，这句话彰明了庄子对社会生活动荡、沉沦、污浊之真相的基本判断，而"沈浊"一词恰可与"尘垢"互训。《缮性》篇更云：

> 世丧道矣，道丧世矣，世与道交相丧也，道之人何由兴乎世，世亦何由兴乎道哉！道无以兴乎世，世无以兴乎道，虽圣人不在山林之中，其德隐矣。

"圣人"原是道的人格化身，他承担着"弘道"的天然责任①，然而在"世与道交相丧"的情形下，"圣人"也不得不隐蔽其"德"。可见，这是一个连火种都已绝灭因此看不到任何光明希望的黑暗时世。处身"尘垢"之中，庄子萌生了出离现实的心灵祈求，而传说中的神仙世界恰好为他提供了启示性的想象资源和宏阔无限的精神空间。

出离现实世界即"外天下""外物"(《大宗师》)。《逍遥游》篇连叔赞藐姑射的"神人"云："世蕲乎乱，孰弊弊焉以天下为事！……孰肯以物为事！"而《达生》篇则说"至人""芒然彷徨乎尘垢之外，逍遥乎无

---

① 《论语·卫灵公》："人能弘道，非道弘人。"

事之业"。又，《应帝王》篇的"无名人"云：

> 予方将与造物者为人，厌，则又乘夫莽眇之鸟，以出六极之外，而游无何有之乡，以处圹垠之野。汝又何帠以治天下感予之心为？

事实上，"神人"、"至人"和"无名人"的"外天下""外物"而"游方之外"，不"以天下为事"，也正是庄子面对黑暗世界作出的精神抉择，借《德充符》篇的话说就是："彼且择日而登假，人则从是也。彼且何肯以物为事乎！"其中的"登假"亦即前引墨子所谓"登遐"。此外，《楚辞·远游》："载营魄而登霞兮，掩浮云而上征。"概言之，"登假""登遐""登霞"三者一义，原本皆指灵魂脱开形体后，由人间世向天国神界的飞升。

在神话观念的启示下，庄子虽然期望摆脱污浊的尘世，寄身心于永恒无限的神性生存空间，但这种期望却不能说是经由"登假"而进入仙界。《大宗师》篇在历数了"真人"的诸般神异特征后，接着解释说："是知之能登假于道者也若此。"可见，庄子向往的神性生命样式乃是"知"性的得道者，而他希图游心其中的"帝乡"、"圹垠之野"或"无何有之乡"云云，也并非仙国，而实为"道境"。从这个意义上说，深受神话观念之影响的庄子在借神话以言其超世之志的同时，又对神话进行了祛魅化的人文精神再造，赋予了神话以理性的哲学意蕴。

《大宗师》篇提出，个体若要脱出尘垢般的经验现实而达致"道境"，需依次"外天下""外物""外生"。这里的"天下"是指个体在其中只能感到被逼迫甚至被掠杀的社会政治秩序，"物"是指在个体自我之外、与"我"相对相待，并且常常遮蔽、压迫"我"的整个外部世界以及其中具体的人、事、物①，"生"是指自我生命尤其是肉体生命。庄子认为，个

---

① 《逍遥游》："孰肯分分然以物为事"；《人间世》："且夫乘物以游心，托不得已以养中"；《山木》："若夫万物之情，人伦之传，则不然。"这三句话中的"物""万物"与《大宗师》篇"外物"之"物"同义。

体不仅应挣脱现实世界，还应主动超离陷溺于其中的自我生命，即"外生"。对于庄子来说，"外生"之所以必需，是因为与不受时空限制的诸神列仙相比，尘世中的生命样式是极其微渺的。从时间看，"人生天地之间，若白驹之过郤，忽然而已。注然勃然，莫不出焉；油然漻然，莫不入焉"（《知北游》），"其生之时，不若未生之时"（《秋水》），生命不过只是生出死入之间的一个瞬间片段而已。再从空间看，《秋水》云：

> 吾在于天地之间，犹小石小木之在大山也……计四海之在天地之间也，不似礨空之在大泽乎？计中国之在海内，不似稊米之在大仓乎？号物之数谓之万，人处一焉；人卒九州，谷食之所生，舟车之所通，人处一焉；此其比万物也，不似豪末之在于马体乎？

更为重要的是，相较于自由自在、随心任意的神性生命，个体一旦"游方之内"便等于"游于羿之彀中"（《德充符》），他不得不时刻面对生死无常、祸福无定的悲惨命运。对此，庄子有着极为沉痛深切的领悟和体验。一篇《人间世》便是个体在险恶莫测的社会生活中进退得咎、艰难存身的多幕恐怖剧、悲苦剧。在外篇《山木》中，庄子更对其弟子直言：

> 若夫万物之情，人伦之传，则不然。合则离，成则毁，廉则挫，尊则议，有为则亏，贤则谋，不肖则欺，胡可得而必乎哉！悲夫！

微渺个体的这种无可奈何、唯有承受的现世生命，哪里有什么乐趣、希望、价值和意义可言呢？

一面是当下现实社会的逼迫挤压，一面是世外神仙世界的玄幻美妙，处于其间的庄子在精神上主动选择了自我生命从"方内"到"方外"、由"此岸"到"彼岸"的出离，即："世蕲乎乱，孰弊弊焉以天下为事"（《逍遥游》），"忘其肝胆，遗其耳目""堕肢体，黜聪明，离形去知"

(《大宗师》），"乘道德而浮游"（《山木》）。按庄子自己的说法，在彼岸性的"道德之乡"中，"无誉无訾，一龙一蛇，与时俱化，而无肯专为；一上一下，以和为量，浮游于万物之祖；物物而不物于物，则胡可得而累邪！"（《山木》）可以印证这段夫子自道不虚的，是《秋水》篇中魏牟关于庄子之学的一段话：

> 且彼方跐黄泉而登大皇，无南无北，奭然四解，沦于不测；无东无西，始于玄冥，反于大通。①

这段话实际上也是对庄子超凡脱俗之神性生命品格的称扬，其意涵也就是《天下》篇所说的"独与天地精神往来而不敖倪于万物"，"上与造物者游，而下与外死生、无终始者为友"。神游于此境中的庄子显然不再属于尘垢世界，因为他已经完全挣脱了时间和空间的拘限，进入了无穷之圣域。

对于这种超绝生死时空、与天地万物一体的神性人格，《大宗师》篇有浓墨重彩的述说：

> 已外生矣，而后能朝彻；朝彻，而后能见独；见独，而后能无古今；无古今，而后能入于不死不生。
>
> 彼方且与造物者为人……又恶知死生先后之所在！假于异物，托于同体；忘其肝胆，遗其耳目；反复终始，不知端倪；芒然彷徨乎尘垢之外，逍遥乎无为之业。
>
> 不知所以生，不知所以死；不知孰先，不知孰后……乃入于寥天一。
>
> 古之真人，不知说生，不知恶死；其出不䜣，其入不距；翛然而往，翛然而来而已矣。……是之谓真人。若然者……凄然似秋，煖然

---

① 近乎此语，《田子方》云："夫至人者，上窥青天，下潜黄泉，挥斥八极，神气不变。"

第一章 庄子与巫文化：从"人神合一"到"自我神化"

似春，喜怒通四时，与物有宜而莫知其极。

如果没有庄子哲学的道论思想作为内在的理论支撑，上述文字完全可以被看作对昆仑山之"神"或蓬莱岛之"仙"的赞美。这反过来提示我们，神话传说中的"神"和"仙"在庄子所希求的神性生命品格上打下了不可抹除的深刻印痕。

如果把《庄子》和《楚辞》所说的"真人"加以对照——先秦典籍似唯有此二书提及"真人"，这一点就会看得更清楚。"真"初见于西周金文，殷商甲骨文无此字。《说文》："真，仙人变形而登天也。"这应当是援取后世尤其是汉代的神仙思想所作的解释，而并非其初义。据李学勤主编的《字源》，"真"的初文构形及本义不明，《说文》的解释是就篆文、以会意字解之。① 杨少涵根据唐兰、马叙伦、朱芳圃等学者的考释，认为金文"真"是"殄"或"珍"的初文，其本义是"对死亡灭绝、肉体化尽之余物的珍重、爱惜"，这与《说文》用神仙思想对"真"字的解释未必不可通合。② 另有学者认为，"真"字源出宗教祭祀，象投人于鼎以烹之，是一种以人肉歆享鬼神的祭礼。③ 无论哪种解释，看来"真"字都与早期宗教或巫文化有密切关系。

或许正是由于这个原因，至迟战国中后期已有以"真人"为仙的观念，例如《楚辞》：

> 闻赤松之清尘兮，愿承风乎遗则。贵真人之休德兮，美往世之登仙。与化去而不见兮，名声著而日延。(《远游》)
> 随真人兮翱翔，食元气兮长存。(《九思·守志》)

---

① 参见李学勤主编《字源》中册，天津古籍出版社2012年版，第723页。
② 参见杨少涵《十三经无"真"字——儒道分野的一个字源学证据》，《哲学动态》2021年第8期。
③ 参见孙广、张俊华《从"贞""真"同源异用论儒道天人观的分野》，《安徽大学学报》（哲学社会科学版）2024年第1期。

显然，这里的"真人"即为赤松之类的神仙，其特点是"食元气而长存"、"化去而不见"、翱翔于尘世之外，等等。作为庄子崇尚的理想人物形象，其所谓"真人"一方面由于受到神话观念的影响，不可避免地带有浓重的神话色彩甚至残迹①，但与此同时，庄子又不仅基于其道论思想，视"真人"为精神上的"登假于道者"，而非形体不死者，并且还用"天"和"人"这对理论范畴②，对其人格内涵进行了更为具体的哲理化新释，即："天与人不相胜也，是之谓真人"（《大宗师》），"古之真人，以天待人，不以人入天"（《徐无鬼》）。借此理论转换，"真人"就从神界降到了人间，由神仙变成了个体可修而致的神性生命品格。也正是在此意义上，庄子的后学才可以把"古之博大真人"（《天下》）的美誉送给现实世界中的老子。

在《田子方》篇，老子自述其"游心于物之初"的感受是："至美至乐也，得至美而游乎至乐，谓之至人"；对于"至人"来说，"喜怒哀乐不入于胸次"，"四支百体将为尘垢，而死生终始将为昼夜而莫之能滑，而况得丧祸福之所介乎！"另外，《列御寇》篇："夫免乎外内之刑者，唯真人能之。"总括言之，"免乎外内之刑"而得"至美至乐"，这大概就是庄子所祈望的神性生命之可受用处吧。

二 特异功能者③

客观地说，莫斯提及的飞行、不为灾害所伤和变形这三种常见于巫师

---

① 例如，《大宗师》篇说"真人"可以"登高不慄，入水不濡，入火不热"，又说已经得道的女偊虽已年长，却仍"色若孺子"，这些都是神话观念残留在庄子思想中的印迹。

② 有学者发现，《庄子》对"真"的言说有两个维度，其中之一是：在"天"与"人"的维度上，"天"是"真"，"人"则不真；人为是伪，顺天而不矫之人则是"真"（参见刘黛、王小超《〈庄子〉言"真"的两个维度》，《中国哲学史》2014 年第 1 期）。从这里所说的《庄子》对"天"的强调、对"人"的贬抑，可以看出"真"确有超离人世、指向天界的精神向度。

③ 杨儒宾对笔者这部分所讨论的问题亦有精深解析，详见其文《升天变形与不惧水火——论庄子思想中与原始宗教相关的三个主题》，《汉学杂志》1989 年第 1 期。

第一章　庄子与巫文化：从"人神合一"到"自我神化"

群体的特异功能，实际上是巫师对其自身能力真假难辨的想象和信念，甚至只是传说、谣言或欺骗性的幻术。① 关于飞行，莫斯说，不少巫师都"沉溺于空中的飞行"，由于这被看作巫术力量的重要体现，所以当原始的泛灵论渐趋销匿，人们不再相信"做梦时一个人的灵魂会在他周围游弋，或者不再相信人的灵魂能够变成一只苍蝇或蝴蝶的时候"，这些信仰在巫师身上却仍然适用，有时甚至还会成为辨认巫师的标准。在莫斯看来，"变形和飞行这两个主题关系密切"，甚至是同一概念，因为巫师不仅"精于漂浮，可以在一刹那间身随意往"，并且他们还能通过飞行，"发送或者回收"灵魂，使之进入或出离其他样式的生命体，从而获得另一些不同的肉体形象。②

英国著名人类学家弗雷泽的看法与此相近。他指出，在灵肉二元、万物有灵且相互交感的信仰之下，巫师们相信人的灵魂并不是只有人的形态，而是可以移动，并可以寄附于别的动物、植物乃至无生命体中。例如，人在睡眠中或生病时，他的灵魂就可能变成一只"飞行中的鸟"，"离开了躯体到处漫游"，或"纵身飞向太空"；而一旦梦醒、病愈或在巫术的作用下，其魂魄又能重新"进入体内，复归原位"。③ 至于不为灾害所伤，更是属于典型的虚妄巫术幻象，故此不赘述。

如果从神话学的角度考察，那么我们就会发现，巫师所表现或伪装出来的飞行、不为灾害所伤和变形这三种特异功能，其实原本都是古老的神秘传说——内蕴于这些传说中的，是人类对其自身之所能的想象、企望以及对自然万物之一体性的深邃信仰。只不过在神话传说里，具有上述特异功能的主体不是现实社会中的巫师，而是奇幻世界中的神人或灵异之物。

先来看飞行。《山海经·西山经》："其七神皆人面而牛身……是为飞兽之神"；"有神焉……六足四翼，浑敦无面目，是识歌舞，是为帝江也"。

---

① 参见［英］罗宾·布里吉斯《与巫为邻：欧洲巫术的社会和文化语境》，雷鹏、高永宏译，北京大学出版社2005年版，第112—115页。
② ［法］马塞尔·莫斯：《巫术的一般理论》，第44—51页。
③ ［英］J. G. 弗雷泽：《金枝》，徐育新、张泽石、汪培基译，新世界出版社2006年版，第181—191、631—637页。

61

庄子哲学精神的渊源与酿生

除了能飞之神，《海外南经》《大荒南经》《大荒北经》《北山经》等处还多次述及身生羽翼、人鸟合体的"羽民"。汉代画像石上，更是刻有大量的有羽、飞翔的仙人形象。① 汉代王充曰："能升之物，皆有羽翼。"（《论衡·道虚》）反过来说，有羽之人自然会飞。另外，与"帝江"同属昆仑神话系统的"羿"，从该字的形构看②，无疑也应是有羽会飞之神。

而在《庄子·大宗师》中，自"狶韦氏得之，以挈天地"至"傅说得之，以相武丁，奄有天下，乘东维，骑箕尾，而比于列星"这一大段，其间也包含着神人飞行的神话成分。正是由于其浓厚的神话色彩，所以有学者认为，这段话"荒唐""最无心"，与庄子思想不合，"疑是后人添加，亦无深意，无妨删去"③。事实上，这种只强调庄子哲学之理性特质的看法多属臆测，并无绝对可靠的依据。若从其中的思想内容以及庄子哲学的巫文化背景来看，这段神乎其神之语实际上体现了庄子的道论思想与神话传说的结合，其大意是：得道者即可像擅长飞行的神人那样，拔离自我精神出尘垢而凌空翱翔于六合之外，或上达于天。

再说不为灾害所伤。在《庄子》中，不为灾害所伤是"至人"、"神人"或"真人"的神异能力。其主要表现为不惧水火、风雷、寒暑等，所谓"大浸稽天而不溺，大旱金石流、土山焦而不热"（《逍遥游》），"大泽焚而不能热，河汉沍而不能寒，疾雷破山而不能伤，飘风振海而不能惊"（《齐物论》），"寒暑弗能害"（《秋水》），云云。有学者认为，这些描写反映了庄子哲学的神学特色。④ 至于其神话背景，李炳海指出，《逍遥游》篇的藐姑射之神是"融会山神、祖先神而生成的，兼有二者的品格"，而作为山神，他们有能力制造、参与并控制旱涝的实际生成，其自身却不会

---

① 参见顾森主编《中国汉画大图典》第四卷《仙人神祇》，西北大学出版社2022年版，第62—75页。
② 《说文》释"羿"："羽之羿风。"段玉裁注："谓抟扶摇而上之状。"
③ 陈鼓应注译：《庄子今注今译》，第182页。
④ 参见张松如、陈鼓应、赵明、张军《老庄论集》，齐鲁书社1987年版，第201—202页。

第一章 庄子与巫文化：从"人神合一"到"自我神化"

受到这些自然灾害的困扰。① 此外，崔大华、周策纵等学者对这类描写的神话背景和巫魅性质也已多有揭示。②

最后看变形。德国哲学家恩斯特·卡西尔认为，变形是神话世界的"典型特点"、"突出特性"和"支配它的法则"。这是因为在原始人的生命观念中，世界万物"是一个不中断的连续整体"，"各不同领域间的界线并不是不可逾越的栅栏，而是流动不定的。在不同的生命领域之间绝没有特别的差异。没有什么东西具有一种限定不变的静止形态：由于一种突如其来的变形，一切事物都可以转化为一切事物"。③《山海经》中多次述及这类神话，例如鼓（人名）化为䴅鸟（《西山经》）、女娃变为精卫（鸟）（《北山经》）、帝女化为草（《中山经》）、夸父之杖"化为邓林"（《海外北经》）、蛇化为鱼以及"女娲之肠，化为神"（《大荒西经》）等。虽非"巫书"，《国语》中亦不乏变形传说，例如：

> 昔者鲧违帝命，殛之于羽山，化为黄熊，以入于羽渊。（《晋语八》）④
> 雀入于海为蛤，雉入于淮为蜃。鼋鼍鱼鳖，莫不能化。（《晋语九》）
> 《训语》有之曰："夏之衰也，褒人之神化为二龙……。"（《郑语》）
> 王使妇人不帏而噪之，化为玄鼋。（《郑语》）

此外，《庄子·外物》篇："苌弘死于蜀，藏其血三年而化为碧。"这恐怕也是一则缩写了的以曾经的历史人物为主角的变形神话。⑤

按乐蘅军的分类，上述神话中的变形均可谓力动型，即："在连续不

---

① 朱任飞：《〈庄子〉神话的破译与解析》，李炳海"序"之第 8 页。
② 参见崔大华《庄学研究》，第 170—171 页；周策纵《古巫医与"六诗"考——中国浪漫文学探源》，上海古籍出版社 2009 年版，第 106 页；[澳] 文青云《岩穴之士：中国早期隐逸传统》，徐克谦译，山东画报出版社 2009 年版，第 48 页。
③ [德] 恩斯特·卡西尔：《人论》，甘阳译，上海译文出版社 1985 年版，第 104 页。
④ 鲧化为黄熊的传说又见《左传·昭公七年》《楚辞·天问》等文献。
⑤ 东晋王嘉《拾遗记》更云："时有苌弘，能招致神异……。"

断的时间流里"——哪怕只是极其短暂的刹那之间，一物"从某种形象蜕化为另一种形象"，前者是后者的"因子"，后者是前者的"蜕变"，其中包括"人、动植物和无生物之间的互变"。除此之外，另有一种静态变形，这类神话"绝不给人时间的感觉"，亦无动作上的细致叙述，而是如静止的图画一般，"把不同类的生命形象，组合在一个空间里面"。例如，《山海经》中屡屡述及的人兽同体者——或人面蛇身，或人身鸟首，等等。乐蘅军认为，静态变形实质上是力动变形的停顿和凝固：由于某种不可知的原因，正在由兽往人或由人往兽转化的变形过程被打断了，于是变形者"就以异类互体的形象被永恒地保留下来"。① 值得注意的是，几乎所有的前述力动变形神话都不约而同地用到了一个关键词："化"。下文我们将会看到，"化"作为哲学范畴，在庄子思想中同样占有极其重要的地位。

神话传说中的飞行、变形及不为灾害所伤之所以会成为巫师群体的特异功能，是因为相对于普通人，巫师是人类这些古老观念的集中承负者和最坚定、最真诚的信仰者；而作为沟通天地神人之人，巫师异乎俗常的职业身份，更难免会使他们把神话传说中的神人或灵物所具有的特异能力，内化为对其自身能力的信念或想象，并由此制造出或真或假的外在巫术效应，尤其是在巫师自认为他们已经掌控了某种超验的自然力、具有某种天赋的非凡异禀或与神灵合一的情况下。

那么，巫文化的这些神秘内容对庄子思想有何影响呢？

在《庄子》中，与不为灾害所伤一样，飞行也是"至人"、"神人"或"真人"等理想人物独有的神异特性。例如：

乘天地之正，而御六气之辩，以游无穷者，彼且恶乎待哉。（《逍遥游》）

乘云气，御飞龙，而游乎四海之外。（《逍遥游》）

---

① 乐蘅军：《中国原始变形神话试探》，见陈慧桦、古添洪主编《从比较神话到文学》，台北：东大图书公司1983年版。

第一章 庄子与巫文化：从"人神合一"到"自我神化"

> 乘云气，骑日月，而游乎四海之外，死生无变于己。(《齐物论》)
> 旁日月，挟宇宙，为其吻合。(《齐物论》)
> 乘夫莽眇之鸟，以出六极之外，而游无何有之乡。(《应帝王》)
> 有长者教予曰："若乘日之车而游于襄城之野。"今予病少痊，予又且复游于六合之外。(《徐无鬼》)
> 上神乘光，与形灭亡。(《天地》)
> 乘彼白云，至于帝乡。(《天地》)

从中可见，"神人"等的飞行有两个特点：第一，其目的在于弃绝形骸、出离世界而达于天地之外或无穷之境；第二，其飞行需乘驾云气、龙、日月、神鸟等。

相较于莫斯和弗雷泽的描述，"神人"等的飞行虽然更为浪漫超卓，但从人类学的角度看，无疑仍可归结为神话意象或巫师常有的想象和信念。可以佐证这一点，并可间接解释庄子笔下此类巫魅意象之可能来源的，是《楚辞》中的类似文本。

在先秦著作中，除了《庄子》，唯有《楚辞》中大量出现了同样的神异飞行意象，而飞行者所乘驾的也恰是庄子所说的云气、飞龙、日月等。例如：

> 飘风屯其相离兮，帅云霓而来御。(《离骚》)
> 为余驾飞龙兮，杂瑶象以为车。(《离骚》)
> 高飞兮安翔，乘清气兮御阴阳。(《九歌·大司命》)
> 乘龙兮辚辚，高驰兮冲天。《九歌·大司命》
> 乘日月兮上征，顾游心兮鄗酆。(《九怀·匡机》)

限于篇幅，此处只能略举几例，实则《楚辞》中这类飞行意象比比皆是。之所以如此，则是由于楚地浓厚的巫文化氛围。《汉书·地理志》说楚人"信巫鬼，重淫祀"，晏昌贵研究战国楚墓卜筮祭祷简的著作对此有精详分析。① 徐文武认为，一方面，远古时期"民神杂糅"的状况在楚地从未绝迹，众多的邑巫、私巫、游巫一直活跃于民间；另一方面，在政教合一的官方体制中，楚国上层存在着许多兼涉行政事务和宗教职能的官员，而屈原所担任的"左徒"即为其中之一。总体来看，楚国宗教具有明显的萨满（巫）教的特色，而依据与神灵的不同沟通方式，这些宗教职能者又往往兼具脱魂型萨满和凭灵型萨满的双重性征。例如，屈原笔下的"灵均"就是"一个典型的脱魂型萨满"，他乘龙驾云，"上下于天地之间，往来无阻，飘忽不定"②。推而言之，《楚辞》中那些借助云气、龙、日月等灵物而飞升的意象，实质上皆可归结为巫者通神活动中的脱魂现象。

与此暗合，《秋水》篇赞庄子"蹠黄泉而登大皇，无南无北"，《天下》篇说庄子"独与天地精神往来"，"上与造物者游"，而他自己更直言希望"乘道德而浮游"，"一龙一蛇，与时俱化"（《山木》）。从中，我们当然可以解读出庄子超卓高逸的生命品格，但若从巫文化的角度看，这些话未尝不带有显著的神话色彩，它们甚至都可被看作庄子像巫师那样，真切渴望其灵魂的自由放飞。据张光直对商代青铜器上动物纹样的研究，庄子笔下的大鹏（凤）、风以及"神人"飞行所乘驾的龙和气，其实都与商代巫师的通神活动有关。具体来说就是，龙和凤是"巫觋通天地工作上的助理动物"——例如"'两龙'在《山海经》里是不少'神'与'巫'的标准配备"，气和风则"是商代巫师通天地"的重要"助力"。③ 没有这些灵物和"助力"，庄子笔下的"神人"同样不可能飞行。

在庄子哲学的特有语汇中，"神人"的飞行被称为"游"。关于"游"，瑞士学者毕来德说："人们常常提到庄子的思想里可能有萨满文化的影响，说'游'这个动词应该是指萨满进入'出神'状态以后的神游。我不排除

---

① 参见晏昌贵《巫鬼与淫祀——楚简所见方术宗教考》，武汉大学出版社 2010 年版。
② 参见徐文武《楚国宗教概论》，武汉出版社 2001 年版，第 29—30、33—36、94—95、98、106 页。
③ 张光直：《中国青铜时代》，第 310、317、324—325、333—335 页。

第一章　庄子与巫文化：从"人神合一"到"自我神化"

这一联系的可能，但我坚信庄子赋予了这一词汇一种哲学的意蕴。"[1] 此论甚当。受到古代神话以及商宋巫文化的影响，庄子虽然塑造了与《楚辞》中的"灵均"颇为相似的乘云驾龙或傍日月而飞行的"至人""神人"等形象，但其中蕴含的显然不是巫者所具有的脱魂而通神的神秘宗教冲动。毋宁说，庄子通过那些离形弃世、向无穷之境飞升的意象，表达了一种渴望在低微的现实境遇中达致精神之高伟的生命理想。

再来看变形。上文已述，古代变形神话中的"化"是庄子哲学思想的重要范畴。具言之，以"化"为中心，以"物化"为总括，庄子描写了两种完全不同的变形。这两种变形虽然都不是"真人""至人"等的特异功能，但与巫文化仍然存有隐秘的内在关联。

其一是作为一种物质现象或自然流程的万物之间的形态转变。例如，《逍遥游》开篇所说的鲲化为鹏，《大宗师》篇提到的"化予之左臂以为鸡""化予之右臂以为弹""化予之尻以为轮"。更神奇的变形描写出现于《至乐》篇：

> 种有几，得水则为𩺰，得水土之际则为蛙蠙之衣，生于陵屯则为陵舄，陵舄得郁栖则为乌足，乌足之根为蛴螬，其叶为胡蝶。胡蝶胥也化而为虫，生于灶下，其状若脱，其名为鸲掇。鸲掇千日为鸟，其名为乾馀骨。乾馀骨之沫为斯弥，斯弥为食醯。颐辂生乎食醯，黄軦生乎九猷，瞀芮生乎腐蠸。羊奚比乎不笋，久竹生青宁，青宁生程，程生马，马生人，人又反入于机。万物皆出于机，皆入于机。

这段话历来难解，美国学者史华慈称之为"对于无限转化与变形原则的颂歌"[2]，其内在原理或可概括为《寓言》篇的一句话："万物皆种也，以不同形相禅，始卒若环，莫得其伦，是谓天均。"我们看到，以"种有几"为始、

---

[1] ［瑞士］毕来德《庄子四讲》，第57页。
[2] ［美］本杰明·史华慈：《古代中国的思想世界》，程钢译，江苏人民出版社2004年版，第228页。

以"人又反入于机"为终,庄子描述的这一连续性的物态转化流程包括了蛙蠙之衣、陵舄、乌足、蛴螬、蝴蝶、鸲掇、乾馀骨、斯弥、食醯、颐辂等一系列中间环节。在现代科学立场上,虽然胡适、李约瑟等人认为这一变态流程近乎后世的自然演化论①,但其言之凿凿仍难免显得匪夷所思、荒诞不经。而如果换以巫文化的视角,这段话其实并不难理解。

卡西尔说,"所有生命形式都有亲族关系似乎是神话思维的一个普遍预设",原始人"深深地相信,有一种基本的不可磨灭的生命一体化(solidarity of life)沟通了多种多样形形色色的个别生命形式",而他们自己在其中却并不处于"独一无二的特权地位"。② 正是在此意义上,张亨指出,《至乐》篇描述的异类转化流程源出自古老神话的变形信念,其要义是:万物一体相通,生命不会终止,而只会从一种形态转换为另一形态。所不同者,庄子在承继神话蕴含的这种信念的同时,又用气化思想稀释了其中固有的神秘色彩。③ 确如此论,《庄子》中说:

> 天地与我并生,而万物与我为一。(《齐物论》)④
> 其生也天行,其死也物化。(《天地》)

---

① 参见胡适《中国哲学史大纲》,第188—189页;[英]李约瑟《中国古代科学思想史》,陈立夫等译,江西人民出版社1999年版,第91—93页。
② [德]恩斯特·卡西尔:《人论》,第105页。
③ 参见张亨《庄子哲学与神话思想——道家思想渊源》;张亨《〈庄子〉中"化"的几重涵义》,《思文之际论集:儒道思想的现代诠释》,新星出版社2006年版。
④ 冯友兰指出,庄子所说的万物一体、人与宇宙相合,虽属神秘主义的哲学主张,但其实质却是指人在知识方面通过取消一切分别而达到的最高精神境界,所以它"是知识论底(Epistemological),而非本体论底(Ontological)"(《中国哲学中之神秘主义》,《燕京学报》1927年第1期)。异乎此,张荣朋认为,作为东方神秘主义的重要代表,庄子的这种观念乃是一种"葱茏活泼、富有生命力的泛我主义",而与此相对却又相通的,则是其具有泛神论色彩的道派生万物且在万物之中的有机主义本体论(《从老庄哲学至晚清方术——中国神秘主义研究》,华东师范大学出版社2006年版,第60、55页)。而在笔者看来,庄子的人与万物一体相通思想兼有境界和实存二义,这既是他对宇宙大化之本相的理解,又是他希望达致的精神圣域。

第一章 庄子与巫文化：从"人神合一"到"自我神化"

> 察其始而本无生，非徒无生也而本无形，非徒无形也而本无气。杂乎芒芴之间，变而有气，气变而有形，形变而有生，今又变而之死。(《至乐》)
>
> 万物一也……臭腐复化为神奇，神奇复化为臭腐。故曰通天下一气耳。(《知北游》)

笔者认为，庄子实际上是以聚散不息的无形之气为基质或中介，从本体论的层面，对包括人在内的自然万物之间的形态转化作出了终极解释，故此可谓"气化变形"。

更进一步，梁钊韬对气的涵义与源出自太平洋岛屿民族的马那信仰的比较分析，为我们理解《庄子》中变形观念的巫文化背景提供了另一新异视角。按涂尔干的说法，作为一种普遍信仰，马那不是灵魂或精灵，而是散布于整个宇宙的超自然力，它虽然不固着于任何地方，却能支配万事万物，"无论是人、其他生物，还是简单的无机物，它们的一切生命形式和一切行为后果"，最后都要归因于马那。[1] 梁钊韬认为，作为比有灵论更为古老的信仰，马那是以同类相应为观念基础的巫术的根本要素，而在中国传统思想中，气的涵义与马那"显然是相同的"，因为，气同样也被认为是万物间"极有力量的媒介物"和"巫术行为的原动力"。[2] 此外，史华慈认为，庄子所谓气的涵义之一是"'形而上的'神秘主义实体，它似乎起着把多元的、决定性的和分立的世界与非存在的世界连接起来的作用"[3]。又，袁珂指出，在早于万物有灵论的"物活论神话"中，蕴含着一种"物我混同，彼此互渗"的原始思维，即：古人不仅把外界的一切"生物或无生物，自然力或自然现象，都看做是和自己一样有生命、有意

---

[1] [法]爱弥尔·涂尔干：《宗教生活的基本形式》，渠东、汲喆译，上海人民出版社2006年版，第186—187页。

[2] 梁钊韬：《中国古代巫术：宗教的起源和发展》，中山大学出版社1999年版，第37—41页。

[3] [美]本杰明·史华慈：《古代中国的思想世界》，第226页。

志的活物",而且还相信"在物我之间,更有一种看不见的东西,做自己和群体的连锁"。① 如果上述三说不虚,那么,庄子的"气化变形"观念乃至其气论思想与巫文化的渊源关系也就更为曲深幽邃了。因为,在万物一体相通的原始观念背景下,梁钊韬和史华慈所理解的庄子思想中的气,显然可以充当人与万物万象之间的无形"连锁"或"媒介物"。在袁珂的角度上,甚或可说庄子的气论思想可溯源至古老的"物活论神话"。我们甚至还可以认为,庄子思想中的气,实际上是巫术活动中通神者所能感受和掌握到的那种无形无声无味的神秘力量的理性化表达。

《庄子》中的另一种变形虽亦名为"物化",但它却不是通过气,而是借由梦实现的,故不妨称之为"梦幻变形"。例如著名的"庄周梦蝶"寓言,以及《大宗师》所说:"且汝梦为鸟而厉乎天,梦为鱼而没于渊。不识今之言者,其觉者乎,其梦者乎?"在此类变形中,觉与梦、真实与幻境、本我与异物皆浑然失去了分界。换言之,庄子并没有基于当下现实,把梦境简单断为虚妄不真的幻象。毋宁说在他这里,现实是另一场梦,梦是另一种现实,二者构成的悖论关系诚可谓"吊诡"。王博认为,庄子提出这一悖论的意义在于:希望"醒着的人不要执着于梦与醒的分别",因为梦与醒原本不可分②,正如庄子可变成蝴蝶、蝴蝶可变成庄子,庄子与蝴蝶不可分那样。

这种人生哲学的解读固然妥帖,但既然庄子混融梦觉、齐同物我,如果我们借助前引莫斯和弗雷泽关于巫者梦中变形信念的分析,对"庄周梦蝶"寓言作巫文化的释读,当亦未尝不可。③ 如上所述,巫者普遍相信,

---

① 袁珂:《原始思维与活物论神话》,《云南社会科学》1989年第2期;《〈庄子〉的神话与寓言》,《中华文化论坛》1995年第3期。
② 王博:《庄子哲学》,第89页。
③ 基于原始的泛灵信仰,郑志明对"庄周梦蝶"寓言的解读是:人与物之形体虽然有别,但其"灵体"却能打破形体界限相互感应、相互渗透,"因此具有着超自然与超人体的作用能力,如此以人观物,人与物是互为变化";正如"庄周梦蝶"寓言所述,这种变化即"物化"(《庄子的鬼神观》,《鹅湖月刊》1994年第5期)。

第一章 庄子与巫文化：从"人神合一"到"自我神化"

人在睡梦中灵魂可以脱离躯体独立活动，并可迁移、进入其他的生命样式中，从而获得另一种外在形态。从这个角度看，《大宗师》提及的"汝梦为鸟而厉乎天，梦为鱼而没于渊"，就可以说是睡梦中灵魂出离原先的存在样式而导致的变形效应；庄子与蝴蝶的互变，则实质上是二者通过各自的梦，在彼此之间实现的双向的灵魂换位，以及由灵魂换位导致的二者形体的相互转化——特别有意思的是，莫斯和弗雷泽在介绍巫者的梦中变形信念时，也分别具体提到了"蝴蝶"和"飞行中的鸟"。

据实而言，庄子并不是有灵论者，但基于以上分析，如果说其笔下的变形现象——无论通过气还是借由梦，皆带有巫文化影响的痕印，恐不为过。同时还应看到，经过庄子的创造性阐释，原始神话的变形观念在其生命哲学中也已获得了新的理论意涵。

具体来说，变形在庄子生命哲学中的重要意义在于：通过无尽的"气化变形"流程，个体可以脱开有限的时间和空间对其自身的辖制，回归于聚散无息的本源之气，继而再以另一种外在空间形态，开始另一段新的生命历程，从而克服死亡，达致生命的无限和永恒。换言之，由于可以"气化变形"，个体生命在当下时空中的死亡不再是就此消逝于虚无深渊的绝对死亡，而恰恰意味着他在另一时空中再生的开始，死亡为其提供了从此种自我形态向另一种自我形态转化的绝佳契机。由此，我们不仅可以知晓庄子为何齐同生死，主张"生也死之徒，死也生之始，孰知其纪"（《知北游》），而且可以理解他为何有时竟然会用一种坦然之中夹带着欣幸的态度来看待死亡。例如：

> 予恶乎知说生之非惑邪！予恶乎知恶死之非弱丧而不知归者邪！……予恶乎知夫死者不悔其始之蕲生乎！（《齐物论》）
> 已化而生，又化而死，生物哀之，人类悲之。解其天弢，堕其天袠，纷乎宛乎，魂魄将往，乃身从之，乃大归乎！（《知北游》）

陷身于龌龊、苦闷、凶险、无常的人间世中，庄子对待死亡的坦然欣幸心态,曾被闻一多喻为"眺望故乡,咀嚼旧梦"的"神圣的客愁"。① 从哲学角度说,庄子远眺的故乡,其实是生命唯有通过死亡方可回归的无形的本源之气。

卡西尔指出:"在某种意义上,整个神话可以被解释为就是对死亡现象的坚定而顽强的否定。由于对生命的不中断的统一性和连续性的信念,神话必需清除这种现象。"② 而对于庄子来说,死亡既是离去,是个体脱出当下暂驻的"人之形"③,向着生命本源的"大归",同时又是出发,是以死亡为契机和中间环节的新的生命形态之生成的开端。《达生》篇把新旧生命形态之间的永恒转换和续接关系称为"能移",用王夫之的话说便是"虽去此而能全于彼"(《庄子解·达生》),或"披然移是",即"离披化去,移此而之彼"(《庄子解·庚桑楚》)。"能移"意味着绝对虚无的死亡并不存在,存在的只有生命的永恒化生和绵延,如王夫之所谓"恒有清气在两间以成化"(《庄子解·达生》),而这将使个体自我样式的未来开展拥有无限的可能。

"梦幻变形"的理论意义则在于:通过梦境,庄子不仅同样打破了事物之间的绝对分界,齐同了物我,而且在这种变形中,个体自我更可以借由其梦中灵魂的出窍、漂移、换位,获得他在人之形态中不可获得的精神自由之乐。以"庄周梦蝶"寓言为例,其中既说"周与胡蝶,则必有分矣。此之谓物化",又说庄子梦中变形后,"栩栩然胡蝶也,自喻适志与!不知周也"。(《齐物论》)质言之,庄子的"自喻适志"乃是其神脱离形骸后所得到的忘我或无我之乐。

关于不为灾害所伤意象在庄子哲学中的思想涵义,朱谦之认为:"大概这些在庄子不过利用寓言,藉以暗示人生之最高的神秘境界,而在后来

---

① 李定凯编校《周易与庄子研究》,巴蜀书社 2003 年版,第 79 页。
② [德]恩斯特·卡西尔:《人论》,第 107—108 页。
③ 《大宗师》:"……特犯人之形而犹喜之。若人之形者,万化而未始有极也,其为乐可胜计邪!故圣人将游于物之所不得遁而皆存";"今一犯人之形,而曰'人耳人耳',夫造化者必以为不祥之人。今一以天地为大炉,以造化为大冶,恶乎往而不可哉!"

寓言却说认做实事了，乃有愚笨底神仙家的产生。"① 换句话说，此类意象虽然神秘，但终属精神境界的文学表达，而绝非神仙术。冯友兰一方面也把这类神异描写看作庄子对最高精神境界的浪漫或神秘主义的想象②；另一方面，他又结合庄子所处的险恶生存困境，认为其中还蕴含着他对个体生命之自我保全状态的向往，正如其《新原道》所说："早期道家中底人原只求全生，避害。但人必须到这种最高底境界，始真为害所不能伤。……这是庄子对早期道家的问题的解决。"③ 笔者认为，通过描写不为灾害所伤的意象，庄子对全生避害问题的解决其实只是想象中的释解，而并非实然的克服。

第三节 庄子与民间巫者：边缘社会的"天人"

除神话外，巫文化影响庄子思想的另一重要途径——可能也是直接、现实的途径，是通过当时的部分民间巫者。这些巫者虽然陷身俗世，但就其心之所寄、神之所栖而言，却堪称"忘人"而"与天为徒""不离于宗"的"天人"。④ 在礼乐崩坍、天命远逝、鬼神不灵、人文理性已然觉醒的战国之世，此一特殊群体所携带的心灵记忆、思想资源和精神信仰，以及他们疏离于主流政治世界之外的应世态度和人格风貌，构成了先秦历史文化演进中一段隐秘的民间"小传统"。同样生活在民间的庄子不仅与其中的某些巫者有密切接触，进而对他们辗转于社会底层的现实境遇抱有深切同情，对其精神品格给予高度赞誉，更为重要的是，在思想上，庄子

---

① 朱谦之：《庄子哲学》，《朱谦之文集》第三册，福建教育出版社2002年版，第353页。

② 参见冯友兰《中国哲学史》上册，华东师范大学出版社2000年版，第101—102、185—186页。

③ 冯友兰：《贞元六书》，华东师范大学出版社1996年版，第769页。

④ 《大宗师》："其一与天为徒，其不一与人为徒"；《庚桑楚》："夫复謵不馈而忘人，忘人，因以为天人矣"；《天下》："不离于宗，谓之天人。"

亦从中汲取甚多。

关永中认为,《庄子》书中蕴含着一套"神秘经验知识论",例如"心斋""坐忘""朝彻""见独"等,"庄子若非过来人,他是难以如此恰当地描述其中的情状的";退一步说,如果庄子自身不是名副其实的"神秘家",至少也应极度接近他们,所以他"对神秘经验这一回事全不陌生"。① 在笔者看来,庄子接触的所谓"神秘家"极可能就是民间巫者。

一 巫者的边缘化

一般来说,先秦思想文化演变的基本线索和大势是"神"的地位不断下降、"人"的地位日益上升,被认为是支配社会生活的终极力量逐渐由彼岸性的天命、鬼神转换为此岸世界中人自身的实际作为。正如时人所云,"天命靡常"(《诗经·大雅·文王》),"惟命不于常"(《尚书·康诰》),"皇天无亲,惟德是辅"(《尚书·蔡仲之命》),"吉凶由人"(《左传·僖公十六年》),"天道无亲,唯德是授"(《国语·晋语》)或"天道无亲,常与善人"(《老子》第七十九章),"皇天无私阿兮,览民德焉错辅"(《楚辞·离骚》)。在马克斯·韦伯看来,"祛魅化"和"理性化"是人类历史发展的普遍规律,中国社会自然亦莫能外。从子产对"天道"和"人道"的远近分隔中②,从晏子对"天之有彗"和君主之德的各自解析中③,更具里程碑意义的是,以《论语》为代表,从孔子的"敬鬼神而远之"(《雍也》),"未能事人,焉能事鬼"(《先进》)等政治主张,以及他

---

① 关永中:《"独与天地精神往来":与庄子对谈神秘经验知识论》,见丁福宁主编《第三个千禧年哲学的展望——基督宗教学与中华文化的交谈会议论文集》,台北:辅仁大学出版社2002年版。

② 《左传·昭公十八年》:"子产曰:'天道远,人道迩,非所及也,何以知之?灶焉知天道?'"

③ 《左传·昭公二十六年》:"齐有彗星,齐侯使禳之。晏子曰:'无益也,只取诬焉。天道不谄,不贰其命,若之何禳之?且天之有彗也,以除秽也。君无秽德,又何禳焉?若德之秽,禳之何损?……若德回乱,民将流亡,祝史之为,无能补也。'公说,乃止。"

第一章　庄子与巫文化：从"人神合一"到"自我神化"

避谈死亡①，罕言"天道"②，更"不语怪力乱神"（《述而》）的思想姿态中，我们都可看到：这是一个神灵退场、巫魅式微、人文精神和经验理性蓬勃成长的时代，所谓"哲学的突破"即发生在此期间。

按陈来的划分，中国社会在夏以前是巫觋时代，商殷是祭祀时代，周代是礼乐时代。③ 延续着此前社会文化演变的大势，在周代，巫魅神性式微于政治上最主要的推动力和表现，是周公的制礼作乐。经其创制，"亲亲、尊尊、长长，男女有别"成为贯穿伦常社会和宗法文化的基本原则，"人间性的秩序，而不是超世间的赐福"成为周代礼乐制度的整体功能指向；在这种指向下，"即使是有关死去亲属丧祭的礼仪，也不是对神灵世界本身的关注，而是发挥其人情的、宗法的功能"。④ 相应于此，原本在社会生活中扮演重要角色的巫者群体，其政治地位的整体性衰落也就是必然的了。

以历史书写为例。杨向奎指出，"原来历史掌握在神巫手中"，"巫以后是史"，"无论神、巫都不是职业史家……神、巫事业衰落后，职业的史家代兴"；再从内容看：在"神"述历史中，天人不分；在"巫"述历史中，天人渐分；在"史"述历史中，天人已分。⑤ 天人二分和职业史家的出现，意味着神的退场、巫的式微。梁钊韬发现，巫在周代以前极受器重，例如传说中的巫咸即为商之重臣，而到了周代，由于礼乐制度的建立，"巫的地位逐步为祝、宗、史所代替"；进一步，"到东周巫、史分了家，史的地位渐高，向士大夫阶级一边走，巫就落在下层了"。例如，周代丧仪中的巫"不过是王的随从，并无显要地位"，"如诸侯临臣丧只能当下士，比丧祝还低贱。他们的职务只是执桃茢以驱鬼，在礼法制度上并没

---

① 《论语·先进》："未知生，焉知死？"
② 子贡曰："夫子之文章，可得而闻也；夫子之言性与天道，不可得而闻也。"（《论语·公冶长》）
③ 参见陈来《古代宗教与伦理——儒家思想的根源》，第11页。
④ 陈来：《古代宗教与伦理——儒家思想的根源》，第272—273页。
⑤ 杨向奎：《宗周社会与礼乐文明》，人民出版社1997年版，第362—363页。

有地位"。① 另据《周礼》可知，巫在西周以后的祭祀中所扮演的角色亦并不重要，他们所发挥的作用实际上是"微乎其微的"。② 而到了礼崩乐坏的春秋时期，由于社会思想之理性化的进一步发展和君权的上升，即使是作为地位高于巫乃至取代了巫的宗教功能承担者，祝和史的神圣性也已渐趋衰减，甚至有时还不得不面临被君王杀头的危险③，例如《左传·昭公二十年》便记载了一件齐国国君欲杀祝、史以谢神灵之事。祝、史居然已沦落到可被君王任意处置的境地，当时地位更在其下的巫的命运也就不难推知了。

正如从"学在官府"到"学下私人"，以及如"诸子出于王官"说所描述的那样，可以想象：随着社会政治运作的愈加实用理性化乃至"丛林化"，在以富国强兵为各国的主流政治追求，并且政衰国亡现象迭见的战国时期，肯定有部分巫者最终失去了官守，从上层流入了民间，其身份亦由"巫官"或"官巫"变成了"巫民"或"民巫"。

全面来看，民间巫者群体之构成，不仅有自上层下降而来的"官巫"，还有原本一直存在于民间的普通巫者。这是因为，以先秦政治制度的笼罩范围和运作水平，国家政权尚不具有将社会生活的所有层级全部纳入其严格管控之中的能力，而缺少政治实用价值、不具政治威胁的底层或私人生活则无需管控。这就使"夫人作享，家为巫史"（《国语·楚语下》）的现象具有了局部存在或隐秘发生，甚至得以延续的可能，而战国时期空前动乱的政治环境更为民间巫者群体的存续提供了更大也更自由的社会空间。据林富士分析，至迟在战国初期，民间已经有了以专业技术——包括"巫"的专技——谋生的巫者。④ 另一方面，周代幅员辽阔的地理范围、

---

① 梁钊韬：《中国古代巫术：宗教的起源和发展》，第224—225、232—233页。
② 陶磊：《从巫术到数术：上古信仰的历史嬗变》，山东人民出版社2008年版，第48—49页。
③ 参见陈来《古代思想文化的世界——春秋时代的宗教、伦理与社会思想》，生活·读书·新知三联书店2002年版，第108—109页。
④ 参见林富士《汉代的巫者》，台北：稻乡出版社1999年版，第21页。

第一章　庄子与巫文化：从"人神合一"到"自我神化"

诸侯分治的权力架构，加之周天子对诸侯国之控制力的逐渐乏弱，又为不同地域文化传统各自绵延不断的发展提供了宽松的外部政治空间。正因此，商宋以及陈、楚、齐等国可保持其相对浓厚的巫风。在这些国家和地区，除上层"官巫"外，其民间应当还存在着相当多的下层普通巫者。例如，楚国民间便活跃着数量众多的以行巫为业、服务对象不固定的游巫，他们的行巫范围甚至不局限于楚，"其社会地位，大概与后世的江湖术士，并无本质区别"①。此外，战国以至秦汉时期的燕齐方士盖出自或属于此一阶层，而出身下层的墨子的天志鬼神思想，恐亦与其时其地的民间巫文化氛围有较深的渊源。②

虽然观射父所说的"绝地天通"作为一件宏大的历史叙事，很大程度上只是后世官方意识形态的历史投射，而并非实然的社会文化场景之全貌，所以，专业化的上层巫觋并没有也不可能包办所有的宗教性事务，而民间巫者也总有其存在和活动的可能空间，然而，为确保社会秩序的有效管控，国家权力往往会采取某些必要措施，以实现其对宗教事务最大限度的体制化垄断。因此，正如"绝地天通"传说的要义之一便是除绝"民神杂糅""家为巫史"之混乱现象那样，相对于"官巫"，民间巫者群体的被排挤、被压制、被迫害——至少是被漠视，自是不言而喻的历史现实。

与世俗政权对巫者的体制性排斥相呼应，作为周代礼乐文化的领受者、阐扬者，具有诚挚的人文理性精神的儒家对巫者——无论官巫还是民巫——也采取了疏离、贬抑的态度。例如，除前文所引外，孔子还说："赞而不达于数，则其为之巫"，"吾与史巫同涂而殊归者也。君子德行焉求福，仁义焉求吉，故卜筮而希也"。（《马王堆帛书·易传·要》）又，《荀子·大略》："善为易者不占"；《礼记·礼器》："祭祀不祈。"这些思

---

①　晏昌贵：《巫鬼与淫祀——楚简所见方术宗教考》，第316—317页；徐文武：《楚国宗教概论》，第34—35页。

②　与笔者的观点相近，瞿兑之一方面说太古之巫风在周以后"不遗于世族而遗于平民"，另一方又认为，陈、楚、齐国之巫风始终殷盛而不革（《释巫》，《燕京学报》第7期，1930年6月）。

想"都是早期儒家对巫文化排斥的明显表现"①，同时其中也折射出了当时巫者社会地位的边缘化，以及他们在主流文化领域中所具影响力的衰落——正如瞿兑之所说，其时"大氐巫虽行于民间而不列于邦典，贤人君子所不乐道。《左传》数数言巫，而所司猥鄙，远不如其他卜祝之称述古者彬彬有文，是其明证"②。同样可以间接证明巫者之风光不再乃至命运日渐悲惨这一历史事实的，还有战国时西门豹治邺而投巫于河的著名故事。

下文我们将会看到，与儒家迥异，庄子不仅以同情、欣赏的态度看待某些民间巫者，更在思想层面对其多有肯认、吸收和阐扬。对巫的这种不同态度，或许可从一个侧面解释庄子何以贬孔黜儒。

二 畸人

虽然今本《庄子》具体提到巫者的地方并不多，而且我们从中也几乎找不到能够表明庄子与巫者有直接接触的证据，但从王叔岷搜集的《庄子》佚文中的几种驱鬼术来看，庄子对巫者的巫术活动是很熟悉的。更重要的是，《庄子》书中多次以超世拔俗的正面形象出现的两个极为特殊的群体暗示我们：庄子与某些民间巫者的关系非同一般。这两个特殊群体是：畸人和巧匠。在人类学的视域中，正如莫斯所论，他们不仅与巫之间存在着天然的亲缘，而且极有可能都是巫。

畸残人为巫，似是一种带有普遍性的社会文化现象。除莫斯外，弗雷泽和另一位英国学者罗宾·布里吉斯还曾分别提到印度的驼背婆罗门、芬兰的跛足女巫。③ 中国的情况也不例外。白川静说："巫之最高阶层者为神巫，其最下阶层者有所谓伛挈之属，而构成了巫术的世界。"④ 正如高国藩所指出的那样，古今"不少巫师通常是生理有缺陷者"。例如，眼盲且无

---

① 陈来：《古代宗教与伦理——儒家思想的根源》，第11—12页。
② 瞿兑之：《释巫》。
③ 参见［英］J. G. 弗雷泽《金枝》，第186页；［英］罗宾·布里吉斯《与巫为邻：欧洲巫术的社会和文化语境》，第17页。
④ ［日］白川静：《中国古代文化》，第137页。

第一章　庄子与巫文化：从"人神合一"到"自我神化"

手无脚的景颇族巫师、唐代的"双瞽"占卜者①，以及梁钊韬所说的周代的瞽巫②、蒲松龄《聊斋志异·促织》中描写的"能以神卜"的"驼背巫"，等等。

我们知道，《庄子》中塑造了众多肢体残疾者的形象，计有：《养生主》篇仅有一只脚的右师；《人间世》篇身体严重畸形的支离疏；《德充符》篇被砍断了脚的王骀和申徒嘉，断了脚趾以致只能用脚后跟走路的叔山无趾，相貌极端丑陋的哀骀它，游说卫灵公的跛足、驼背且缺唇者，游说齐桓公的颈部生瘤者；《大宗师》篇身体畸形且腰弯背驼腿瘸的子舆；《达生》篇痀偻的承蜩老者；《至乐》篇左肘生瘤的滑介叔。对于这些人物形象，学界通常的解读思路是着眼于形体的残疾与健全、内德的充实与缺损，认为庄子意在"通过形体的残疾来表现德的内充"③，用陈鼓应的话说便是：庄子的"主旨在于破除外形残全的观念，而重视人的内在性，藉许多残畸之人为德行充足的验证"④。在此意义上，庄子塑造上述人物形象乃是一种反衬式的思想修辞，是针对儒家和主流观念的反讽。

不过，若联系先秦时期的历史现实语境，笔者推测，庄子笔下的畸残人形象极可能与当时受到社会贱视和排斥的部分巫者群体有关，甚至某些人物原本就是巫。之所以这样说，理据有四。

其一，战国时期确有残疾人为巫的现象。《荀子》："相阴阳，占祲兆，钻龟陈卦，主攘择五卜，知其吉凶妖祥，伛巫、跛击之事也。"（《王制》）杨倞注："击，读为觋，男巫也。古者以废击之人主卜筮巫祝之事，故曰'伛巫、跛觋'。"《荀子》又云：

是故百姓贱之如佢，恶之如鬼。（《王霸》）

---

① 参见高国藩《中国巫术史》，上海三联书店1999年版，第24—26页。
② 参见梁钊韬《中国古代巫术：宗教的起源和发展》，第225—226页。
③ 王博：《庄子哲学》，第59页。
④ 陈鼓应注译：《庄子今注今译》，第143页。

> 今世俗之为说者……譬之，是犹伛巫、跛匡大自以为有知也。（《正论》）

伛或指女巫，或当为"觋"，而"觋"与"匡"皆指残废者。① 这几条引文表明，战国时期不仅存在着残疾人为巫的现象，而且他们社会地位不高，并尤其受到荀子之类的儒家的贬斥。又，《礼记》："立毋跛"（《曲礼上》）；"伛者不袒，跛者不踊，非不悲也，身有锢疾，不可以备礼也"（《问丧》）；"有司跛倚以临祭，其为不敬大矣"（《礼器》）。这些话虽然并非针对巫，但照此说，身体残疾之巫无疑也应被排除在规整肃敬的"礼"之外。

尤可注意者，《礼记》、荀子以及莫斯、高国藩等现代中西学者所提及的跛足和驼背，恰恰也是庄子笔下残疾人的常见体貌特征，而荀子对其"大自以为有知"的批评，更是与他们绝不自轻自贱、反倒自高自傲的精神风貌正相一致。

其二，不仅战国时期，残疾人为巫的现象实是古已有之②，但这类巫者的个人命运却似乎非常悲惨。据甲骨卜辞，李零、陈梦家等学者认为，商代有"焚尪"以祭天求雨之例。"尪"，《说文》释其本义为"曲胫"，即腿瘸、"行不正"之人，今人则释为突胸凸肚、身体粗短的残疾之觋（男巫）。时至春秋战国，"焚尪"之祭仍然存在。《左传·僖公二十一年》："夏，大旱，公欲焚巫尪。"杜预注：

> 巫尪，女巫也，主祈祷请雨者。或以为尪非巫也，瘠病之人，其面向上，俗谓天哀其病，恐雨入其鼻，故为之旱，是以公欲焚之。

---

① 参见（清）王先谦《荀子校释》，中华书局1988年版，第169、226、326页。
② 参见饶宗颐《历史家对萨满主义应重新作反思与检讨——"巫"的新认识》；胡新生《中国古代巫术》，山东人民出版社2005年版，第37页。

第一章 庄子与巫文化：从"人神合一"到"自我神化"

又，《礼记·檀弓》：

> 岁旱，穆公召县子而问然，曰："天久不雨，吾欲暴尪而奚若？"曰："天久不雨，而暴人之疾子，虐，毋乃不可与！""然则吾欲暴巫而奚若？"曰："天则不雨，而望之愚妇人，于以求之，毋乃已疏乎？"

裘锡圭认为，《檀弓》这段话肯定了前引杜预注的后一说①，即"尪"并非巫，而只是指残疾人。裘先生的看法是值得商榷的。因为，穆公虽然"尪"与"巫"分言，但这并不足以说明"尪非巫"；恰恰相反，从县子基于人道立场的回答中所说的"疾子"与"愚妇"来看，既然这两个词对用，那么，其所谓"巫"与"尪"也应是对用关系："尪"应是指"疾子"所为之男巫，即残疾之觋，"巫"则是指"愚妇"所为之女巫。反过来说，如果"尪"不是可以充当神媒的残疾之觋，而只是指普通的残疾人，那么他应当是不能被用以祭神的。因为，按上文所引《礼记》的说法，祭神而用"身有锢疾"之人，"其为不敬大矣"。此外，《庄子·人间世》云："牛之白颡者，与豚之亢鼻者，与人有痔病者，不可以适河。此皆巫祝以知之矣，所以为不祥也。"意思是说，形体有缺陷的猪、牛以及残病之人皆为不祥之物，都不可当作祭品投进河里，这是巫祝尽知之理。由此可推，残病而不能通神者当然也就不可用来祭天了，可用来焚或曝以祭天求雨的一定不是普通的畸残人，而只能是畸残的巫者，亦即"尪"。②

"尪"作为畸残之巫，不仅天生命运悲惨，其生死完全不被某些实施"反巫术"行为的统治者"看在眼里"，而且在周代以来的礼乐制度中，由于巫史渐趋分离，"史的地位渐高"，整个巫者群体的社会地位随之也就

---

① 参见李零《中国方术续考》，第39—40页；裘锡圭《说卜辞的焚巫尪与作土龙》，载胡厚宣主编《甲骨文与殷商史》，上海古籍出版社1983年版。
② 因祭天求雨之故，"尪"的悲惨命运甚至延伸到了汉代，如董仲舒《春秋繁露·求雨》云："春旱求雨……暴巫，聚尪，八日。……秋暴巫尪至九日……。"

每况愈下，以至于到了社会结构发生巨变的战国时期，他们更是最终被排斥于世俗权力体系外，而只能作为闾阎贱品，辗转于下层民间、"名不见经传"了。①《吕氏春秋·尽数》云："今世上卜筮祷祠，故疾病愈来。……夫以汤止沸，沸愈不止……故巫医毒药，逐除治之，故古之人贱之也，为其末也。"林富士认为，这段话所说的正是战国时期"民巫"被人们"贱视、轻视"的情形。② 一般的民间巫者尚且如此，残疾之巫的社会地位之低下，更可想而知了。

由此反观庄子笔下的残疾人，可以发现，他们已然民间化的社会地位和身份，以及他们的悲惨命运、苦难生活，正与战国时期民间下层巫者的实际情形相吻合，而他们对于自身命运的无奈之感，以及隐忍于无奈中的对于庙堂和现实社会的激愤之情，亦可由此得到合理的解释。另外，若按照王博的解读——残疾人形象集中出现的整个《德充符》篇实质上是"儒家和庄子之间进行的一个对话"③，那么我们就不难看到，该篇几位残疾人对儒家观念的不以为然、对儒家人物的讥讽，特别是对儒家之所谓"德"的颠覆，恰好与当时儒家对残疾巫者的贱视和贬斥形成对反。

其三，作为对以上两点的佐证，《庄子·人间世》说：形体极度畸残的支离疏"挫针治繲，足以糊口；鼓筴播精，足以食十人"。《礼记·曲礼上》有"龟为卜，筴为筮"的说法，故支离疏的"鼓筴"当是指用揲蓍或兼用钻龟的方法占卦，而"播精"则是指用精米飨神以求神意。④ 这说明支离疏就是一个身在民间、地位卑微、自食其力的残疾巫者，巫术技艺是其从事的职业和重要的生活来源。与此相类，《墨子·公孟》："子墨子曰：'且有二生，于此善筮，一行为人筮者，一处而不出者。行为人筮者

---

① 参见梁钊韬《中国古代巫术：宗教的起源和发展》，第224—226页；陶磊《从巫术到数术：上古信仰的历史嬗变》，第49页；李零《中国方术续考》，第58—59页。
② 参见林富士《汉代的巫者》，第22页。
③ 王博：《无奈与逍遥——庄子的心灵世界》，华夏出版社2007年版，第217、247页。
④ 参见陈鼓应注译《庄子今注今译》，第139页；曹础基《庄子浅注》，中华书局2000年版，第67页。

第一章　庄子与巫文化：从"人神合一"到"自我神化"

与处而不出者，其糈孰多？'公孟子曰：'行为人筮者，其糈多。'"可见在庄子之前，把"具有商业性质"的巫术行为当作谋生方式的民间巫者已经出现①，身体畸残的支离疏可被看作这个群体中的一员。

其四，更值得注意的是，庄子笔下畸残者的自我审视和生命安顿之道与战国时期民间巫者的生存境况存在着可通互诠之处。莫斯指出，巫师大都是"强烈的社会情感的对象"，"由于这些情感基本上都是被巫师的反常特征激唤起来的"，例如，他们身体的残疾就很容易引起公众的疑惑、不安乃至恐惧，所以"如果巫师有社会身份的话"，那么他们的身份就"可以被界定为反常的社会身份"。②

庄子笔下残疾人群的境况恰好被莫斯言中。例如，在《养生主》篇，公文轩看见一只脚的右师，乃惊曰："是何人也，恶乎介也？"在《德充符》篇，对于门徒甚众的兀者王骀，常季同样以"是何人也"表达其困惑不解；而对于相貌极端丑陋的"恶人"哀骀它，鲁哀公召见之后的反应则是"果以恶骇天下"；在《至乐》篇，支离叔以为滑介叔对其左肘之瘤"意蹶蹶然恶之"，其实这"恶意"出自支离叔，而非前者。从中可见，时人尤其是当政者和儒家对残疾者充满了讶异、惊愕、疑惧乃至厌恶之意。回顾前文，庄子所描写的这类社会心理也直接印证了《礼记》《荀子》中对残疾人和残疾之巫的排斥、贱视。

相应于莫斯描述的"强烈的社会情感"，庄子笔下残疾人群的自我审视和生命安顿之道，则颇有已经沦为"反常者""边缘人"的民间巫者针对主流社会的疑惧、贱视和排斥，进行自我申辩甚至精神抗争的意味。

首先，他们将其形体之畸残归于天。例如，《养生主》篇的右师解释他仅有一只脚的原因说："天也，非人也。天之生是使独也，人之貌有与也。"《大宗师》篇的子舆"曲偻发背，上有五管，颐隐于齐，肩高于顶，句赘指天"，但他却既不自我嫌恶，更丝毫不埋怨上天不公，反倒赞曰：

---

① 晏昌贵：《巫鬼与淫祀——楚简所见方术宗教考》，第316、323页。
② ［法］马塞尔·莫斯：《巫术的一般理论》，第37、42页。

"伟哉夫造物者,将以予为此拘拘也!"而《德充符》篇中,庄子在与惠施辩论时更直言:"道与之貌,天与之形,恶得不谓之人?"这就是说,由于形貌出自天,所以即使残疾,世人亦不可以"非人"视之。

其次,相对于形,庄子笔下的残疾人更看重其同样出自天的内心之德,所谓"德有所长,而形有所忘"①,保全内德者可谓"受食于天":

> 既受食于天,又恶用人!有人之形,无人之情。有人之形,故群于人,无人之情,故是非不得于身。眇乎小哉,所以属于人也!謷乎大哉,独成其天!(《德充符》)

换言之,残疾者虽在人间,但其心魂之所栖却在天,这段话所表达的正是他们抗击世俗之鄙薄贱视的傲然自高之志。另外,《大宗师》篇:"畸人者,畸于人而侔于天。"这句话原是就儒家所谓"畸人"之德而言,所谓"天之小人,人之君子"云云,但若用以指其形貌,亦甚恰切。因为,无论内心之德还是外在之形,庄子笔下的"畸人"无不将其归根于天。显然,这与巫者奉天为上、以人从天的思维取向以及他们沟通天人的职业特点是相通的。

综合上述四点,笔者虽不便断言《庄子》中的"畸人"必皆为畸残之巫,但至少可说,这一特殊群体集中出现在庄子笔下绝非毫无所据,亦绝非单纯的文学修辞,他们应该不是庄子凭空虚构的寓言人物,而是当与其时辗转于民间的下层巫者有密切关系。

莫斯说:"认为巫师是一个边缘阶层的不只是大众舆论;连他们本人也这样认为","巫师事实上更多地属于精灵的世界,而不是人的世界"。②《庄子》中的畸人群体何尝不是如此?就此而言,或许正是从那些民间巫

---

① 又,《逍遥游》:"瞽者无以与乎文章之观,聋者无以与乎钟鼓之声。岂唯形骸有聋盲哉?夫知亦有之。"

② [法]马塞尔·莫斯:《巫术的一般理论》,第55、51页。

第一章 庄子与巫文化：从"人神合一"到"自我神化"

者被动或主动疏离于主流社会的生命样式中，庄子汲取了寄心玄天、"与天地精神往来"的形上期求和无奈之下唯有安命存身、自适其适的处世态度。

三 巧匠

笔者曾有专文谈到，《庄子》相较于其他先秦诸子著作的特异性之一是，书中细致入微、生动传神地塑造了大批匠人巧者的形象[①]，计有：《养生主》篇的解牛者庖丁，《天道》篇的轮扁，《达生》篇的承蜩者、操舟者、游水者、制鐻者、驾车者、工倕，《田子方》篇的钓鱼者、施射者、画师，《知北游》篇的捶钩者，《徐无鬼》篇的斫垩者，等等。其中，绝大多数巧匠的活动是生产性的（例如斫轮、捶钩等），另有少数人的活动并无功用目的，而似乎只是纯粹的技艺展示，甚至简直近乎杂耍（例如施射者、斫垩者等）。无论从事哪种活动，这些人无不是身体技艺超常者。

怎样解读《庄子》中的这些匠人巧者形象？可能有人会认为，如上文讨论的畸残人那样，这其实是庄子的又一思想修辞。非也，问题绝非这么简单。

暂撇开后一类"杂耍者"不论，关于前一类匠人或"工人"[②]，崔大华的看法是：庄子之所以熟悉下层工匠的高超技艺，是因为他生活贫困而长期身在民间，所以有机会近距离接触当时的手工劳动。进一步说，"那个时代的手工劳动技巧、工艺体验"构成了庄子精神修养论的"经验来源"，而他对工匠劳动的哲学阐释虽然重视个体不可言传的主观体验，但这种体验毕竟是一种否定巫术神秘性的"理性直觉的认识方法"。总而言之，庄子思想以及他所描写的工匠活动已经"走出巫术的丛林"，体现了

[①] 参见邓联合《技术活动中的超越向度：庄子技术寓言解读》，《江海学刊》2008年第1期。

[②] 《达生》："臣工人，何术之有！虽然，有一焉。臣将为鐻……。"

理性的觉醒。① 与此不同，对中国古代科技史有精深研究的李约瑟认为，庄子"在这些巧人身上看出了一种与自然极端接近的、忘我的境界……这种忘我的态度，对早期中国工艺技术的发展有很大的贡献"，而"从事手工艺的道家"人物更"借重于神话和传说，加上斋心和观想，以养成高度的情感和坚强的意志"，从而达到最高的造诣。② 显然，两位学者透过庄子笔下的匠人巧者形象，都洞见到了工匠与巫文化的关系，只不过前者强调工匠与巫的断离，后者则揭示了其间的牵连。

回到问题的原点：历史地看，工匠与巫原本是何关系？庄子又对工匠的技艺活动作出了怎样的哲学阐释呢？

《说文》释"巫"曰："祝也。女能事无形，以舞降神者也。象人两褎舞形，与工同意"；又释"工"曰："巧饰也。象人有规矩也，与巫同意。"至于二者为何同意，徐锴注云："为巧必遵规矩法度，然后为工，否则目巧也。巫事无形，失在于诡，亦在遵规矩。故曰与巫同意。"这种解释是从抽象的思想角度作出的，有失周折牵强。笔者认为，巫与工同意可从四个方面加以推究。

第一，从所属职业阶层看，巫与工皆为拥有特定的专业技能之人。党晴梵从文字角度解释这点说，"'巫'，象在幕下两手作工或治玉，就是工作学习的意思"，故《说文》曰"与工同意"。③ 周策纵更明确指出，二字同意"固然可说是巫字从工"，但毋宁说是指古巫"也类似于百工，是一种职业"，并且因其能降神、表演、代神说话行事，所以一度还曾是"最神圣、最重要和最有势力"的职业，而"在远古时代，巫可能被看做最伟大的工"。④ 正因为所属职业阶层相类，故古时巫与工可并举，如《礼记·王制》："凡执技以事上者，祝史射御医卜及百工。"《孟子·公孙丑

---

① 参见崔大华《庄学研究》，第 13、320—326 页。
② ［英］李约瑟：《中国古代科学思想史》，第 140—141 页。
③ 党晴梵：《先秦思想史论略》，陕西人民出版社 1959 年版，第 7、27 页。
④ 周策纵：《古巫医与"六诗"考——中国浪漫文学探源》，第 49 页。

第一章 庄子与巫文化：从"人神合一"到"自我神化"

上》："巫匠亦然，故术不可不慎也。"汉应劭论姓氏起源云，"或氏于事"，"以事，巫、卜、陶、匠也"①；韩愈《师说》："巫医乐师百工之人，不耻相师。"又，《墨子·迎敌祠》："收贤大夫及有方技者若工，第之。"其中与"工"并举的"方技者"实亦属于广义的巫者群体。这些都表明，巫与工在古代社会结构中因其职事相类而属于同一阶层。

第二，从更为具体的职业特点看，巫与工亦有同通之处。我们知道，规与矩是古代匠人的常用工具，如《庄子》："工倕旋而盖规矩"（《达生》）；"陶者曰：'我善治埴，圆者中规，方者中矩。'"（《马蹄》）关于"矩"字，《说文》释"巨"（矩）曰："规巨也。从工，象手持之。"可见，矩原本兼有后世之规与矩的双重作用，工匠持之既可画方又可画圆。而在甲骨卜辞和金文中，"巫"字作工。多有学者推测，这个字应是指巫师的道具或法器。白川静认为，"'巫'之字形，盖可视作象用两手持其咒具之形"，而构成该字的"工"也就是巫师所持的咒具。②张光直先生进一步指出，工字中的"工"即为矩，巫师持矩犹后世之工匠持规矩，故云巫工同意；而巫师之所以持矩，是因为中国古代有"方属地，圆属天，天圆地方"的传统观念，既然矩既可画方又可画圆，那么，它"便是掌握天地的象征工具"，"用这工具的人，便是知天知地的人。巫便是知天知地又是通天通地的专家，所以用矩的专家正是巫师"，他们"能画圆方，掌握天地"。③据上可说，虽然巫与工的职事不尽相同，但就其职业活动皆需用矩而言，二者一也。

第三，从文明起源看，神工即神巫，而神巫之能事也不仅在于沟通天地、神人，还在于开物创器。《周礼·考工记》：

> 知者创物，巧者述之，守之世，谓之工。百工之事，皆圣人之作也。烁金以为刃，凝土以为器，作车以行陆，作舟行水，此皆圣人之

---

① 吴树平：《风俗通义校释》，天津古籍出版社1980年版，第455页。
② 参见［日］白川静《中国古代文化》，第137页。
③ 张光直：《中国青铜时代（二集）》，第41—43、71—72页。

所作也。

这段话或可说是儒家关于器物起源问题的垄断性话语,但其中作为创物始祖的人文先圣在古远之世何尝又不是通晓天地神明之秘的大巫呢?如《周易·系词下》说,包牺仰观天象、俯观地法,"于是始作八卦,以通神明之德,以类万物之情。作结绳而为网罟,以佃以渔,盖取诸《离》";神农取诸《益》而"斫木为耜,揉木为耒";黄帝等人取诸《涣》、《小过》而"刳木为舟,剡木为楫""断木为杵,掘地为臼",云云。

再来比较一下圣者与巫者的标准。据学者考证,"圣"原指耳聪善听者,后逐渐引申为心智聪慧、通达众事之人。[①] 以此对照春秋时观射父所说的巫者:

> 民之精爽不携贰者,而又能齐肃衷正,其智能上下比义,其圣能光远宣朗,其明能光照之,其聪能听彻之,如是则神明降之。在女曰巫,在男曰觋。(《国语·楚语下》)

可见,圣者与巫者的心智乃至德智素养原无二致。又,清段玉裁说:"凡心所能通曰圣。天道者,凡阴阳五行,日星历数,吉凶祸福,以至于天人性命之理。……于明乎天道则曰圣。"[②] 综上可说,圣、巫、工,三者原初为一,而工则原是巫或出自巫。

正因为巫、工原为一,且其所属社会阶层和职业特点皆相类,故古代文献中有以"工"称"巫"之例,如《诗经·小雅·楚茨》:"工祝致告,徂赉孝孙";《史记·龟策列传》记宋元王得神龟之事云,"使工占之,所言尽当"。其中的"工"皆指"巫"。此外,王充《论衡》中的"工"亦

[①] 参见王丰先《春秋时代的孔子形象》,《儒家典籍与思想研究》第一辑,北京大学出版社2009年版。

[②] (清)段玉裁:《经韵楼集》,上海古籍出版社2008年版,第82页。

第一章　庄子与巫文化：从"人神合一"到"自我神化"

兼有工匠和巫者二义，前例如《幸偶篇》："长数仞之竹，大连抱之木，工技之人，裁而用之"；后例如《四讳篇》："诸工技之家，说吉凶之占，皆有事状"，《实知篇》："方今占射事之工，据正术数，术数不中，集以人事。"陈槃认为，由后两句话提到的"工"能"占射事"且"据正术数"，以及"工技之家能说吉凶之占"，可见他们皆为方士。① 而与前引《墨子·迎敌祠》中的"方技者"一样，方士亦属于广义的巫。

第四，莫斯从人类学角度指出，技术和巫术之间存在着血缘性的谱系关联。在早期人类那里，不仅巫术因为具有神秘特征而充当保护技术的坚实后盾，"把它真实的权威和效应"赋予工匠的技术实践，而且人类"第一批工具"和"最基本的技术发明"也大都跟巫术混杂在一起，或在巫术活动中得到发展。要之，巫术是母体，技术是巫术土壤中孕育出来的果实。② 莫斯的这一看法再次表明，巫工同源、工出自巫。

巫工同源、工出自巫，这意味着工可能具有某些类似于巫的精神品性，或在精神层面与巫有暗通之处。李约瑟对此尤有识见。他认为，古代的生产活动往往带有神秘因素，那些精湛的工艺技术不仅"需要个人高度的技巧和天才"，而且常被认为是某种"不可思议的操作方式"的结果③，因此工匠"在工作之前，先要有宗教仪式"，进行神秘的"身心兼顾"的

---

① 参见陈槃《古谶纬研讨及其书录解题》，"国立"编译馆1993年版，第190—191页。

② 参见［法］马塞尔·莫斯《巫术的一般理论》，第165—167页。

③ 在《庄子·天道》中，轮扁的斫轮技艺就带有不可思议言说的神秘特点，即所谓"口不能言，有数存焉于其间。臣不能以喻臣之子，臣之子亦不能受之于臣"。那薇认为，轮扁所说的"数"之所以具有神秘性，是因为其技艺体验"徐则甘而不固……"云云，"既不是对自己，也不是对工作所作的客观描述，而是对心与物原初关涉的体悟，是把心伸展到物中，贯彻到物中的体验"；在这种体验中，心与物、主体与客体已冥合为一，故其"数"不可言（《游心于万物之初——道家的神秘主义》，《新哲学》第八辑，大象出版社2008年版）。关于这个问题，杨儒宾大致亦持此见（《技艺与道——道家的思考》，《原道》第十四辑，首都师范大学出版社2007年版）。而从本节笔者所讨论问题的角度说，正因为绝技是心物相合的结果，所以《庄子》中的工匠在技艺活动开始之前，首先必须进行以契入外物为指向的神秘心灵修炼。

庄子哲学精神的渊源与酝生

全面修炼，以期获得超凡的技能。关于庄子描写的技艺活动，除上文已引的那些看法外，李约瑟还指出，"在庄周的时代，中国的工匠，自然在工作之前，也必先洁净和苦行一番"。换句话说，工匠劳作时也要像巫者通神那样，首先进行身心修炼，不经此修炼而达到某种不可思议言说的心智状态，其劳作就不能产生"神乎其技"的预期效果①，正如巫者若不斋戒、苦行，便不能通神那样。

确如李约瑟所见，在《庄子》中，一方面，匠人巧者的高超技艺被看作不断训练其肢体的控制和协调能力的结果。例如，驼背的承蜩者说："五六月累丸二而不坠，则失者锱铢；累三而不坠，则失者十一；累五而不坠，犹掇之也。"（《达生》）再看技艺已臻化境的庖丁的解牛动作："手之所触，肩之所倚，足之所履，膝之所踦，砉然响然，奏刀騞然，莫不中音。合于桑林之舞，乃中经首之会。"（《养生主》）不难推想，此前庖丁必定已经过了长期艰苦的训练过程，否则其身体动作不会这般精准协调、娴熟流畅。

需要附带关注的是，庄子描写庖丁的解牛动作"合于桑林之舞"。"桑林"，一般释为汤乐名或宋舞乐名。详而言之，据《左传》《墨子》《吕氏春秋》的记述，"桑林"原是商宋的祭社，美国学者艾兰认为它是殷人祭祀太阳的祭坛②，另有学者认为它是殷人以及其他若干古代民族祭祀先祖神明的圣地，而据张光直的研究，"桑林"之所以被当作祭祀的圣地，乃是因为此处有神话传说中可以通天的神木（桑树）。③ 无论其祭祀的神灵为何，"桑林之舞"都应是指殷人祭神时巫者所跳的舞蹈，这与《说文》所谓"以舞降神者"的"巫"字释义相合。庄子以此舞拟喻、称赞庖丁的解牛动作——牛又常被用作牺牲，究竟仅只是一种文学手法，抑或是要

---

① 参见［英］李约瑟《中国古代科学思想史》，第141页。
② 参见［美］艾兰《龟之谜——商代神话、祭祀、艺术和宇宙观研究》，汪涛译，商务印书馆2010年版，第44—45页。
③ 参见张光直《中国青铜时代（二集）》，第54—55页。

第一章 庄子与巫文化：从"人神合一"到"自我神化"

赋予庖丁的超凡肢体技艺以通神之性？个中端详，耐人寻思。

另一方面，除了肢体动作的训练，庄子在最根本的层面上又认为，心神品性而非肢体能力才是决定匠人巧者之技艺水平高低的关键所在，只要心神修炼达到一定程度，巧匠自然而然就能够协调运用其肢体动作，展现出令人叹服的高超技能。在《田子方》篇，施射者说："夫至人者，上窥青天，下潜黄泉，挥斥八极，神气不变。"在《达生》篇，孔子赞承蜩者说："用志不分，乃凝于神。"二者所指都是一种心志专注、精神凝聚的心理状态。正因为承蜩者的心神已臻此境，所以他才能粘蝉若拾。心神与技艺之间的这种对应性关联，斫轮者将其表述为"不徐不疾，得之于手而应于心"（《天道》）；用承蜩者的话说则是："吾不反不侧，不以万物易蜩之翼，何为而不得！"（《达生》）

事实上，在《庄子》中，凝神之人不仅有承蜩者、施射者等巧匠，其显发也不仅仅表现为巧匠高超的身体技艺，更有尘世之外的"神人"。《逍遥游》篇："藐姑射之山，有神人居焉……其神凝，使物不疵疠而年谷熟。"王夫之非常重视此中所谓"其神凝"，认为此三字乃是"一部《南华》大旨"（《庄子解·逍遥游》）。这里有一个令人费解而又极为关键的问题：何以"神人"凝神即可使谷物免灾丰熟？对此，古今学者皆语焉不明。事实上，如果我们能撇开哲学的进路，借由人类学的视角，着眼于庄子思想与巫文化的关联，问题即可迎刃而解。

从人类学和巫文化的角度看，藐姑射之山的"神人"凝神而使谷物免灾丰熟，实际是一种以万物有神为信仰、以获取充足食物为目标，通过直接调用超自然力来支配自然现象的交感巫术，而庄子所说的"神人"则可能是山神或巫者的化身。[1] 也正因此，澳大利亚学者文青云说，"几乎没有疑问，庄子是采用'巫'（萨满）的特征来描绘他的神人"，因为"控制自然要素"的这种能力"在古代中国被认为是'巫'的特殊技能，如同

---

[1] 参见［英］J. G. 弗雷泽《金枝》，第15—16、64页；胡新生《中国古代巫术》，第27—30页；朱任飞《〈庄子〉神话的破译与解析》，李炳海"序"第7—8页。

在世界其他地方被认为是萨满的特殊技能一样"。①

在此问题上，卡西尔对于凝神在巫术活动中之重要意义的精详分析尤其值得我们重视。他首先引述英国人类学家马林诺夫斯基的观点说，在原始人类的那些高难度、结果不确定乃至具有危险性的工作中，"总是会出现一套高度发展了的巫术以及与此相关的神话"。对此，卡西尔的解释是，这是因为与此类工作相配套的巫术礼仪，可以给工作者"一种新的他自己的力量感——他的意志力和他的活力"。卡西尔接着分析说：

> 人靠着巫术所赢得的乃是他的一切努力的最高度凝聚，而在其它的普通场合这些努力是分散的或松弛的。正是巫术本身的技术要求这样紧张的凝聚。每一种巫术技术都要求最高度的注意力……即使它（巫术）不能达到意欲的实际目的，即使它不能实现人的希求，它也教会了人相信他自己的力量——把他自己看成是这样一个存在物：他不必只是服从于自然的力量，而是能够凭着精神的能力去调节和控制自然力。②

这样看来，庄子笔下巧匠的凝神也就不能被简单归结为其劳作活动必备的心智素养，毋宁说，这是一种类似于巫术活动中巫者之所能的心术，而巧匠的超凡技艺及其最终的惊人创制则可谓由此心术导致的巫术效应。③

在庄子，凝神即心有所"守"。"守"不仅适用于施射者、承蜩者，而且适用于庄子笔下的所有匠人巧者。例如，捶钩者说："臣有守也。臣之年二十而好捶钩，于物无视也，非钩无察也。"（《知北游》）与"守"相对的是"忘"。④"忘"首先要闭敛感官、独任心神，如庖丁所说："臣

---

① ［澳］文青云：《岩穴之士：中国早期隐逸传统》，徐克谦译，第48页。
② ［德］恩斯特·卡西尔：《人论》，第118—119页。
③ 《达生》："梓庆削木为鐻，鐻成，见者惊犹鬼神。"
④ "守"和"忘"是庄子哲学的重要概念，这里仅看几个内篇用例，《德充符》："命物之化而守其宗"；《大宗师》："已外天下矣，吾又守之，七日而后能外物；已外物矣，吾又守之，九日而后能外生"，"回坐忘矣"。

第一章　庄子与巫文化：从"人神合一"到"自我神化"

以神遇而不以目视，官知止而神欲行"（《养生主》）。至于所"忘"者，工倕说："故其灵台一而不桎。忘足，履之适也；忘要，带之适也；忘是非，心之适也；不内变，不外从，事会之适也。"（《达生》）意思是只要"忘"即消除了内心情绪和智虑的波动以及外物干扰，让心神处于宁定之境，自然就能"旋而盖规矩"。此外，同样以"忘"为技艺诀窍的，还有《达生》篇的操舟者、《田子方》篇的施射者等。

由于心神被视为技艺的决定性因素，所以在庄子这里，原本依靠肢体器官的巧者技艺能力的训练和提高过程，有时就被径直处理成了纯粹的心神修炼过程。例如，制鐻者说：

> 臣将为鐻，未尝敢以耗气也，必斋以静心。斋三日，而不敢怀庆赏爵禄；斋五日，不敢怀非誉巧拙；斋七日，辄然忘吾有四枝形体也。当是时也，无公朝，其巧专而外滑消……器之所以疑神者，其由是与！（《达生》）

此外，在著名的"呆若木鸡"寓言中，斗鸡依次排除虚骄之气、外物干扰以及盛气的过程，同样也是一个以心神修炼取代肢体训练的典型范例。在史华慈看来，制鐻者等巧匠的心神修炼方式"类似于印度瑜伽或冥思技术"[1]。此说可谓略得庄子之要。

毋庸赘述，以上巧匠对于心神的倚重，以及他们为此所采取的抽离己身于尘俗、忘形斋心的修养方法，都类似于巫者的精神修炼之道，带有显著的巫魅色彩。而当心神内转、虚寂凝守之后，庄子又借制鐻者之口，用"以天合天"（《达生》）对巧匠的绝技予以终极解释——前一个"天"指个体的内在本性。这句话的蕴义是：技乃天成、技可通天[2]，修得绝技之

---

[1] ［美］本杰明·史华慈：《古代中国的思想世界》，第8页。
[2] 《天地》："能有所艺者，技也。技兼于事，事兼于义，义兼于德，德兼于道，道兼于天。"

93

关键在于能否以己从天，而施展绝技的过程则是上达于天、天人相合的过程。在此意义上，不妨说巧匠也就是一个借由其"见者惊犹鬼神"（《达生》）的超凡技艺而通达上天的巫者。

那么，《庄子》中究竟为何会出现这些身怀绝技且精神品性非凡的巧匠形象呢？答案或许有两种，或两种兼而有之：其一，当时社会中确实存在着这样一批职业特点和人格风貌皆近于巫者的巧匠，身在民间的庄子与他们多有接触，并为其所吸引；其二，庄子把他对于巫者的观察和理解挪移到了民间巧匠身上。从巫与工的谱系关联以及庄子本人的实际经历看①，前一种情况的可能性较大。

本章结语

本书绪论提到，雅斯贝斯认为，轴心时代首次出现了个体的自我解放和拯救意识，其重要标志是，以智者、贤哲或先知为代表，"人敢于依靠个人自身"，相信"仅仅独自一人"就能够开辟一条"超越自己"而抵达"道"、涅槃或上帝的路径。雅斯贝斯说：

> 人在理论思辨中把自己一直提高到上帝本身……他以模糊而易误解的、具体的理论思辨形式，表达了精神凌空翱翔的体验，它宛如在上帝体内的苏醒，宛如合二为一的神秘珠蚌，宛如与上帝同在。②

这种"自我神化"的个体生命信念，被张灏称为轴心时代"真正的思想创

---

① 据崔大华分析，庄子与民间工匠的接触既广泛又深入，因为其书中提到的手工劳动涉及金工、木工、陶工、漆工、屠宰、洗染、缝纫、织屦等众多种类，而他所担任的"漆园吏"则可能是兼管漆树种植和漆器制作的"吏啬夫"（《庄学研究》，第324、12—13页）。另外，《列御寇》篇说庄子"处穷闾厄巷，困窘织屦"，可见他本人就曾是一个以编草鞋为生的民间匠人。

② ［德］卡尔·雅斯贝斯：《历史的起源与目标》，第10页。

第一章　庄子与巫文化：从"人神合一"到"自我神化"

新"，其实质是一种"超越的原人意识"："所谓超越是指在现实世界之外有一个终极的真实，后者不一定意味着否定现实世界的真实，但至少代表在价值上有一凌驾其上的领域。在轴心时代，这超越意识有一内化于个人生命的趋势，以此内化为根据去认识与反思生命的意义。"在以现实之外的终极真实为指向的超越意识的观照下，以个体的内在精神为主导，自我生命被视为一个以"现实生命的缺憾"为起始背景的转换提升过程，其目标指向则是以"无限性、终极性与完美性"为期求的生命理想的实现。①

美国学者普鸣发现，《庄子》中对"人类潜在的神圣面向"有许多精妙阐述，这表明他相信"人能够以比当时的祭仪活动更加直接的方式来获得神力"②。据此以观庄子的生命哲学：虽然其中并没有彼岸性的上帝或其他神灵崇拜，抑或涅槃信仰，但个体可以依靠自己、脱出当下之我的形骸和生存样式而向上提升，以至于"自我神化"，亦即与无限、终极、完美的最高存在者相合为一的理想精神，同样表现得非常突出。

庄子生命哲学的超越向度，除了以强调道在具体事物中的落实，从而明显具有个体化取向的道论思想为形上学的支撑外，巫文化的影响亦甚巨。具体来说就是，在与日常生活律则相疏离并且内蕴着天地万物一体等神秘观念以及人类对生命自由和永恒之向往的古老神话的滋养下，庄子为个体自我构筑了一个宏富雄奇、玄远辽阔而又无比强大的内在心灵世界，一个不仅间离，更且凌驾于现实社会之上的世界，一个虽然虚无缥缈却自由完美、充满了无限可能的世界。对于微贱的个体来说，庄子构建的世界既可作为自我的精神逃遁之所，又是可借以抵抗现实社会的逼迫乃至超越整个尘垢世界而进入的圣域。在此圣域中，个体已然克服了包括生死在内的所有现实自我必然遭遇的缺憾和限制，获致超绝时空的神性生命

---

① 张灏：《世界人文传统中的轴心时代》，《幽暗意识与民主传统》，新星出版社2006年版。
② ［美］普鸣：《成神：早期中国的宇宙论、祭祀与自我神化》，张常煊、李建芸译，生活·读书·新知三联书店2020年版，第168页。

样式。

另一方面，从那些挣扎于边缘社会的民间巫者身上，庄子发掘出了一种虽堕底层但抗世自高、傲然以"天人"自许的卓越人格。在拥有这种人格的个体看来，形可离、命可安、世可弃，"天"而非"人"才是生命的终极归处，因此他绝不会把自我嵌置于现实社会生活的实质参与中，更不会倚重虚妄的政治功名来确证其生命之高伟——政治功名不仅不是生命高伟的象征，反倒是个体实现自我超越、上达于"天"而必须破除的枷锁，正如《逍遥游》篇所云："神人无功，圣人无名。"由于其心之所寄在"天"而不在"人"，所以，即便是在边缘化的生存境遇中，这样的个体也并不会感到茫然无所依；而且，面对自我生命已然遭受的种种不幸以及将来可能出现的无端祸殃，一种孤傲自持的在世勇气亦可由此焕发出来。庄子之所以肯认、称许底层生存者的人格风貌，并褒赞那些"生无爵，死无谥，实不聚，名不立"的边缘人为"大人"（《徐无鬼》）——得道者，他本人之所以拒绝楚聘而以自我边缘化的在世姿态游离于庙堂之外，又之所以并未遁世而隐，而是不避困厄艰辛，选择了民间化的现实生存方式，其内在因由，当与此有深切关联。

结合庄子的人生遭际看，其生命哲学中的"自我神化"理想实质上是个体在现实世界找不到出路、看不到意义、寻不到乐趣、无法实现自我价值的境况下，为摆脱生命的死局，转而向内主动寻求精神突围的结果，而与日常经验世界相悬隔的巫魅观念和信仰恰恰可以为其内在突围提供丰富的思想资源。换一角度看，当庄子认为任何个体都可以依靠自己的力量，脱出当下形位而化为"神人""真人""至人"或"天人""大人"之时，其实也就以特殊的方式反驳了所谓"绝地天通"的官方叙事。因为按照巫文化曾经的真实历史场景，并非只有上层的巫觋，而是人人皆可神通天地。从这个意义上说，庄子撇开了垄断化、排他化、政治化的官方宗教传统，他所承继的是日渐式微的巫文化的原始精髓。

普鸣认为，通过吸收和批判当时"那些主张人能获得神力的观念"，"庄子提出的灵智要比人所获得神灵拥有的预言能力更为高级"。对于庄子

第一章 庄子与巫文化：从"人神合一"到"自我神化"

来说，"神灵安居于得道者之中"，"神的满足有赖于对天的秩序的接受"。因此，他的神对外物没有控制力，"神人并不是变成了神的人，而是一个充分修养了自己的神，由此得以不系于物，自由徜徉，同时又能使万物（包括他自己的身形）充分实现其自然禀赋的人"。① 这种"自我神化"的生命哲学观念，可以说是庄子对巫者追求的"人神合一"的神秘信仰的扬弃。

不妨认为，没有古老巫风的深度浸染，就不会有庄子哲学超拔的自我生命意识，也不会有在中国思想史上影响深远的他对个体内在精神生活空间的创拓之功。如此一来，庄学便不成其为庄学了。

---

① ［美］普鸣：《成神：早期中国的宇宙论、祭祀与自我神化》，第170—181页。

第二章
庄子与道家：形之生灭，神之逍遥

按照关永中的分析，庄子的神秘主义思想同时具有四种成分：（1）以个体与宇宙万物冥合为目标的自然论神秘主义；（2）以超越现象界而与绝对本体相合为目标的一元论神秘主义；（3）以个体与其所信奉的至上之主合一为目标的有神论神秘主义；（4）民间宗教中，以与某一个别神明相合为目标的巫祝论神秘主义。庄子"高深的神秘哲学"是对这四者"更深层、更阔大的综合"。[①] 基于上章的分析，在笔者看来，巫祝论神秘主义虽然在庄子的生命哲学中留有深刻的遗痕，但庄子却之所以能够超离巫祝的神秘主义实践，并且净化其欲与之相合而游的"造物者"在有神论意义上的神性位格，最终达致对上述四种神秘主义的哲理化整合，根本原因无疑应归结为他的道论思想。反过来说，如果不以理性化的道论思想为基底，庄子不可能走出巫文化的灵魅丛林。

本章所要讨论的问题是：包括道论思想在内，庄子从此前以及与他大致处于同一时代的道家学者那里，汲取了哪些理论资源？另一方面，相较于这些人物，在先秦道家学脉中，庄学的个体生命精神又具有哪些超异之处？

[①] 关永中：《上与造物者游——与庄子对谈神秘主义》，《台湾大学哲学评论》1999年第22期。

第二章　庄子与道家：形之生灭，神之逍遥

第一节　道家学脉中的庄子

道家学派由老子创宗于春秋末期，至战国而大盛，但"道家"之名却始见于汉初。《史记》：

> 孝文好道家之学。（《礼书》）
> 道家之言"当断不断，反受其乱"……。（《齐悼惠王世家》）
> 陈平曰："我多阴谋，是道家之所禁。"（《陈丞相世家》）
> 或曰老莱子亦楚人也，著书十五篇，言道家之用。（《老子韩非列传》）
> 魏其、武安、赵绾、王臧等务隆推儒术，贬道家言。（《魏其武安侯列传》）
> 道家使人精神专一……道家无为，又曰无不为。（《太史公自序》）。

此外，《汉书·艺文志》：

> 道家者流，盖出于史官，历记成败存亡祸福古今之道，然后知秉要执本，清虚以自守，卑弱以自持，此君人南面之术也。

从思想内容看，《史记》《汉书》所谓"道家"皆主要是指汉人理解的兼采儒墨名法等学派之善，以现实政治为指向、以人主之"治身与治国"为"一理之术"[①]的黄老道家、黄老学，或司马谈所谓"道德家"[②]，因此不

[①] 《吕氏春秋·审分》："夫治身与治国，一理之术也。"
[②] 李申、柳存仁对汉初所称"道家"之名号与实指亦有细辨，详可参见李申《道教本论（黄老、道家即道教论）》，上海文化出版社2001年版，第1—3页；柳存仁《道家与道术——和风堂文集续编》，上海古籍出版社1999年版，第2—5页。

能用来统括先秦道家思想完整真实的复杂面相。更且,汉志以道家出于史官,这种笼泛一概之论尤为不妥。

针对汉志之论,傅斯年指出,"道家有出于史官者,有全不相干者"①。着眼于社会群体的角度,萧萐父认为,道家思想的根源有二:"史官的文化背景"和"隐者的社会实践","前者是指其思想理论渊源,后者指其依存的社会基础"。② 从早期道家学者的构成来看,隐士居多,老莱子、杨朱、列子、庄子以及黔娄子、鹖冠子③等皆可归入此类,而作为创宗者的老子虽先为"周守藏室之史"(《史记·老子列传》),但毕竟最终去周,与关尹一道做了世人莫知其所终的"隐君子"。据此可以认为,虽然道家学派由老子开创,所以具有史官的文化背景,但由于早期道家人物多出自隐士,因此作为边缘者的言说,其思想理论以及内中蕴含的价值取向必然带有显著的隐士特色,而无论这些隐士各自关注什么具体问题,对现实政治又分别抱有何种情怀。正是因为这一点,冯友兰直以隐士为道家之"前驱"④,而陈荣捷在有关道家思想起源问题的各种观点中,虽然力排众见,仅是审慎认为"道家成于老子",但对于隐士为道家先河之说,亦以为"未尝不可"。⑤

道家在先秦各学派中虽创立较早,但其内部情况却与同时期的儒家、墨家大为不同。傅斯年指出,战国诸子"止有儒墨为有组织之宗派,其余虽多同声相应、同气相求者,然大体是自成一家之言",甚或"人人自成一家",所谓道家亦是如此。⑥ 同时我们还应看到,道家的特殊性更在于,

---

① 《傅斯年全集》第二卷,第 261 页。
② 萧萐父:《道家·隐者·思想异端》,《江西社会科学》1989 年第 6 期。
③ 据《汉书·艺文志》,黔娄子为"齐隐士,守道不诎",鹖冠子为"楚人,居深山,以鹖为冠"。
④ 冯友兰:《中国哲学史新编》上册,第 271 页。
⑤ 参见陈荣捷《中国哲学论集》,"中央研究院"中国文哲研究所 1994 年版,第 166—171 页。
⑥ 《傅斯年全集》第二卷,第 262—263 页。

第二章　庄子与道家：形之生灭，神之逍遥

由于其早期人物多是分散旷居的隐士，且他们原先的身份背景、隐居原因、志趣追求多有不同，所以在这一被后世统称为"道家"的学术群体中，除少数情况或在一些支派内部，不同学者的思想之间应当不像组织化的儒家和墨家那样，存在着系统谨严的先后师承关系。例如杨朱和列子，我们便不知道其学出于何门，因此不应简单认为二者思想是对老子之学的继承和发展，而只能说其间存在着可通之处。另外，《庄子·天下》篇的作者在述评各家学术时，也是把老子、庄子以及几位稷下学者分列，并认为他们的思想概皆上承自"古之道术"，而没有像后世那样，径直指认庄出自老。针对这种情况，陈荣捷说，战国道家"没有结合，也没有领袖，他们的思想纵横发展，没有一定的传授"[①]。王葆玹也认为，"先秦没有统一的道家"，标以"道家"之名的学派集合在当时尚未形成。[②]

在此情形下，一方面，道家学者群体表现出了较为多元化的思想理论取向；另一方面，作为一个不同于儒、墨的学派，先秦"道家"之所以能够实际成立，盖因为属于此"家"的学者在本体论层面皆以道为至上存在，在政治哲学层面皆强调圣人无为、百姓自然，在生命哲学上皆重视个体形神的养护，工夫论上皆主张致虚守静。[③] 只要守住这几条基本的思想原则，不同学者尽可以旁征博取，各自发抒，自得其趣，前世或当时其他道家人物的理论主张至多构成其学其思的重要资源，而绝非唯一凭依。《四库全书总目提要》云："百氏争鸣，九流并列，各尊所闻，各行所知，自老、庄以下，均自为一家之言。读其文者，取其博辨闳肆足矣，安能限以一格哉！"（卷一百十七）对于"其学无所不窥"的庄子的思想，更应作如是观。

不过话又说回来了，庄子毕竟属于道家，且是道家学者群体中的巨

[①] 陈荣捷：《中国哲学论集》，第165页。
[②] 王葆玹：《老庄学新探》，第11页。
[③] 陈荣捷对道家学派思想纲领的概括是：自然无名之"道"是万物之本源及其运行途径，"个人的理想生命、社会的理想秩序，以及政府的理想状态，都要奠基在它上面，并且接受它的引导"。（《中国哲学文献选编》，江苏教育出版社2006年版，第137页）

庄子哲学精神的渊源与酿生

人，如果将其放在先秦道家学派的发展演变脉络中，可能影响其学的道家人物和思想资源又有哪些呢？

据《汉书·艺文志》，汉初所存道书共37家，合计993篇——据李零统计，实际只有801篇。① 撇开那些在今天看来显然不属道家的文献（如《伊尹》《太公》等）、虽其人先于庄子但其书却实为后人伪托的文献（如《文子》《鹖子》等），以及那些明显成书于庄子之后的文献（如《黄帝君臣》《郎中婴齐》等），同时结合《庄子》书中的记述来看，实际对庄子思想产生不同程度之影响的，大概只有先于庄子的老子和关尹、列子，以及可能与庄子同世的部分稷下学者的学说。

此外，杨朱虽未见有书传世，但鉴于其"为我"或"贵己"的思想主张在当时影响颇大，所谓"杨朱、墨翟之言盈天下，天下之言不归杨，则归墨"（《孟子·滕文公下》），并且杨朱的思想主张与庄子之学无论在生命哲学还是在政治哲学层面上皆有相通之处，《庄子》中对其亦多次提及②，所以笔者认为，杨朱之学应当也是庄子所面对的重要理论资源，虽然他对杨朱多出贬斥之词。

事实上，对于由老子、列子、杨朱而辗转至于庄子这一道家学脉，宋儒早已点破。例如，苏轼在《韩非论》一文中板起面孔说：

> 昔周之衰，有老聃、庄周、列御寇之徒，更为虚无淡泊之言，而治其猖狂浮游之说……。

力排佛老"二氏"的朱熹说：

---

① 参见李零《兰台万卷：读〈汉书·艺文志〉》，生活·读书·新知三联书店2011年版，第217页。对汉志所列"道家"书的更细致辨析，可参见[日]池田知久《道家思想的新研究——以〈庄子〉为中心》上册，王启发、曹峰译，中州古籍出版社2009年版，第26—29页。

② 除《骈拇》《胠箧》等篇外，《徐无鬼》篇："庄子曰：'然则儒、墨、杨、秉四，与夫子为五，果孰是邪？'"

第二章　庄子与道家：形之生灭，神之逍遥

及世之衰乱，方外之士厌一世之纷拏，畏一身之祸害，耽空寂以求全身于乱世而已。及老子倡其端，而列御寇、庄周、杨朱之徒和之。孟子曾辟之以无父无君，比之禽兽。（《朱子语类》卷一百二十五）

老子说他一个道理甚缜密。老子之后有列子，亦未甚至大段不好。……列子后有庄子，庄子模仿列子，殊无道理。（《朱子语类》卷一百二十六）

明清之际，王夫之在批评道家对后世的流害时说：

唯夫为善不力，为恶不力，漠然于身，漠然于天下，优游淌瀁而夷然自适者，则果不仁也……。追原祸始，唯聃、朱、庄、列"守雌""缘督"之教是信，以为仁之贼也。①

萧公权曾把先秦剧变中诸子各学派的政治态度分为三类：其一，留恋并试图维持或恢复"将逝之旧制度"，例如儒家；其二，承认现状或"迎合未来之新趋势而为之张目"，例如法家；其三，"对于一切新旧之制度均感厌恶，而偏重个人之自足与自适"，"道家之老庄及一切'为我'之思想家，独善之隐君子"，皆属此类。② 而在日本学者池田知久概括出的四条道家哲学要义中，排在第一位的便是以杨朱之"为我"主张为代表的"重视生命、身体的思想"③。用胸怀家国天下的儒家正统眼光来看，老子及其追随者无疑都是放弃道义担当、避世以求自保的自私之徒，所谓"不仕无义"，"欲洁其身，而乱大伦"（《论语·微子》）。

---

① （清）王夫之：《读通鉴论》，中华书局1975年版，第543页。
② 萧公权：《中国政治思想史》第一册，第19页。
③ ［日］池田知久：《道家思想的新研究——以〈庄子〉为中心》上册，第136—139页。王尔敏认为，战国时期道家的"最大特色是政治思想之外更重视个人"，虽然其相关学说颇为驳杂，但"爱护身体，最为优先"（《先民的智慧：中国古代天人合一的经验》，广西师范大学出版社2008年版，第186页）。

秉持儒家的道统意识，虽然苏轼、朱熹、王夫之对老子之流的批判显失公允，但他们主观构建的"异端道统"却从相反的角度表明：由老子、列子、杨朱而至于庄子，其间存在着一脉贯通的生命哲学和政治哲学之精神，即重视个体生命的自我养护、重视民众的自然自为。借用冯友兰的话说，"'为我'是贯穿于各派的道家的一个重要思想"，而庄子哲学则是对以此为主题的道家隐士思想的总结。①

第二节　庄子与老子：从"以道莅天下"到"乘道德而浮游"

一　"老庄"、"庄老"及"老自老，庄自庄"

在中国思想史上，"老庄"几乎就是"道家"的代名词。从文献资料看，老与庄并举始自汉代，其首例见于《淮南子·要略》："《道应》者……考验乎老庄之术，而以合得失之势者也。"此后，《汉书》："嗣虽修儒学，然贵老严（庄）之术"（《叙传》）；"（严遵）闭肆下帘而授《老子》，博览亡不通，依老子、庄周之指著书十余万言"（《王贡两龚鲍传》）。又，《后汉书》："所以然者，生贵于天下也。今以曲俗咫尺之羞，灭无赀之躯，殆非老庄所谓也。"（《马融传》）

汉代并称"老庄"现象所蕴含的思想史意味是：在汉人看来，老庄一系、庄出于老，庄子之学是对老子思想的继承和发挥，正如司马迁所说：庄子虽无所不窥，"然其要本归于老子之言"，其著书之目的则在于"明老子之术"。附带说一句：对道家思想颇为认同的司马迁虽未明确并称"老庄"，但他把庄子传记置于老子之后，并将庄子之学归宗于老子，实质上等于认同《淮南子》提出的"老庄"之称。

汉以后，虽然庄子于魏晋之世的影响曾一度超过老子，"庄老"一词也曾

---

① 冯友兰：《中国哲学史新编》上册，第278、433—436页。

取代"老庄"而流行于此一时期的部分士群中,但从整个中国思想史来看,以"老庄"指称道家、以庄子之学出于老子却始终占主流地位。明陆西星云:

> 《南华经》分明是《道德经》注疏,欲读《南华》,先须读《道德经》,大要识其立言宗旨。(《南华真经副墨·读南华真经杂说》)

明末僧人释德清亦云:

> 《庄子》一书,乃《老子》之注疏。予尝谓老子之有庄,犹孔之有孟。若彻悟老子之道后观此书,全从彼中变化出来。(《庄子内篇注》卷一)

笔者认为,这两段话皆出自对《老》《庄》二书的个人体贴,虽极欠谨严,但确乎代表了绝大多数古代学者在老子和庄子思想之关系问题上的习见。

历史地看,始见于汉初的"老庄"与后世又出现的"庄老",虽大致都是道家的代称,因此两个词并无实质性的差异①,但如果细加检视即可发现,其具体涵义仍有所不同。池田知久认为,汉初《淮南子》的作者之所以提出"老庄"一词,"大概不仅表示要将道家系统各种思想的全部以老子和庄子为中心来把握的姿态",也是对时人多以政治性的"黄老"一词统称道家思想的一个异议,因为"老庄"虽然"不是没有政治思想的要素,但是不如说是具有哲学、形而上学和伦理思想特征"。② 冯友兰则认为,汉人以"老庄"指称的所谓"道家","实即老学也"。③ 而异乎汉代所称之"老庄",魏晋时期一度流行的"庄老"一词,其思想实质则是庄学而非老学。简言之,汉人所称"老庄"之重心在老,魏晋所称"庄老"之重心在庄。

---

① 古代学者往往不考虑老、庄的排序先后以及"老庄"与"庄老"的涵义差别,而是笼统地用这两个词指称道家,例如王夫之。(参见邓联合、徐强《文本·语境·心态:王船山的老庄异同论》,《周易研究》2014年第5期)
② [日]池田知久:《道家思想的新研究——以〈庄子〉为中心》上册,第109页。
③ 冯友兰:《中国哲学史》上册,第216页。

严格说来，后世承汉人之例，仍然将老与庄并举混称，且以此指称道家①，这在很大程度上疏略了二者思想的本质差别，更严重遮蔽了庄子哲学尤其是生命哲学的独异风神。概要而言，老与庄的本质差别是：老子思想之根本指向在于现实社会的治理，其言说中心是有国者或主政者，其所谓得道之"我""圣人""有道者"均实指循自然无为之则治国理政的圣王明主，而非普通个体，与"我"相对的"万物"在社会领域中则多指百姓或人民②，其理想目标是得道之圣主"以道莅天下"（《老子》第六十章）；庄子的言说中心恰恰是统治者逼压下的普通个体，其思想大旨是险恶时世中个体生命的存养和精神超越之道，其所谓"吾""圣人""至人""真人"等"有道者"多为个体生命的理想化身，而与"吾"相对的"物"则常指自我所欲疏离的包括庙堂政治在内的污浊生活世界，其理想目标是个体自我可以脱出"尘垢"之世，"乘道德而浮游"（《山木》）。

关于庄子与老子思想之总体旨趣的不同，学者已多有述及。例如，在对待现世政治生活的态度问题上，朱熹说：

> 老子犹要做事在。庄子都不要做了，又却说道他会做，只是不肯做。（《朱子语类》卷一百二十五）

近乎此，康有为云："庄子智极，心热极，特不欲办事。"③ 章太炎说："老子多政治语，庄子无之；庄子多超人语，老子则罕言。"④ 陈荣捷认

---

① 马鹏翔认为，以庄学为思想实质的"庄老"一词在魏晋时期的广泛流行，表明此时庄学大盛，其影响超过了老学；隋唐之后，世人指称道家仍惯用"老庄"，"庄老"一词则稀用（《从"老庄"到"庄老"——略论魏晋时期庄学的兴起》，硕士学位论文，北京大学，2003年，第6—7页）。
② 王博：《老子思想的史官特色》，台北：文津出版社1993年版，第94页。
③ 康有为撰，姜义华、吴根梁编校：《康有为全集》第二集，第366页。
④ 章太炎：《章太炎先生国学讲演录》，南京大学中文系古典文学教研室、南京大学学报编辑部1987年编印，第166页。

第二章　庄子与道家：形之生灭，神之逍遥

为：“老子意在改革，庄子却宁愿'游方之外'。"进一步，关于老子思想的"政治性"，他又说，"老子哲学不是对隐士说的，而是为圣王而发的"；①王博亦认为，"老子的思考确是以侯王为中心，为之提供治道的"②。傅斯年更云："五千言所谈者，大略两端：一道术，二权谋。此两者实亦一事，道术即是权谋之扩充，权谋亦即道术之实用"，"老、庄根本有别"。③ 关于庄子思想的"非政治性"，如前所引，刘泽华说，在所有的先秦诸子著述中，唯有《庄子》一书不是"为了'干世主'而作的"④。至于老庄流风之所及，正如汉志所云，由老子思想，确乎可转换出某种"君人南面之术"⑤，虽然这种离"道"言"术"的转换并不完全合乎其本愿；由庄子思想，即使学者试图从中引出某种政治理念，这种理念亦多是无治主义或"自由主义"的，晋人鲍敬言《无君论》所受庄子影响的显著痕迹、近人刘师培对庄子之"无政府主义"思想的阐发和辩护、严复指认庄子的政治思想与卢梭相合，皆是其例。⑥

---

① 陈荣捷编著：《中国哲学文献选编》，第164、138页。
② 王博：《老子思想的史官特色》，第93页。
③ 《傅斯年全集》第二卷，第286、290页。又，王叔岷指出，"老子偏重外王，乃属君人南面之术"，庄子则鄙弃"外王"，而偏重以道治身（尤其是精神）的"内圣之修养"（《先秦道法思想讲稿》，第125页）。柳存仁认为，道家的道术包括"静的方面和动的方面"，《老子》五千言"动静兼顾"，其发之于兵政之事则为动，而《庄子》则"只能代表道家在静的方面"（《道家与道术——和风堂文集续编》，第15、22页）。这也就是说，庄子之学不关乎"兵政之事"。
④ 刘泽华、汪茂和、王兰仲：《专制权力与中国社会》，第219页。
⑤ 例如，《淮南子》之《道应训》篇和《韩非子》之《解老》《喻老》两篇。傅斯年认为，"《解老》《喻老》两篇所释者，诚《老子》之本旨……皆最善释老者"，同时也是"得《老子》书早年面目者"（《傅斯年全集》第二卷，第286、290页）。此外，张舜徽在其《老子疏证》（收入《周秦道论发微》，中华书局1982年版）中，更把老子的无为思想完全解释成一种"君人南面术"（参见熊铁基、刘韶军、刘筱红、吴琦、刘固盛：《二十世纪中国老学》，福建人民出版社2002年版，第385—391页）。
⑥ 参见李妙根编选《国粹与西化——刘师培文选》，上海远东出版社1996年版，第22—23页；邓联合《"逍遥游"释论——庄子的哲学精神及其多元流变》，第421—422页。

另外，从宋以后儒家对老与庄的不同态度——绝大多数儒者斥老为流害深重的机险之徒、"洪水猛兽"，而庄子却常常能够获得儒学阵营的"同情理解"或积极评价，甚至还曾被强拽入孔门①，我们亦可推知老庄思想之趣当有大异。

综上，我们不妨用冯友兰的话来总括老庄思想大旨之别，即，"老学述应世之方，庄学则超人事而上之"，汉以来世人虽并称"老庄"，"实则老自老，庄自庄也"。②

关于老庄的思想关联以及二者之差别，古代学者最有识见者，非王夫之莫属。其《庄子解·天下》对此有精彩论述：

> 庄子之学，初亦沿于老子，而"朝彻""见独"以后，寂寞变化，皆通于一，而两行无碍：其妙可怀也，而不可与众论论是非也；毕罗万物，而无不可逍遥；故又自立一宗，而与老子有异焉。老子知雄而守雌，知白而守黑……是以机而制天人者也。……若庄子之两行，则进不见有雄白，退不屈为雌黑……尝探得其所自悟，盖得之于浑天。……关尹之"形物自著"，老子之"以深为根，以物为纪"，皆其所不事……其高过于老氏，而不启天下险侧之机，故申、韩、孙、吴皆不得窃，不至如老氏之流害于后世……。

王夫之的褒庄贬老，以及他对二者思想的不同阐说，固是基于儒家正统观念，特别是基于他对宋儒张载思想的尊崇和领受③，因此未必尽当，但其所谓庄学虽初沿于老，却终自得于"浑天"，以致"自立一宗"而"与老

---

① 例如，明杨慎《庄子解》："庄生之言，亦孔门家法也。"清姚鼐《庄子章义序目》："韩退之谓庄周之学出于子夏，殆其然与！"（谢祥皓、李思乐辑校：《庄子序跋论评辑要》，第267、166页）

② 冯友兰：《中国哲学史》上册，第216页。

③ 参见陈来《诠释与重建——王船山的哲学精神》，北京大学出版社2004年版，第14—15页；邓联合《"逍遥游"释论——庄子的哲学精神及其多元流变》，第375—376页。

子有异",确堪称独具法眼之见。这段话向我们揭示出:庄子之所以"自立一宗",乃是基于他对"浑天"的"自悟"①,而作为道家前驱的老子之学只是其由以出发的理论背景或可以取用的思想资源之一,庄子之学不仅具有迥异于老子的精神旨趣,而且最终超越了老子。

一些现代学者也持类似的看法。例如陈荣捷认为,庄子是"道家纯粹思想"的继承开展者,"道家的思想到了庄子才达到高峰。他的根本虽然在乎老子",但其思想的"纯而远大"却"比老子而过之"。② 陈荣捷还提醒我们,"将老子与庄子紧密连接在一起,固然有误,但我们也应牢记在心:庄子确实将道家思想带到了一个新的高度"③。王叔岷则说:"庄子之学,实不为老子所限,其思想实较老子深远,亦可谓较老子空灵超脱。老子之思想,虽甚圆融,颇类平圆,庄子则是浑圆。"④

可与此相发明者,《庄子·天下》篇的作者对老子的评价是:"虽未至于极⑤,关尹、老聃乎,古之博大真人哉!"相比于此前之墨子以及宋钘、尹文、田骈等稷下学者,作者对老子的这个评价虽已很高,但显然仍有所保留("未至于极")。⑥ 而接下来,作者对庄子之学却极尽褒扬之词,即所谓"其理不竭,其来不蜕,芒乎昧乎,未之尽者"。意思是庄子之学绵远无穷,合于大道,深邃玄渺,难以言尽。无疑,作者认为庄高于老,可谓已臻"至极"。

---

① 参见邓联合《论王船山〈庄子解〉的"浑天"说》,《文史哲》2020 年第 6 期。
② 陈荣捷:《中国哲学论集》,第 234 页。
③ 陈荣捷编著:《中国哲学文献选编》,第 164 页。
④ 王叔岷:《先秦道法思想讲稿》,第 125—126 页。
⑤ 此句引自日本高山寺所藏《庄子》古本,今本作"可谓至极"。有学者认为,以"虽未至于极"评价老子,与道家思想相抵牾(参见方勇、陆永品《庄子诠评》下册,巴蜀书社 2007 年版,第 1081 页)。
⑥ 在《天下》篇对关尹、老子之学的述评后,王夫之注:"……空虚则自不毁物,而于天均之运有未逮也。故赞之曰真人,意其未至于天。"(《庄子解·天下》)可见王夫之也认为《天下》篇对老子的评价有所保留。

二 巫史传统与庄老思想背景之亲缘

据詹剑锋统计,《庄子》全书称引老子有十九处,其中尤其提到"周之征藏史有老聃者,免而归居"(《天道》),"孔子行年五十有一而不闻道,乃南之沛见老聃"(《天运》),"老聃死,秦失吊之"(《养生主》)等老子事迹,非常值得重视。根据这些记述,同时结合其他史料,不少学者推断,老子为陈人,仕于周而为史官,后辞官或被免职而隐居讲学于故乡;归隐期间,曾出游至沛、秦以及其他地区,最后可能死于陈或秦国,其思想在楚灭陈之前已经形成;历史上传说的孔老相会之事,其中一次可能就发生在陈国或他曾出游的沛。[①]

庄子为宋人,其地近陈。据此或可说,庄子之所以熟知老子之事,且深受老子之学的影响,《庄子》书中甚至可能还存在着一些"但为老子作训诂"的作品[②],固然是因为庄子学识渊博、"无所不窥"且认同老子某些思想的缘故,另一方面,大概也是由于陈宋两国地理上接近,老子的事迹和学说在其时其地有所流传,庄子对此应比较熟悉。[③] 更为重要的是,庄子之所

[①] 参见詹剑锋《老子其人其书及其道论》,华中师范大学出版社2006年版,第30—35页;王博《老子思想的史官特色》,第14—20页;张松辉《老子研究》,人民出版社2006年版,第69—74页;陈鼓应、白奚《老子评传》,南京大学出版社2001年版,第10—11、79—83页;王葆玹《老庄学新探》,第45—49页;杨义《老子还原》,第19—20页;许抗生《老子评传——中国第一位伟大的哲学家》,广西教育出版社1996年版,第4—12页。

[②] 王夫之《庄子解·外篇总序》认为,"内篇虽与老子相近,而别为一宗","外篇则但为老子作训诂,而不能探化理于玄微,故其可与内篇相发明者,十之二三",至于《马蹄》《胠箧》《在宥》《天道》等篇,则皆因老子之言而演之。

[③] 另据孙以楷考证,老子不是陈人,而应是宋之相人,其先祖是世为史官的殷之遗民老氏;邵炳军也认为老子是宋之相人,但以宋戴公为其先祖(参见孙以楷《老子通论》,安徽大学出版社2004年版,第19—22、27—29页;邵炳军《老子先祖宋戴公暨老子宋相人说发微》,《诸子学刊》第一辑,上海古籍出版社2007年版)。若老子果真是宋人——且不论其先祖究竟为何者,那么,不仅庄子可以更近便地知悉老子之学及其事迹,而且二者思想由以生成的地域文化背景(商宋文化)也就完全一致了。

以倾心于老子，乃是因为二者思想更为原初的渊源和视域存在着契合之处。

萧公权曾依据胡适《说儒》一文①所谓道儒墨同属殷文化系统，而老子是殷遗民"儒"术之正宗的说法，认为庄子之所以像老子一样，也思想消极、精神悲观，对周政采取不合作的态度，宁愿"以逊退宁静之方为个人自全自得之术"，是因为庄子生活于殷民环境中，甚或其本人就是殷民。换言之，老庄思想"殆有殷文化之背景"，二者的消极悲观"亦正与亡国遗民愤世之心理相合"。②以老子为"殷儒"或"正统老儒"显系胡适的误判，冯友兰、郭沫若、钱穆、杨向奎等学者对其《说儒》一文已多有辩驳。③就本章所讨论的问题而言，笔者认为，老子和庄子思想由以生成的文化背景确有重合或共同之处，但此背景却并非殷文化，而当是巫文化。这一点，还要从老子生平中与巫文化密切相关的两个重要事实说起：其一，老子是陈人，且归隐后可能又居于陈；其二，老子出仕为周之史官。

关于陈地巫风之浓厚，上章已有讨论，此不赘述。关于史官，陈梦家指出："'祝史''巫史'皆是巫也，而史亦巫也。"④陈来更具体说，"史官最早是神职性的职官，主理祭祀，亦掌星历卜筮，并为记事之官"，"西周初，祝、宗、卜、史并称，而且，殷商西周以来的'史'在职能上与祝、宗、卜往往互通或兼任"。⑤正因为职事近通，故巫与史常并称。⑥古代的巫、史皆为世袭之官，至于老子所担任的"征藏史"或"藏室史"，据王博考证，虽然此二官称不见于《周礼》《礼记》等先秦文献，但其所

---

① 参见《胡适文集》第五册，北京大学出版社1998年版。
② 萧公权：《中国政治思想史》第一册，第22、42、152页。
③ 参见陈来《古代宗教与伦理——儒家思想的根源》，第333—338页。
④ 陈梦家：《商代的神话与巫术》。
⑤ 陈来：《古代思想文化的世界——春秋时代的宗教、伦理与社会思想》，第75页。
⑥ 例如，《周易·巽》九二："用史巫纷若"；《国语·楚语下》："家为巫史"；《马王堆帛书·易传·要》："吾与史巫同涂而殊归者也。"

执掌之事却不能脱出太史和内史的范围①，故郑玄以老子为太史之说有一定道理。而根据赖长扬、刘翔的归纳，太史之职的执掌范围大致包括如下几方面：掌阴阳天时、礼法，参与各种仪式；掌文字；箴王阙，备顾问；为王使；时或与内史共同参与处理田邑交换之事；掌族谱氏族资料；掌书史、保存文献档案。在此归纳的基础上，王博又依据《周礼》的相关记述，把太史执掌之所涉范围简要概括为五个方面：（1）天文历法②；（2）礼制；（3）记录历史并藏书；（4）卜筮；（5）祭祀及军事等活动。③在此五个方面中，天文历法、礼、卜筮、祭祀这四项显然原为巫的职能，皆属于广义的巫文化范畴。

由上可见，无论老子生长于斯、隐居于斯的陈国的浓厚巫风，还是他所担任的史官，皆具有巫文化的特质。党晴梵认为，"'巫'为中国文化的先行者"，儒墨道三家皆以巫文化为其"理论的出发点"，而老子所承受的则是"'大巫'（史巫）的知识"。④ 实际上，不唯"史巫"之职事，陈地巫风对老子思想的熏陶和塑造亦不容忽略。另外，传说老子曾师常枞（从）或商容或容成公（氏），而从有关文献看，无论这三人中的哪一个，皆具有巫的身份特征：常枞可能是负责观测天文星气之官；商容据说是典乐（礼）之官；容成公则擅长养气房中之术，饶宗颐还认为他执掌先王策府，亦即掌守藏室，"传容成公为老子师一说，亦非完全无稽"⑤。若传说有据，老子果真以三者之一为师，同时再考虑到古时巫史之官的家族世袭性，那么他与巫的关联就更为直接，从而其思想的巫文化背景也就更为丰

---

① 丁波认为，早在商代，史官已初步形成太史和内史的系统，他们作为神职之官，最初主要分布于宗教祭祀领域，后来随着国家事务的扩展，又逐步具有了执掌祭仪、天文等职能（《商代的巫与史官》，《中国社会科学院研究生院学报》2004年第3期）。
② 可为佐证者，《国语·周语》："吾非瞽、史，焉知天道？"
③ 参见王博《老子思想的史官特色》，第19—20、32页。
④ 党晴梵：《先秦思想史论略》，第25页。
⑤ 参见饶宗颐《（传老子师）容成遗说钩沉——先老学初探》，《饶宗颐二十世纪学术文集》第七册五卷《宗教学》，台北：新文丰出版股份有限公司2003年版；张松辉《老子研究》，第47—51页。

富、深刻了。

可以肯定的是：巫文化对老子思想产生了重要影响。在一些学者看来，这种影响甚至是彻入骨髓、全方位的。例如，《老子》书中"谷神不死……""视而不见，名曰夷……""惚兮恍兮……""窈兮冥兮……"云云，很可能源出自神秘的巫术礼仪的原始场景。再如，"无"是老子思想的重要概念——后世甚至有学者认为它是"道"的别称，而"无"即"無"，其与巫者借以降神之"舞"大有关系：在巫舞中，神灵降临，却又视之不见、听之无声，所以"无"（無）也许原本是指巫舞中出现的那若有若无、似无还有的神灵。此外，《老子》所谓"不窥牖，见天道""为道日损""塞其兑，闭其门，……和其光，同其尘"云云，这些在现代理性主义视域中颇不可解的说法，如果我们将其还原为高深莫测的巫术智慧和神秘体验，所有的疑惑也许即可释然。一言以蔽之，老子思想脱胎于上古的巫史传统。

笔者认为，总体来看，老子思想的巫魅性主要表现为三方面。其一是关于道的神秘言说，例如：

> 无名，天地之始；有名，万物之母。……此两者同出而异名，同谓之玄。玄之又玄，众妙之门。（第一章）
>
> 渊兮，似万物之宗。……湛兮，似或存。吾不知谁之子，象帝之先。（第四章）
>
> 谷神不死，是谓玄牝。玄牝之门，是谓天地根。（第六章）
>
> 视之不见，名曰夷……复归于无物。是谓无状之状，无物之象，是谓惚恍。（第十四章）
>
> 道之为物，惟恍惟惚……。（第二十一章）
>
> 有物混成，先天地生。寂兮寥兮，独立不改……吾不知其名，字之曰道。（第二十五章）

根据这类描述，学者对老子所谓道之渊源的追溯主要有五：（1）道可能源于巫术礼仪或宗教体验，因为"巫""無""舞"三者一体，而"無"（无）是道的另称①；（2）道可能源出于神话传说中的"混沌"观念；（3）道之原型可能是原始信仰中的所谓马那；（4）道之源头当出自"大母神的宗教意象"，即老子所说的"玄牝"；（5）鉴于老子掌天文，所以道之源头当为"天道"，即天体运行的轨道、天象变化的过程，或"太一""大一"，即天文学上的北极星，它在祭祀中是至尊的星神。② 无论何者为是，道之提出及其神秘性显然都与老子的史官职业实践密不可分，而老子思想的理性化新创则在于，道虽然无象无名、渊深恍惚，但无为而无不为，且不具人格性，"天""帝""鬼""神"皆笼罩于这一宇宙最高本体之下。

其二是关于得道之方的神秘言说，例如：

载营魄抱一，能无离乎？专气致柔，能婴儿乎？涤除玄览，能无疵乎？（第十章）

致虚极，守静笃。（第十六章）

不窥牖，见天道。（第四十七章）

为学日益，为道日损。（第四十八章）

塞其兑，闭其门，挫其锐，解其纷，和其光，同其尘，是谓玄同。（第五十六章）

---

① 庞朴认为，"无"在古文字中至少有三种形态："亡""無""无"。其中"無"又有三层含义：跳舞的舞、神灵的"無"、巫婆的巫（《中国文化十一讲》，中华书局2008年版，第81—88页）。显然，这三层含义都与巫术有直接关系。若老子之"无"果真出自"無"的话，那么其道论思想确乎可还原至神秘的巫术礼仪或巫术体验。

② 参见杨儒宾《道与玄牝》，《台湾哲学研究》1999年第2期；张亨《庄子哲学与神话思想——道家思想溯源》；杨义《老子还原》，第19—26页；王博《老子思想的史官特色》，第201页；葛兆光《众妙之门——北极与太一、道、太极》，《中国文化》1990年第2期；[美]艾兰《水之道与德之端——中国早期哲学思想的本喻》，张海晏译，商务印书馆2010年版，第209—221页；李零《读郭店楚简〈太一生水〉》，《道家文化研究》第十七辑，生活·读书·新知三联书店1999年版。

第二章 庄子与道家：形之生灭，神之逍遥

既摒弃一切感性经验，又排除任何清晰的理性之知，老子提倡的得道之方显然具有神秘直观的特征——有学者甚至称之为"反智主义"，它与巫师的通神活动强调内视内省的心灵修养术或有源流关系。在冯友兰看来，这种神秘直观在哲学上可归为"负的方法"，史华慈则将由此获得的知识称为"神秘主义灵智"。①

其三是关于得道者之容态的神秘言说，例如：

> 古之善为士者，微妙玄通，深不可识。夫唯不可识，故强为之容：豫兮若冬涉川；犹兮若畏四邻；俨兮其若客；涣兮若冰之释；敦兮其若朴；旷兮其若谷；混兮其若浊。孰能浊以静之徐清？孰能安以动之徐生？（第十五章）

> 荒兮，其未央哉！众人熙熙，如享太牢，如登春台。我独泊兮，其未兆，如婴儿之未孩；儽儽兮，若无所归！众人皆有余，而我独若遗。我愚人之心也哉！沌沌乎！俗人昭昭，我独昏昏。俗人察察，我独闷闷。澹兮其若海，飂兮若无止。众人皆有以，而我独顽似鄙。我独异于人，而贵食母。（第二十章）

相对于众人，得道者之容态具有既混沌多面又淡泊宁静的特点，由此造成其难以名状、"深不可识"、神而不凡，一如道之惚恍无定、渊冥莫测。陈鼓应精辟地指出，老子笔下的得道者特别显示出了"和人群的疏离感"。②有意思的是，在人群之中而又疏离于人群，也恰是巫师的重要特点。进一步说，在巫术活动中，当巫师自认其心魂已经脱出自身形体和周遭的俗众而与神灵相合后，其外在容态之变化大致有二：癫狂或入定。从这个角度看，深受巫文化影响的老子对得道者之容态的描写属于后一类，亦即以赛

---

① ［美］本杰明·史华慈：《古代中国的思想世界》，第213页。
② 陈鼓应注译：《老子今注今译》，商务印书馆2003年版，第155页。

亚·伯林所说的"东方圣者的寂静主义（quietism）"①。

关于老子思想的巫魅性，庄子后学已有揭示。《庄子·天下》开篇云：

> 神何由降？明何由出？圣有所生，王有所成，皆原于一。……不离于精，谓之神人；不离于真，谓之至人。……古之人其备乎！配神明，醇天地，育万物……明于本数……小大精粗，其运无乎不在。其明而在数度者，旧法世传之史尚多有之。

对于此处提到的"史"，学者多将其释为"史书"，但从《庄子》全书看，这个字应指"史官"。②基于此，如果我们不对这段文字进行过度的理性解读的话，那么，史官就可被看作上古巫文化即"古之道术"的直接传承者。相应于此，《天下》篇对老子思想的评介是：

> 以本为精，以物为粗……澹然独与神明居，古之道术有在于是者。关尹、老聃闻其风而悦之，建之以常无有，主之以太一……以空虚不毁万物为实。……（老子）常宽容于物，不削于人。……关尹、老聃乎，古之博大真人哉！

作者称老子兼备"精""粗"、"独与神明居"、主以"太一"、宽待万物，进而赞其为"古之博大真人"，回顾前文，这几条评价恰与《天下》篇首节对上古巫文化的概述大体一致。结合作者随后对庄子思想的评介来看，这种一致性表明：第一，正如庄子之学那样，巫文化也是老学由以产生的至关重要之背景；第二，作为庄子后学，《天下》篇的作者对老子所受授的巫文化传统有深切领会，事实上庄子亦是如此。而正是因为老庄思想由

---

① ［英］以赛亚·伯林：《自由论》，胡传胜译，译林出版社2003年版，第209页。
② 除《天下》篇外，《庄子》全书提到的"史"皆为职官名或人名，而并无"史书"之义。

第二章　庄子与道家：形之生灭，神之逍遥

以生成的文化背景具有亲缘性或契合之处，所以庄子才特别倾心于老学，并在其著述中屡屡称引之。

应当看到，虽然根源于巫文化的思想传统，但置身于人文理性萌醒的春秋末期，与神合一早已不再是老子作为史官的最高追求。在张灏看来，轴心时代老子思想的根本特征和最大贡献，在于他开启了以"超越的道"和"内在的心灵"为两端，以"道"与"心"之相合为终极目标的道家的"超越的原人意识"；从其发展看，这种内在精神的超越之路虽由老子开其端，但最后却是"在庄子思想里完成"。① 按照徐复观的说法，庄子对老子思想的一个重要发展是："道""天""无"等观念，在老子那里主要是被用来建构宇宙论，所以更多"还是一种形上学的性格，是一种客观的存在"，"但到了庄子，宇宙论的意义，渐向下落，向内收，而主要成为人生一种内在的精神境界的意味，特别显得浓厚"。② 笔者认为，《庄子·田子方》篇中老聃和孔子关于"游心于物之初"的对话，生动体现了道作为中心范畴由老子之宇宙论到庄子之生命哲学和境界论的转换。对于由老而庄的这一转换，陈鼓应的概括是："老子形而上之本体论和宇宙论色彩浓厚的'道'，到了庄子则内化而为心灵的境界"；换言之，相比于老子，庄子更关注人得道之后的心灵状态："在庄子，'道'成为人生所达到的最高境界，人生所臻至的最高的境界便称为'道'的境界。"③

这也就是说，经由老子而至于庄子，巫者所追求的"与神合一"之境最终被转换成了个体自我"与道合一"的至高精神理想。而正如老子思想之巫魅性表现那样，这种精神理想的理论展开也主要包括三个关键环节：个体与至上之道的关系；得道之方；得道者之容态和心境。从《庄子》书中的具体论述看，庄子构建的乃是一种既不失诡秘神奇的巫魅色彩，同时

---

① 参见张灏《世界人文传统中的轴心时代》，《幽暗意识与民主传统》，新星出版社2006年版。
② 徐复观：《中国人性论史（先秦篇）》，上海三联书店2001年版，第322页。
③ 陈鼓应：《老庄新论》，上海古籍出版社1992年版，第199页。

又透显着卓伟的人文精神的生命理想。

三 道物关系

在大致赞同以上几位学者所述老庄道论思想之异的前提下，笔者认为，老子并非不主张道于个体心灵中的下落，也不是完全没有谈及所谓"'道'的境界"。陈鼓应在注评《老子》第五十六章所谓"玄同"观念时对此已有提示，他首先指出："老子哲学和庄子哲学最大的不同处，便是老子哲学几乎不谈境界，而庄子哲学则着力阐扬其独特的人生境界。"随即笔锋一转，又写道："如果老子的哲学有所谓'境界'的话，勉强可以说'玄同'的观念为近似。"① 应当说，从道作为包括人在内的万物之本体的至上性和"专气致柔""致虚极，守静笃""挫其锐，解其纷"等得道之方中，以及从对得道者之容态由外而内的心灵还原中，老子大可以提出丰富的精神境界理论，然而事实却并不是这样，其五千言很少谈境界问题。关于这一点，杨儒宾分析说，老子"所理解的道不是给与的，而是要由人的主体证悟才能显现，这种进路已是内在的形态。但由于老子将道视为创生的实体，因此特别着重它的超越性、客观性，相形下，由'主体显现'这个意义很容易被冲淡掉"②。

而在笔者看来，主体内在的精神境界论虽已蕴含于老子的道论思想中，但此一理论面相却之所以并未得到充分的开显，应当从老子关注的核心问题及其思想的根本旨趣进行解释。具体来说就是，老子言说的对象是"侯王"等有国者而非普通个体，其运思的根本旨趣在社会政治，而不在个体尤其是普通个体的精神生活——对于客观外在的社会政治活动来说，普通个体的精神生活并不重要，真正重要的是治国理政者所采取的具体方略。由此我们看到，在老子思想中，一方面，正如其所谓"以道佐人主"

---

① 陈鼓应注译：《老子今注今译》，第279页。
② 杨儒宾：《先秦道家"道"的观念的发展》，"国立"台湾大学出版委员会1987年版，第57页。

（第三十章）、"以道莅天下"（第六十章）那样，道的向下落实主要表现为实践性的治国者之政术，而非内在的"'道'的境界"；另一方面，即使所谓"玄同"云云差可称为境界，获致这种境界的也只是得道之圣王，而非普通个体。

庄子"终身不仕"，"宁游戏污渎之中自快"，也不愿"为有国者所羁"，同时他还"别标出一种高渺议论"，将"帝王、圣贤、仁义一起按倒"[1]，故其思想的根本旨趣与老子正相反，他所关注的恰恰是普通个体的存身之道和精神超越问题。对于庄子而言，若要开显出生命的终极境域，首先必须面对的问题是：个体实现自我超越的内在根据是什么？对此，庄子的回答是：道既超越于天地万物鬼神之上，又周遍存在于任何个体事物之中。

关于道的至上超越性，学者常征引《大宗师》篇的一段话：

> 夫道，有情有信，无为无形；可传而不可受，可得而不可见；自本自根，未有天地，自古以固存；神鬼神帝，生天生地；在太极之上而不为高，在六极之下而不为深；先天地生而不为久，长于上古而不为老。

究竟这段话是否能够代表庄子本人的思想，乃至是否出自庄子之手，学者颇有疑议。奚侗认为，此处所谓"夫道，有情有信"云云，乃"袭老子之义"[2]，例如《老子》第二十一章："道之为物……窈兮冥兮，其中有精。其精甚真，其中有信"；第二十五章："有物混成，先天地生。寂兮寥兮，独立不改，周行不殆。可以为天下母。"照此，这段话就可以说是对老子关于道的至上性思想的阐发，其中并无甚新意和深意。但问题的复杂性更在于：由于这段话后面紧接着提到了伏羲、黄帝、颛顼、西王母等一系列

---

[1] 陆树芝：《读庄子杂说》，载谢祥皓、李思乐辑校《庄子序跋论评辑要》，第353页。
[2] 参见王叔岷《庄子校诠》上册，第230页。

神话人物，所以钱穆推测此章"似颇晚出"[①]；严复《〈庄子〉评语》则认为："自'夫道，有情有信'以下，至'而比于列星'止，数百言皆颂叹之词，然是庄文最无内心处，不必深加研究。"[②] 更其甚者，张恒寿断言：从"夫道"以至于"狶韦氏得之……而比于列星"这一大段，"突出地表现神仙思想"，"决不是庄子作品"[③]。

如前所及，笔者认为上述看法皆属臆测，并无确凿证据。如果考虑到庄子之学的巫魅性及其巫文化背景，那么不妨说自"夫道"至"而比于列星"一章，实际体现了其道论思想与神话传说的结合。很显然，这段话关于道之至上超越性的言说袭自老子[④]。与老子相比，虽然庄子的阐说既无新意，亦无深意，但我们却不应以"最无内心处"视之，更不能根据其后出现的一系列神话人物而轻率判定此章不是庄子所作。这是因为从学理上看，这段话对于道之至上超越性的大力彰扬，与《庄子》中其他篇关于道的不同言说并不矛盾，遑论其他篇章对道的至上超越性也有论述[⑤]。尤为重要者，庄子开显的生命圣域需要以至上超越之道为根本支撑和终极指向——如果无此至上超越之道，得道者所得为何、与何相合，又将何以游心于天地万物之外的"无何有之乡，广莫之野"（《逍遥游》）？事实上，郭象注《庄》时为消解庄子思想在人生哲学上的超越性以及政治哲学层面的批判性[⑥]，他所采取的一个关键步骤便是否弃《庄子》书中包括道在内的至上本体范畴。没有了超越的至上本体，庄子哲学的超越向度便失去了形上学的灵根。

[①] 钱穆：《庄子纂笺》，台北：三民书局1981年版，第52页。

[②] 《严复集》第四册，第1117页。

[③] 张恒寿：《庄子新探》，第62页。

[④] 陈鼓应说："自'夫道'至'长于上古而不为老'一段，承老子之'道'义，有其深意，不得谓为'无内心处'。"（《庄子今注今译》，第182页）

[⑤] 例如，《齐物论》，"夫道未始有封"，即道没有空间性。《秋水》，"道无终始，物有死生"，即道没有时间性。《知北游》，"道不当名"，即道不可言说。

[⑥] 参见邓联合《"逍遥游"释论——庄子的哲学精神及其多元流变》，第298、315页。

第二章 庄子与道家：形之生灭，神之逍遥

不少学者认为，《知北游》篇庄子与东郭子关于道"无所不在"的对话（见下文），才真正反映其道论思想，而《大宗师》篇"夫道，有情有信"一段则非。笔者的看法是：《大宗师》与《知北游》篇的这两段话实际上是互文关系，前者彰扬的道的至上超越性与后者强调的道的"无所不在"的特点，共同构成了庄子道论思想的两个向度或两个面相，如果因为前者同于老子，便认为庄子不可能有这种思想，不仅在逻辑上说不通、事实上无证据，而且还会导致对庄子道论思想的片面理解。

需要强调的是：与老子不同，在庄子哲学的概念丛林中，用以指称本体论或宇宙论意义上的最高范畴的语词，并不仅仅只有"道"。另外还有一个值得注意的现象：《庄子》的一些极其重要的篇章，例如历来被认为出自庄子且是其全部思想之灵魂所在的《逍遥游》篇，其中却不见"道"的踪迹，而《天下》篇对老与庄思想的述评，除开头部分提及"道术"一词外，下文便再未见"道"字。这种现象似乎表明，在庄子及其某些后学那里，道可能不是唯一抑或最重要的最高范畴。

据张恒寿对《庄子》各篇的逐一分章考辨，《大宗师》篇所说的"有情有信""自本自根"之道实际上并不遍见于全书，书中比较早出之篇章中的最高概念大多不是抽象的道，而是一些"具体名词"，例如"天""天地""天下""造物者""造化""真宰"等。[①] 由此，如果按照传统的看法——那些早出篇章出自庄子之手而晚出篇章是其后学或他人所作，那么我们或许可以认为，庄子的最高范畴不是道，而应是"天""造物者""造化"等"具体名词"。不同于张恒寿，徐复观认为，"庄子所说的天，即是道。……庄子系主要站在人生立场来谈这些问题，而将'道'、'天'，都化成了人生的精神境界"，所以二者"常常是属于一个层次的互

---

① 参见张恒寿：《庄子新探》，第321页。许家瑜也发现，庄子似乎不愿直接说"道"生万物，而是创造出多个不同语词来指称"生"物者，这些语词有"造物者""造化""天""天地"等（《万化无极——以"化"为中心的庄子哲学研究》，博士学位论文，北京大学，2020年，第80页）。

用名词"。①

比较上述两种观点，笔者认为，抽象的道和作为"具体名词"的"天""造物者""造化"等，在庄子哲学中应当都是最高范畴②，只不过前者袭自老子或是先秦诸子通用之词，后者更具庄子特色。庄子之所以在本体论或宇宙论上使用这两类语词且不作明确的区别，除了因为他不屑纠缠于名相概念的截然分辨以及具体语境不同外，更重要的原因是，把"天""造物者""造化"等"具体名词"与道一同作为最高范畴，更能体现其道论思想区别于老子的理论取向，即：虽然庄子也认为道具有"自本自根""生天生地"的至上超越性，但相较而言，他更为看重的却是道在个体事物中的当下落实，而笼括了数量无限的个体事物于其中的"天""造物者""造化"之类最高范畴的"具体性"，恰可与此落实相应。

庄子关于道在个体事物中之落实的经典论述见《知北游》篇：

> 东郭子问于庄子曰："所谓道，恶乎在？"庄子曰："无所不在。"东郭子曰："期而后可。"庄子曰："在蝼蚁。"曰："何其邪？"曰："在稊稗。"曰："何其愈下邪？"曰："在瓦甓。"曰："何其愈甚邪？"曰："在屎溺。"③

随后庄子又说：

> 物物者与物无际，而物有际者，所谓物际者也；不际之际，际之不际者也。

---

① 徐复观：《中国人性论史（先秦篇）》，第329页。
② 按冯友兰"新理学"的解释，中国哲学尤其是道家所说的"天""天地""道"，或"道体""宇宙"等，都是所指对象至大无外的最高概念（《贞元六书》，第29、848—849页）。
③ 《胠箧》篇提出的"盗亦有道"，其实可以看作庄子所谓道"无所不在"思想的极端推理。

所谓"物物者与物无际",是说道与它所创生的任何事物之间没有丝毫缝隙,二者完全一体。质言之,道在万物、与物一体。正因此,即使是蝼蚁、稊稗、瓦甓、屎溺之类的卑下污秽的事物,其中亦皆有道。进一步的推论则是,样态各异的物与物之间虽然"有际",但由于道周遍存在于所有的个体事物中,"物际"亦可由此消除,万物更可因此而相融相通,此即所谓"恢恑憰怪,道通为一"(《齐物论》)。与庄子的看法相类,《知北游》篇的"无为"说:"吾知道之可以贵,可以贱,可以约,可以散,此吾所以知道之数也。"关于道在个体事物中的周遍存在,《天道》篇有相似的表述:"夫道,于大不终,于小不遗,故万物备,广广乎其无不容也……。"又,《则阳》篇所谓"万物殊理,道不私",则是说无论各种事物的具体特质之差异有多大,道仍然完整、普遍、无差别地存在于其中。

道在个体事物中的周遍存在性,用陈鼓应的话说就是:"'道'不仅运作万物,而且还内附于(inherent)万物。"[①] 徐复观也认为,庄子与老子的不同处在于,他"常将'道'与'德'连在一起,而称为'道德',实际上却偏重在德的意义方面;亦即常常是扣紧人与物的本身而言'道德'"[②]。如其所论,《天地》篇所说的"泰初有无,无有无名;一之所起,有一而未形。物得以生,谓之德",或可看作至上之道向下落实为具体事物之德的过程。

基于道的周遍存在性,庄子一方面主张万物原是自在自足、自生自化、自有其常的:

  物固有所然,物固有所可,无物不然,无物不可。(《齐物论》)
  无问其名,无窥其情,物固自生。(《在宥》)
  以道泛观,而万物之应备。(《天地》)

[①] 陈鼓应:《老庄新论》,第 187 页。
[②] 徐复观:《中国人性论史(先秦篇)》,第 325—326 页。

> 苟得于道，无自而不可。(《天运》)
>
> 物之生也，若骤若驰……何为乎，何不为乎？夫固将自化。(《秋水》)
>
> 若天之自高，地之自厚，日月之自明，夫何修焉！(《田子方》)
>
> 天地固有常矣，日月固有明矣，星辰固有列矣，禽兽固有群矣，树木固有立矣。……循道而趋，已至矣。(《天道》)

另外，《齐物论》云："夫吹万不同，而使其自已也，咸其自取，怒者其谁邪？"这句话更有把道作为创生本体的实存性虚化掉，而把生成变化的主动权交由万物自身的思想倾向。

另一方面，庄子还尤其强调万物存在的齐一性、平等性：

> 以道观之，物无贵贱；以物观之，自贵而相贱；以俗观之，贵贱不在己。(《秋水》)
>
> 以道观之，何贵何贱？是谓反衍……兼怀万物，其孰承翼？是谓无方。万物一齐，孰短孰长？(《秋水》)

这些话显然都具有"齐物论"的思想特征。而从"齐物论"的视域看，无论在生成存有还是在价值规定的意义上，由于事物得以呈现为当下自身的终极依据仅仅来自"无私"之道，此外别无其他本根，所以，千差万别的事物在道的观照下原无所谓高下优劣、贵贱不等之分，万物原本各具正形、正位、正性、正能，皆自得其正、自足其性地存在于宇宙大化之中，所谓"天地之养也一，登高不可以为长，居下不可以为短"(《徐无鬼》)。这就从个体事物与终极本体直接贯通的层面，以一种包容平等的眼光肯定了万物存在的各自合理性。

从人生哲学的角度说，道于个体生命中的周遍存在和当下落实，既赋予了他以存在的自足性和先天合理性——正如庄子所说"道与之貌，天与之形"(《德充符》)，同时，个体内在的天赋之德与形上之道的直接贯通，

第二章　庄子与道家：形之生灭，神之逍遥

又为他抛开一切外部性和后天的因素，向着至上之道无限制地提升其精神生命和人格层级，实现自我超越，开示了一条切近可由的畅达之径和可期而至的终极目标，亦即所谓"乘道德而浮游""登假于道"。另外，由于庄子哲学中"造化""天""天地""造物者"以及"物之初"等"具体名词"的实质内涵也是最高存在者，因此，个体的"与时俱化"（《山木》），"安排而去化，乃入于寥天一"（《大宗师》），"心有天游"（《外物》），"游于天地"（《徐无鬼》），"与天地精神往来"（《天下》），"与造物者游"（《天下》），"与造物者为人"（《大宗师》）以及"浮游于万物之祖"（《山木》）"游心于物之初"（《田子方》），如同"登假于道"一样，所彰显的也都是超越当下自我而与最高存在者相合的精神向度，个体由此臻至的心灵圣域亦即"'道'的境界"。

循流溯源，老子虽然以圣王之治为根本关切，但在其关于道物关系的言说中，原本也并不缺乏肯定个体存在之自足性和先天合理性的思想资源。例如：

> 道生一，一生二，二生三，三生万物。万物负阴而抱阳，冲气以为和。（第四十二章）
> 道生之，德畜之，物形之，势成之。是以万物莫不尊道而贵德。道之尊，德之贵，夫莫之命而常自然。（第五十一章）
> 大道氾兮，其可左右。万物恃之而生而不辞……。（第三十四章）
> 万物并作，吾以观复。夫物芸芸，各复归其根。归根曰静，是曰复命。（第十六章）
> 昔之得一者：天得一以清，地得一以宁，神得一以灵，谷得一以盈，万物得一以生，侯王得一以为天下贞……。（第三十九章）
> 天下万物生于有，有生于无。（第四十章）

既然天地间包括人在内的芸芸万物皆由"道生""德畜"，皆"得一"，皆"生于无"，皆"尊道而贵德"，皆"负阴而抱阳，冲气以为和"，皆"复归其根"，皆因此"莫之命而常自然"，那么，合乎逻辑的推论便是：道在万物，道在我身（"自"），所有个体生命的存在原本都是自足、合理的；进一步，正如《庄子·田子方》篇中老子所说的"吾游心于物之初"（《田子方》）那样，道在生养且赋予万物以德的同时，也为个体的自我超越提供了内在依据，并指明了超越的路径、方向和目标，"复归其根"，与道相合。

然而，由于老子思考的中心问题是圣王之治，以至于在他那里，抽象的道物关系就被现实地转化为了社会政治中的圣王与民众的关系[①]，而得道则几乎成为圣王的"专利"，能够与"生而不有，为而不恃"之天道相匹配的，也唯有圣王之"玄德"[②]，而普通个体却至多只能在圣王"以道莅天下"的政治治理中，过着不受干扰的所谓"自然"的生活。例如：

  太上，下知有之……功成事遂，百姓皆谓我自然。（第十七章）

  是以圣人欲不欲，不贵难得之货……以辅万物之自然而不敢为。（第六十四章）

  道常无为而无不为。侯王若能守之，万物将自化。化而欲作，吾将镇之以无名之朴。……不欲以静，天下将自定。（第三十七章）

  我无为而民自化，我好静而民自正，我无事而民自富，我无欲而民自朴。（第五十七章）

[①] 参见邓联合《道的功能向度与老子社会政治思想的特质》，《南京社会科学》2006年第8期。

[②] 《老子》第五十一章："道生之，德畜之……生而不有，为而不恃，长而不宰，是谓玄德。"这是指道之"玄德"。第十章："爱民治国，能无知乎？……明白四达，能无为乎？……生而不有，为而不恃；长而不宰。是谓玄德。"第六十五章："古之善为道者，非以明民，将以愚之。……故以智治国，国之贼；不以智治国，国之福。知此两者亦稽式。常知稽式，是谓玄德。"这两章所说的都是圣主之"玄德"。又，第六十八章："善为士者不武，善战者不怒，善胜敌者不与，善用人者为之下。是谓不争之德，是谓用人之力，是谓配天，古之极。"

> 知常容，容乃公，公乃王，王乃天，天乃道，道乃久。（第十六章）

五千言中，老子屡屡提及"闻道""为道""同于道""配天""事天""抱一"，但以圣王之治为旨归，其主体实际上却只是人主，人主治下的普通个体则不在得道者之列。由此可见，老子强烈的政治情怀，遮蔽甚至完全消解了他在道物关系层面上原已赋予普通个体的精神内在超越的向度。

反过来说，若要彰明此一向度，必须破除老子思想的圣王政治旨归，重回道物关系之维，转而以样态各殊的普通个体为道的承载者。这一思想转换是由庄子完成的。

四 得道之方

以样态各殊的个体为道之承载者，庄子在精神修养的层面上借取并改造了老子关于得道之方的思想，其要有二：一曰致虚守静，二曰和光袭明。

老子之所以主张"致虚极，守静笃"（第十六章），本体层面上是因应道的冲虚无形之性，即所谓"道冲，而用之或不盈"（第四章），"虚而不屈"（第五章），"大象无形"（第四十一章），"大盈若冲"（第四十五章），等等。虚静作为一种修养工夫，其所针对者则是主体常有的感性经验、理性之知、嗜欲以及狭隘的自我意识。在老子看来，所有这些都与道的冲虚之性不相类，都会阻断主体的得道之途，因此需要通过"虚其心"（第三章）、[1]"不欲以静"（第三十七章），对其逐一祛除。

分而言之，为摆脱感性经验的困扰而"见天道"，修道者应当"不出户""不窥牖"（第四十七章），反身内观。为破解理性之知的迷妄而"无忧"，修道者应"涤除玄览"，使心无瑕疵（第十章），或"日损"其学乃至"弃智"（第十九章）、"绝学"（第二十、四十八章）。为除尽对"五色""五音""五味"（第十二章）的无穷欲望，修道者应当"塞其兑，闭

---

[1] 严复：《〈老子〉评语》："虚其心，所以受道。"（《严复集》第四册，第1076页）

其门"（第五十六章）①，做到"见素抱朴，少私寡欲"（第十九章），或"常无欲"（第三十四章）、"欲不欲"（第六十四章），"知足"而止，因为"知足之足，常足矣"（第四十六章）。

若要完全做到以上三条，修道之人须以釜底抽薪的工夫，打穿后壁，彻底克除其狭隘的自我中心意识，因为主体所有虚妄的经验、理智和嗜欲莫不肇端于此。五千言中，有两个关键字可用以表示自我中心意识："自"和"身"。关于"自"②，老子说：

> 大道氾兮……万物归焉而不为主，可名为大。以其终不自为大，故能成其大。（第三十四章）
> 自见者不明，自是者不彰，自伐者无功，自矜者不长。其在道也，曰馀食赘行，物或恶之，故有道者不处。（第二十四章）
> 圣人自知不自见，自爱不自贵。（第七十二章）

可见，修道者之所以要破除自我意识，归根结底是为了能够与道的"不自"而无为之性相配。

关于"身"，老子说：

> 天地之所以能长且久者，以其不自生，故能长生。是以圣人后其身而身先，外其身而身存。非以其无私邪？故能成其私。（第七章）

---

① "塞其兑，闭其门"：陈鼓应认为，"兑"是指耳目鼻口等感觉器官，因此"塞其兑"即"堵塞嗜欲的孔窍"，而"闭其门"则是说"闭起嗜欲的门径"，二者文义相同（参见陈鼓应、白奚《老子评传》，第162—163页；陈鼓应注译《老子今注今译》，第278页）。基于陈说，陈佩君对这句话的解释是："不要向外追逐感官之'兑'与'门'所引发的不当欲望与知见，应当返身向内收摄。"（《先秦道家的心术与主术——以〈老子〉、〈庄子〉、〈管子〉四篇为核心》，博士学位论文，"国立"台湾大学，2008年，第69页）

② 《老子》多言"自"，不同语境下所指对象包括道、天地、万物、天下、圣人、百姓等。关于"自"的涵义，可参见宋德刚《老庄"自"类语词的哲学意蕴》，《中国哲学史》2021年第6期。

第二章　庄子与道家：形之生灭，神之逍遥

> 宠辱若惊，贵大患若身。何谓宠辱若惊？宠为下，得之若惊，失之若惊，是谓宠辱若惊。何谓贵大患若身？吾所以有大患者，为吾有身，及吾无身，吾有何患？故贵以身为天下，若可寄天下；爱以身为天下，若可托天下。（第十三章）

对于第十三章的"身"，学者常望文生义，将其释为身体或生命。① 事实上，这里的"身"应指"自身"或"自己"②，即狭隘的自我意识。为明确这一点，须知"身"字在先秦文献中的意涵相当丰富，陈佩君将其概括为四类：有机生命结构，实践活动的主体，自我的主体意识，相对于客体的主体，后三者皆可称以"我"字。《老子》第十三章的"吾有身"和"吾无身"之"身"，则具体指"政治社会的主体自我"，二者皆属于"以'身'代表第一人称'我'之主体意识的用法"。所以，本章的思想主题便是③：人主应"消解一己之'身'的主观考量"，"以自身为天下，或曰以天下为自身"，"化一己之小我为天下之大我，成为值得天下百姓'寄天下'、'托天下'的理想统治者"。④ 上引第七、九章"功成身退，天之道"，第六十六章"欲先民，必以身后之"中的"身"，皆与第十三章之"身"同义。据此可知，老子主张"无身"、"身退"或"身后"，是希望人主祛除狭隘的自我中心意识，上应天道，下顺民众，无为而治，如第四十九章所云："圣人常无心，以百姓心为心。"

通过辨明第十三章"身"字的确切意涵，陈佩君进而认为："'吾无身'是《老子》'心术'思想中重要的一环，且很可能是《庄子》中'吾

---

① 参见任继愈译著《老子新译》，上海古籍出版社1985年版，第86—87页；陈鼓应注译《老子今注今译》，第122—125页。
② 高亨：《老子注译》，清华大学出版社2010年版，第31页。
③ 关于本章思想主旨，参见邓联合《"贵身"还是"无身"——〈老子〉第十三章辩议》，《哲学动态》2017年第3期。
④ 陈佩君：《先秦道家的心术与主术——以〈老子〉、〈庄子〉、〈管子〉四篇为核心》，第21—29、69—72页。

丧我'的思想前源。相对于主观意识的'身'或'成心'而言，'无身'、'丧我'之后的'吾'才是真我，才是个体生命中的'真君'与'真宰'。"① 此诚卓识。但需指出的是，由"吾无身"之思想实质可见，祛除狭隘的自我意识作为修道之术，在老子那里实为人主的心术、治术，其本旨大异于庄子的"吾丧我"。再看第二十二章：

> 不自见，故明；不自是，故彰；不自伐，故有功；不自矜，故长。夫唯不争，故天下莫能与之争。

老子主张祛除自我中心意识的政治指向在此表露无遗。回过头看，老子对虚妄的经验、理智和嗜欲的否弃，虽不乏一般性的思想意涵，但其本旨仍只能归结为人主的心术，这些心术同样不属于普通个体。

再看另一种得道之方：和光袭明。老子说：

> 和其光，同其尘②，是谓玄同。（第五十六章）
> （圣人）光而不耀。（第五十八章）
> 用其光，复归其明，无遗身殃，是为习常。（第五十二章）

"和其光"是指含敛光芒，"光而不耀"，"用其光，复归其明"以及第二十七章所说的"袭明"与此大致同义，如陈鼓应说："'袭'，承袭，有保持或含藏的意思。'明'是指了解道的智慧。"③ 修道者为什么要和光袭明呢？王博发现，"老子经常把道和光联系起来"，这暗示着"道的原型可能是一个能够发光的东西"；通过多方考证，他认为"这个原型就是月亮"，

---

① 陈佩君：《先秦道家的心术与主术——以〈老子〉、〈庄子〉、〈管子〉四篇为核心》，第71页。
② "和其光，同其尘"：又见第四章关于道的言说，学者多疑其为错简重出。
③ 陈鼓应注译：《老子今注今译》，第180页。

而老子从月亮这一具象提炼出作为哲学概念的道，实际上是古代月神崇拜观念的体现。① 若此说成立，那么老子所说的和光袭明就很有可能脱胎自古代巫师的某种精神修炼术，正如巫师希望自身能与神明相合、降神于己身一样，修道者和光袭明之目的，则在于使其心与道的体性相一致，从而得道于心。泛而言之，无论道的原型是何方神明，内心获得某种光明感大约是古人在内视式的精神修养过程中经常有的神秘体验，而一旦获得了这种体验，便意味着开悟得道。②

老子非常强调"明"对于得道之圣的重要性。③ 例如，第十章："明白四达，能无为乎？"第十六、五十五章："知常曰明"；第二十二章："不自见，故明"；第二十四章："自见者不明"；第三十三章："自知者明"；第三十六章："将欲夺之，必固与之。是谓微明"；第四十一章："明道若昧。"然而，从出现此类辞句的各篇上下文来看，正如致虚守静那样，老子所说的和光袭明实际仍是人主的心术或治术，其大意是指排除自我中心意识之后的不外露锋芒、心境澄明、自知自明。

与老子常把心术直接转化为人主外在的治术不同，由于庄子以普通个体为道的承载者，以自我生命的终极超越为核心关切，所以，老子主张的致虚守静、和光袭明虽被庄子汲取，但庄子却将其改造成了个体内向提升其精神生命层级的修养工夫。以下选取《庄子》的几段典型文本，来分析庄子怎样改造利用了老子提出的修道之方。

其一是《人间世》篇孔子和颜回关于"心斋"的对话：

> 颜回曰："回之家贫，唯不饮酒、不茹荤者数月矣。如此，则可以为斋乎？"曰："是祭祀之斋，非心斋也。"回曰："敢问心斋。"仲

---

① 参见王博《老子思想的史官特色》，第161—166页。
② 陈来《心学传统中的神秘主义问题》一文对此有所讨论（《有无之境——王阳明哲学的精神》，人民出版社1991年版，第390—415页）。
③ 参见许家瑜《思想史视野下〈老子〉出土至传世本"明"概念研究》，《中国哲学史》2022年第4期。

> 尼曰:"若一志,无听之以耳而听之以心,无听之以心而听之以气。耳止于听,心止于符。气也者,虚而待物者也。唯道集虚,虚者,心斋也。"颜回曰:"回之未始得使,实有回也;得使之也,未始有回也;可谓虚乎?"夫子曰:"尽矣。……瞻彼阕者,虚室生白,吉祥止止。夫且不止,是之谓坐驰。夫徇耳目内通而外于心知,鬼神将来舍,而况人乎!"

《大宗师》篇有云:"其嗜欲深者,其天机浅。"颜回"不饮酒、不茹荤",即是对嗜欲的绝弃。随后孔子教诲他应从"听之以耳"转到"听之以心",即"徇耳目内通而外于心知",进而再转到"听之以气",恰是一个由外而内依次排除感性经验、理性之知,最终达到"致虚极"而得道的完整过程。在这个过程的末端,心之虚、道之虚、气之虚,三者一体共生。接下来,颜回所言"未始有回也"则是指他因为"心斋"而得道,并最终根绝了自我意识,这也就是《齐物论》篇所说的祛除"成心""吾丧我"的过程,"吾丧我"的字面意思亦即老子所谓"吾无身"。再往下,"瞻彼阕者,虚室生白"是指得道者观照空明的心境,或把眼前的万物看作空虚,这样就能使自己虚净的内心发出纯白的光明来。① 这不正是老子所说的"用其光,复归其明"吗?最后的"鬼神将来舍"一句,虽然很像是巫师降神于心中的宗教体验,但由此我们却也可以看出,庄子并未如同老子那样径直把虚明之心向外应用于政治实践中,而是向内以心通"神",其实质是以自我之心承负形上之道,从而把精神境界提升至道的终极层面。

由上可见,庄子的"心斋"虽然借取了老子提出的得道之方,但他的阐说显然比老子更细密、更内在化,而且形上之道与个体之心的对接和贯通在他这里也更明确。另外,由于庄子远绝庙堂,其"心斋"完全不以政治实践为考量,因此可以说他比老子"虚"得更彻底,对自我精神圣域的

---

① 参见陈鼓应注译《庄子今注今译》,第 121 页;方勇、陆永品《庄子诠评》上册,第 138 页;曹础基《庄子浅注》,第 56 页。

第二章　庄子与道家：形之生灭，神之逍遥

追索比老子走得更远、更决绝。

第二段文本是《大宗师》篇孔子和颜回关于"坐忘"的对话：

> ……曰："回坐忘矣。"仲尼蹴然曰："何谓坐忘？"颜回曰："堕肢体，黜聪明，离形去知，同于大通，此谓坐忘。"

这则寓言其实是庄子与儒家的思想对话。"坐忘"之前，颜回已经依次忘掉了儒家推重的"礼乐"和"仁义"之类的外在于个体自我的规约。以此为基础，这里所说的"堕肢体"即"离形"，意味着颜回对依于形骸的感官欲望和感觉经验的根除，而"黜聪明"即"去知"，则是指彻底绝弃心中固有的虚妄的理智之知。逐一剥离了"礼乐"、"仁义"、"肢体"和"聪明"之后，最终达到的境界是"同于大通"。从《庄子》全书看，"同于大通"实质上就是个体与道或与天地万物的一体相通之境，其义与《秋水》篇魏牟褒赞庄子时所说的"反于大通"相同。①

在庄子，既然道通万物而为一，那么，与道合一者自然可以像道那样与万物相合相通。例如，《齐物论》："恢恑憰怪，道通为一。……唯达者知通为一"；《天地》："通于天地者，德也"；《达生》："合其德，以通乎物之所造"；《天道》："以虚静推于天地，通于万物，此之谓天乐"，"通乎道，合乎德"；《让王》："君子通于道谓之通。"结合这些文本可知，庄子虽亦强调由外而内的虚静工夫，但并未像老子那样把借此达致的虚静之心向外显发为某种政术，而是径直以心体道、以心通万物。比较而言，如果说虚静而得道，进而驾驭"物"是老子思想之旨归的话，那么，此处颜回所谓"坐忘"之终极目的则在于得道而体贴万物、通合万物，这种境

---

① 除此之外，"通"在《庄子》中的另一理论意涵是指样态各异、生起死灭的万物在道的视域中所呈现出的齐同混融的关系，例如《齐物论》："恢恑憰怪，道通为一。其分也，成也；其成也，毁也。凡物无成与毁，复通为一"；《庚桑楚》："道通，其分也成也，其成也毁也。"

界取向与《知北游》篇庄子在本体论层面所说的道"无所不在"且"物物者与物无际",正相一致。

第三段文本是《大宗师》篇女偊和南伯子葵关于怎样学道的对话:

……(女偊)曰:"吾闻道矣。"南伯子葵曰:"道可得学邪?"曰:"恶!恶可!子非其人也。夫卜梁倚有圣人之才而无圣人之道,我有圣人之道而无圣人之才,吾欲以教之,庶几其果为圣人乎!不然,以圣人之道告圣人之才,亦易矣。吾犹告而守之[①],三日而后能外天下;已外天下矣,吾又守之,七日而后能外物;已外物矣,吾又守之,九日而后能外生;已外生矣,而后能朝彻;朝彻,而后能见独;见独,而后能无古今;无古今,而后能入于不死不生。杀生者不死,生生者不生。其为物,无不将也,无不迎也;无不毁也,无不成也。其名为撄宁。撄宁也者,撄而后成者也。"

按女偊的描述,以"守"为工夫之要,学道需经过五个先后步骤,即:"外天下"→"外物"→"外生"→"朝彻"→"见独"。无论这五个步骤的特点是"由易及难"或"由粗及精"[②],该过程都是指个体应以虚静为工夫,在其心中不断做"减法",逐一祛除遮蔽道(也遮蔽本真自我)的"天下""物""生",以最终逼近或呈露道。或者,这一过程也可以表述为:个体首先需要返归自身,亦即把自身从整体性、外部性、异己性的全部社会生活("天下")中抽离出来,从湮没"我"且与"我"相对待的现象世界("物")中抽离出来,这是因为由于意义的缺失,"天下"和"物"已经不再能充当个体寄托身心生命于其中的理想场域;继而,个体

[①] 今本作"守而告之",此处依闻一多、陈鼓应之说校改(参见陈鼓应注译《庄子今注今译》,第185页)。

[②] 宣颖说:"自天下而物、而生,愈近则愈难外也";赵以夫说:"外天下、外物、外生,三者同一外,但由粗及精耳"(转引自崔大华《庄子歧解》,中州古籍出版社1988年版,第244页)。

还需进一步剥除其自身生命存在之经验成分（"生"）的纠缠、干扰、蔽障，从而以全无挂碍的清明澄澈之心进入道或涵纳道；最终"见独"之后，道的体性就随之转化成了个体心灵境界的特质，即"无古今""不死不生""无不将""无不迎""无不毁""无不成"。在此精神圣域中，如同道一样，个体俨然获得了超越时空的永恒无限的存在样式，而他也可以因此既随顺万物，又与万物一体。

在女偊这段话中，有四个关键词与老子思想有深切关联。

（一）"守"。在庄子，"守"有静守、凝守、内守、持守之义；其所守者，道也。《老子》亦多言"守"，除第十六章"守静笃"以外，还有第二十八章："知其雄，守其雌……知其白，守其黑……知其荣，守其辱，为天下谷"；第三十二章："道常无名。……侯王若能守之，万物将自宾"；第三十七章："道常无为而无不为。侯王若能守之，万物将自化"；第五十二章："既知其子，复守其母，莫身不殆。……见小曰明，守柔曰强。"括而言之，以治术为落实，老子理想中的圣人之所"守"者有二：一是形下层面的有无、强弱、虚实、进退、动静、高下、雄雌、白黑、荣辱、刚柔等对立的两端之中常被人们排斥、否定的"消极"一端①，例如有无之无、强弱之弱、虚实之虚、进退之退、黑白之黑、高下之下、荣辱之辱、刚柔之柔，等等；二是形上之道。庄子则撇除了老子思想的政治旨趣，因此他不再关注前一种极可能沦为人主之术的"守"②，而独以形上之道为

---

① 这一端被美国学者任博克（Brook A. Ziporyn）戏称为"垃圾"，而老子对这一端的重视和偏爱则是一种所谓"垃圾哲学"（参见［美］任博克、赖锡三、莫加南、陈慧贞、李志恒《〈老子〉："正言若反""不笑不足以为道"的"吊诡·反讽"之道》，《商丘师范学院学报》2022年第1期）。

② 老子的这种于两端之中取其一的"守"，宋以后常被儒者斥为权诈取利之术，如王夫之《庄子解·天下》："老子知雄而守雌，知白而守黑，知者博大而守者卑弱，其意以空虚为物之所不能距，故宅于虚以待阴阳人事之挟实而来者，穷而自服；是以机而制天人者也。《阴符经》之说，盖出于此。以忘机为机，机尤险矣！"老子之"阴谋家"形象的历史性生成，也与此多有关联（参见邓联合《"阴谋家"：老子何以被诬?》，《中国哲学史》2016年第1期）。

其所"守"者。

（二）"朝彻"。成玄英释："朝，旦也。彻，明也。死生一观，物我兼忘，专照豁然，如朝阳初启，故谓之'朝彻'也。"① 林希逸云："朝彻者，胸中朗然，如在天平旦澄澈之气也。"② 王夫之《庄子解·大宗师》："如初日之光，通明清爽。"综合诸说，"朝彻"是指修道者从尘垢世界脱身，袪尽胸中渣滓而最终见道之时，其内心获得的神秘的光明感，其义近通于《人间世》篇提到的"虚室生白"以及老子所说的"袭明"。

与这种光明感相一致，《齐物论》篇："注焉而不满，酌焉而不竭，而不知其所由来，此之谓葆光。"字面意思上，"葆光"即老子所说的"光而不耀""袭明"，其实质是指得道者自晦其明、葆蕴光明而不外露的心灵境界和人格特征，如《刻意》篇所云："不思虑，不豫谋。光矣而不耀……其神纯粹，其魂不罢。虚无恬惔，乃合天德。"在庄子，能以"朝彻"后的"葆光"之心观照、涵容彼此界分的万物和是非对立的各种言论，谓之"发乎天光"或"以明"：

> 宇泰定者，发乎天光。发乎天光者，人见其人，物见其物。（《庚桑楚》）
>
> 道隐于小成，言隐于荣华。故有儒墨之是非，以是其所非而非其所是。欲是其所非而非其所是，则莫若以明。（《齐物论》）
>
> 彼是莫得其偶，谓之道枢。枢始得其环中，以应无穷。是亦一无穷，非亦一无穷也。故曰莫若以明。（《齐物论》）

正如日月之光普照万物而毫无偏私那样，"以明"是指得道者能够从道的终极视角看待迥然相异的万物和各种言论，而绝不会陷于狭隘的彼此是非

---

① （清）郭庆藩撰：《庄子集释》，中华书局2004年版，第254页。
② （宋）林希逸著，陈红映校点：《南华真经口义》，云南人民出版社2002年版，第106页。

之某一端。与老子相比，庄子强调的"以明"显然不是人主的心术或政术，而是指个体在持守其朗然澄澈、纯净虚廓之心境的前提下，以开放无私之心观物、观言。"宇泰定者"即心灵宁定的得道者，"发乎天光"与《齐物论》所说的"照之于天"相通，"天光"指能够照见并包容、顺任差异不齐的"自然"万物的光辉。正如"天"涵怀万殊那样，只有以"天光"观照万物，千差万别的人和物方能如其所是、如其所欲地显现、生发为其自身。①

（三）"见独"。"独"，成玄英、宣颖、陈鼓应等人认为是指绝对无待的道②，徐复观则说："《庄子》一书，最重视'独'的概念，本亦自《老子》而来。老子对道的形容是'独立而不改'，'独立'即是在一般因果系列之上，不与他物相对待……不过老子所说的是客观的道，而庄子则指的是人见道以后的精神境界。"③ 笔者认为，对于庄子来说，见道即等于体道而进入至极、无对无待的精神境界，所以"独"兼有道和"'道'的境界"之义。例如，《田子方》篇说老聃"似遗物离人而立于独也"，这里"独"兼有"道"与"道境"二义。又，《天下》篇赞庄子"独与天地精神往来而不敖倪于万物"，《在宥》篇说"独有之人"可以"出入六合，游乎九州，独往独来"，这两句中的"独"则是指"道境"或得道者卓然不群的人格风貌。

回头看，事实上老子亦并非仅以"独"指称道，而是亦曾以此字描写得道者，即第二十章所谓"众人熙熙"而"我独泊兮"，"众人皆有余，而我独若遗"云云。不过，老子所谓"我"之"独"，似主要是指得道者异于众人的外在容态——下文对此另有讨论，而不是表示其内在的心灵境界。这一点，庄子与老子正相反。

（四）"撄宁"。释德清说："撄者，尘劳杂乱，困横拂郁，挠动其心，曰'撄'；言学道之人，全从逆顺境中做出，只到一切境界不动其心，宁

---

① 参见邓联合《老庄哲学中的光明意象释义》，《哲学研究》2021年第12期。
② 参见崔大华《庄子歧解》，第245页；陈鼓应注译《庄子今注今译》，第185页。
③ 徐复观：《中国人性论史（先秦篇）》，第348页。

定湛然，故曰'撄宁'。"（《庄子内篇注》卷四）这种纷乱扰动中的宁定心境，用《德充符》篇的话说就是："虽天地覆坠，亦将不与之遗。审乎无假而不与物迁，命物之化而守其宗也。""守其宗"即守道，守道即可"见独"而能于尘劳之纷杂繁乱中保持其心之"大宁"，故《列御寇》篇云："彼至人者，归精神乎无始而甘瞑乎无何有之乡。水流乎无形，发泄乎太清。悲哉乎！汝为知在毫毛，而不知大宁！"

老子也认为得道者可以"宁"，例如第三十九章："昔之得一者，天得一以清，地得一以宁。"此外，第十五章："孰能浊以止？静之徐清。孰能安以久？动之徐生。"这几句在帛书本中作："浊而静之，徐清；安以动之，徐生。"① 无论"浊以止""安以久"，还是"浊而静""安以动"，老子强调的都是"浊"中之"止"或"静"，以及"动"中之"安"。陈鼓应解释说："'浊'是动荡的状态，体道之士在动荡的状态中，透过'静'的工夫，恬退自养，静定持心，转入清明的境界，这是说明动极而静的生命活动过程。"② 老子所谓"守静笃"以及"静为躁君"（第二十六章）、"我好静"（第五十七章）、"以静为下"（第六十一章）、"不欲以静"（第三十七章），与上引第十五章的思想倾向正相一致。比较可见，庄子所谓"撄宁"虽然承继了老子的"守静"主张，却把它从一种以静待动的人主术，转换成了个体因得道而于动中自宁自定的精神境界。

五 得道者

明陆西星说："《道德》言为道者：豫焉，若冬涉川；犹兮，若畏四邻。《逍遥游》却如此放旷闲适。"（《读南华真经杂说》)③ 这是对老庄心目中的得道者形象的比较。《老子》第十五章："古之善为士者，微妙玄

---

① 此处引文参见任继愈译著《老子新译》，第92页；刘笑敢《老子古今：五种对勘与析评引论》上册，中国社会科学出版社2006年版，第192页。
② 陈鼓应注译：《老子今注今译》，第132页。
③ 谢祥皓、李思乐辑校《庄子序跋论评辑要》，第273页。

第二章 庄子与道家：形之生灭，神之逍遥

通，深不可识。夫唯不可识，故强为之容。"结合本章以及第二十章所述，陈鼓应深入分析了老子笔下得道者的心境和容态特征。他认为，老子描写的得道者一方面具有"慎重、戒惕、威仪、融和、敦厚、空豁、浑朴、恬静、飘逸"的精神面貌，另一方面，他们又显示出了"和人群的疏离感"，即老子所谓"我独异于人"。另外，与《庄子·大宗师》中的"真人"形象相比，老子描写的得道者"较侧重于宁静敦朴、谨严审慎"，"素朴简直"的一面，而庄子描写的得道者则"较侧重于高迈凌越、舒畅自适的一面"，其所谓"真人"等理想人物往往具有"超俗不羁""胸次悠然""气象恢宏"的浪漫神奇特征。[1]

在大致赞同上述观点的前提下，笔者认为，关于老子和庄子笔下得道者形象的异同问题，仍有进一步细加探讨的必要。

第一，谁是得道者？如前所论，由于社会政治是老子全部思想的中心所在，所以在他这里，得道者这一至高人格实质上只是指其理想中的圣主，而绝非普通的个体。陈鼓应之所以说老子笔下的得道者具有"戒惕、威仪""谨严审慎"，乃至疏离于俗众等形象特征，当与他们在社会政治中的实际身份——人主或侯王——有直接关系。

迥异于老子，由于庄子更看重道在天地万物中的当下落实，更强调道与形态各异的个体事物的一体性，加之庄子生活贫困，长期生活于民间，对底层民众充满了同情感，所以他笔下的得道者恰恰是指普通个体，乃至"边缘人"。更其甚者，那些遭到上层社会贱视的食其力或食其技的所谓"小人"[2]，往往被庄子赋予得道者的高贵身份。例如，解牛的庖丁说："臣之所好者，道也，进乎技矣。"（《养生主》）承蜩的驼背老人说："我有道也。"（《达生》）游水的男子虽然自言"吾无道"（《达生》），其实却

---

[1] 参见陈鼓应注译《老子今注今译》，第132—133、155页。
[2] 《国语·鲁语上》："君子务治而小人务力"；《左传·襄公十三年》："世之治也，君子尚能而让其下，小人农力以事其上"；《慎子·逸文》："小人食于力，君子食于道，先王之训也。"

庄子哲学精神的渊源与酿生

是得道后的真言，因为道本来不可言说。又，大马问捶钩的匠人："子巧与？有道与？"匠人答曰："臣有守也。"（《知北游》）其所守者，实即道也。在《庄子》中，这类食其力或食其技的得道者还有《人间世》篇以卜筮为生的支离疏，《天道》篇的轮扁，《天地》篇弃机械而不用的为圃丈人，《达生》篇的操舟者、制鐻者、工倕，《田子方》篇的施射者、画师，《徐无鬼》篇的斫垩者，等等。反乎是，那些所谓圣主明君、上层权贵以及孜孜以求出仕而干世主的儒家徒众，却不仅不是得道者，反倒只会经常遭到民间高人的鄙夷和冷嘲热讽。

第二，得道者和俗众的关系如何？与老子笔下实为人主或侯王的得道者相对于俗众而表现出来的高高在上的威仪严肃之象和所谓"疏离感"有所不同，由于逍遥于政治场域之外的庄子保持着一副深诚的"民间心态"，因此在其笔下，那些身为普通个体的得道者在乡野市井之间，往往能够与俗众"打成一片"、和乐而游。例如，《山木》篇："其于物也，与之为娱矣；其于人也，乐物之通而保己焉；故或不言而饮人以和，与人并立而使人化。"《天地》篇："托生与民并行而不知其所之，汒乎淳备哉！""……夫明白太素，无为复朴，体性抱神，以游世俗之间者。"《天下》篇更是说庄子"不谴是非，以与世俗处"。

在庄子，那些能够做到民间化、非政治化生存的得道之人被称为"陆沈者"：

> ……是自埋于民，自藏于畔。其声销，其志无穷，其口虽言，其心未尝言，方且与世违而心不屑与之俱，是陆沈者也。（《则阳》）

"陆沈者"不屑功名、与世务相违，并且也不为功名和世务所屑，但是由于他没有"机心"，因此能够载道于其"纯白"之心（《天地》）[1]，能够

---

[1] 《天地》篇："机心存于胸中，则纯白不备；纯白不备，则神生不定；神生不定者，道之所不载也。"

第二章　庄子与道家：形之生灭，神之逍遥

"去功与名而还与众人"（《山木》）。所以，虽然他"生无爵，死无谥，实不聚，名不立"，亦堪称"无求，无失，无弃，不以物易己"的"大人"（《徐无鬼》），即得道者。从这个意义上说，《逍遥游》篇所谓"神人无功，圣人无名"，实际是对那些远绝庙堂、坚守"民间姿态"的得道者的崇高赞誉。

第三，关于得道者的内在心境，虽然陈鼓应认为《老子》第五十六章所谓"玄同"，"勉强可以"看作得道者的境界，但全书五千言对这种境界的特点却述之极少，因此我们难以窥得其详。大异于此，庄子对得道者的心魂韵致却进行了深度开掘和极力张扬。

在庄子的刻画中，得道者的心魂呈现出看来似乎完全相反的双重特征："心死"和"心不死"。[①] 所谓"心死"，也就是与形如槁木互为表里的心如"死灰"。[②] 这一方面是指"吾丧我"之后得道者内心的虚静、寂廓、宁定的状态，所谓"相造乎道者，无事而生定"（《大宗师》），"尽其所受乎天，而无见得，亦虚而已。至人之用心若镜，不将不迎，应而不藏"（《应帝王》）；另一方面，则是指以虚寂、宁定之心为内在支撑，得道者将不会再为自我生命在现实世界可能遭遇的穷达得失、吉凶祸福、生死寿夭所累，因此他就可以安命自适于当下际遇，所谓"……心若死灰。若是者，祸亦不至，福亦不来。祸福无有！"（《庚桑楚》）"敬之而不喜，侮之而不怒者，唯同乎天和者为然。……欲静则平气，欲神则顺心"（《庚桑楚》）；"自事其心者……何暇至于悦生而恶死！"（《人间世》）恰如"止水"一般[③]，已"死"之心始终是平静、虚廓的，因此内有此心的个体在面对外部纷纷的物事时，总是能够做到"过而弗悔，当而不自得"（《大宗师》），或"遭之而不违，过之而不守"（《知北游》）。

---

① 参见邓联合《"逍遥游"释论——庄子的哲学精神及其多元流变》，第147—163页。
② 《齐物论》："形固可使如槁木，而心固可使如死灰乎？"
③ 《德充符》："人莫鉴于流水而鉴于止水，唯止能止众止"；"平者，水停之盛也。其可以为法也，内保之而外不荡也"。

如果说"心死"过于寂寥、消极、暗弱、缺少活泼泼的生命力，很大程度上实为"不得已"的被动选择①，那么，所谓"心不死"则表明庄子向往的精神圣域还有不甘就此沉寂、心魂跃动飞升的积极强劲一面。他说：

　　其形化，其心与之然，可不谓大哀乎？（《齐物论》）
　　哀莫大于心死，而人死亦次之。（《田子方》）

这两句话表明，"心若死灰"作为精神境界绝非庄子的终极追求。对于他而言，自我可以任其形骸日渐消尽，亦不妨以无可奈何之心顺任世事，但绝不能任其心魂随之完全沉于昏昧、堕入死寂、归于枯灭。恰相反，个体在"不得已"而安命自适的同时，仍然应当从世间尘垢的围裹和逼迫中自觉主动地向外、向上寻求精神突围，以最终为自身拓展出理想的心灵生活空间。

事实上，庄子在《德充符》篇已明确论及"心未尝死者"的精神境界：

　　勇士一人，雄入于九军。将求名而能自要者，而犹若是，而况官天地，府万物，直寓六骸，象耳目，一知之所知，而心未尝死者乎！彼且择日而登假……彼且何肯以物为事乎！

"登假"，释德清云："假，犹遐也。谓彼人且将择日而登遐，远升仙界，

---

① 《人间世》多次言及"不得已"，例如："若能入游其樊而无感其名，入则鸣，不入则止。无门无毒，一宅而寓于不得已，则几矣"；"自事其心者，哀乐不易施乎前，知其不可奈何而安之若命，德之至也。为人臣、子者，固有所不得已。行事之情而忘其身，何暇至于悦生而恶死"；"且夫乘物以游心，托不得已以养中，至矣。何作为报也！莫若为致命，此其难者"。从中可见，庄子之谓"心死"乃是个体基于政治化的在世生存之难而作出的被动选择。

而超出尘凡也。"(《庄子内篇注》卷三)陈鼓应释："升于高远,形容超尘绝俗的精神。"[1]《大宗师》篇又有"知之能登假于道者也若此"一语,故褚伯秀云："登遐,文义显明,谓得此道者,去留无碍,而升于玄远之域也。"[2] 要之,庄子这里描述了一种超越人间大勇、尘世万物万事以及当下自我而上达于天地的精神圣域。与"心若死灰"不同,得道的"登假"者之心显然不是安顿于自我无可奈何的命运中,而是以一种忘我忘物的姿态,超拔于宏阔的宇宙间。进一步看,"登假于道者"的精神圣域正可与庄子本人四达无涯、高远幽深的人格风貌相互彰明,即《天下》篇所谓"独与天地精神往来……上与造物者游",《秋水》篇魏牟所赞"彼方跐黄泉而登大皇……始于玄冥,反于大通",以及《山木》篇庄子自道"若夫乘道德而浮游"云云。

综括起来,"心不死"之人的精神圣域可从如下几方面加以描述。(1)此境中的个体已经与道一体,故其"游心"之场域也就具有了绝尘离世、无始无涯、辽旷玄渺的特征。(2)个体于此境中可以感到他既凌驾于万物之上,同时又与万物没有分际,因为他已经超越了一己小我而把自身融进了天地万化之中。(3)正如《田子方》篇老聃对孔子所述,"为道者"于此境中还可以领受一种"至美至乐"的心灵愉悦,因为他已经"游心于物之初",所以,"喜怒哀乐不入于胸次……四支百体将为尘垢,而死生终始将为昼夜而莫之能滑,而况得丧祸福之所介乎!……且万化而未始有极也,夫孰足以患心!"

显然,庄子对个体内在精神生活空间既宏阔又深邃的拓展和浓墨重彩、卓伟神异的阐说,是以圣王之治为根本考量的老子远不及的。从思想来源上说,或许这是由于庄子所受巫文化的影响,相对于老子更为深刻的结果。

第四,关于得道者的外在容态,相较于《老子》第十五章所说的"微

---

[1] 陈鼓应注译:《庄子今注今译》,第148页。
[2] 王叔岷:《庄子校诠》上册,第178页。

妙玄通，深不可识。……故强为之容"，以及陈鼓应据此对其形象所作的勾描，即所谓"慎重、戒惕""素朴简直"云云，庄子笔下的得道者却表现出了丰富活泼、意趣盎然的高逸风神。

首先，得道者可以如藐姑射山的"神人"那样，"肌肤若冰雪，绰约若处子"（《逍遥游》），或如女偊那样，虽然年长，却仍然"色若孺子"（《大宗师》）。

其次，得道者可以如"真人"那样既自然顺适，"受而喜之，忘而复之"，"凄然似秋，煖然似春，喜怒通四时"，同时又渊深卓异、群而不凡，"其状义而不朋，若不足而不承；与乎其觚而不坚也，张乎其虚而不华也"（《大宗师》）。

再次，得道者可以如壶子那样，同时具有并可应时示人以"地文"、"天壤"、"太冲莫胜"以及"未始出吾宗"等多种外在容态（《应帝王》），以至于显得灵动善变、深不可测。

最后，也是最有趣的是，庄子笔下的得道者有时还会具有另一种独异风神："呆"——例如"呆若木鸡"的著名寓言（《达生》）。所谓"呆"，说到底是指得道者在高度聚敛其内在心神于道的状态下，其外在容态不可避免地表现出的静定不灵乃至僵直若死的特征。事实上，这种"呆"的容态特征也就是庄子用以描写"真人"形象的"其容寂"，以及他多次提到的形若槁木：

> 南郭子綦隐机而坐，仰天而嘘，荅焉似丧其耦。颜成子游立侍乎前，曰："何居乎？形固可使如槁木，而心固可使如死灰乎？今之隐机者，非昔之隐机者也。"（《齐物论》）
>
> 孔子见老聃，老聃新沐，方将被发而干，蛰然似非人。孔子便而待之，少焉见，曰："丘也眩与，其信然与？向者先生形体掘若槁木，似遗物离人而立于独也。"（《田子方》）
>
> 吾处身也，若厥株拘；吾执臂也，若槁木之枝。（《达生》）

"丧我"且"丧其耦"的南郭子綦、"遗物离人而立于独"的老聃、"用志不分,乃凝于神"的承蜩老丈,三人都是以心契道者,因此都形若槁木,在他人眼中也难免都显得"呆气"十足。

总结上文,虽然庄子和老子描述的得道者形象存在着众多不同特点,但在强调其脱出俗常的超越性方面,老与庄在某种程度上却是一致的,尽管二者心目中的得道者及其"超越性"的实质各异。再从具体的理论细节看,应当承认,庄子也吸收利用了老子的某些思想。例如,庄子说得道者"心若死灰",之于老子所谓"致虚极,守静笃";庄子说老聃"慹然似非人""遗物离人而立于独",老子则云"我独若遗""我独异于人",等等。不过从总体上说,无论在内在心境还是外在容态方面,庄子对得道者之人格形象的塑造,其丰富性、深刻性和生动性都远超老子。

六 史官理性与游世之术

关于老子的史官之称,司马迁的记载为"周守藏室之史",《庄子·天道》篇则说是"周之征藏史",晋皇甫谧《高士传》又称其"为周柱下史"。无论哪种说法,记录历史并保藏历史和政治文献,进而通过援引历史以箴谏君主,都是老子作为史官的重要职责之一。这种职业实践使老子思想在神秘的巫魅性之外,尤其具有重视借鉴历史经验和教训的现实理性之品格。在此方面,老子思想对庄子也有影响,其表现之一是在个体的处世哲学方面。

任继愈曾指出,作为中国古代辩证法系统的开创者之一,身为史官的老子通过概括当时的社会现象和自然现象,发现"事物都向着它的相反的方向变去";有鉴于此,为"保存自己的利益",其辩证法思想落到社会政治实践即"术"的层面,便具有了"以柔胜刚、以退为进"的特点。[①] 事实上,对于老子思想的辩证特点与其史官身份之间的关系,《汉书·艺文志》已有明示:"道家者流,盖出于史官,历记成败存亡祸福古今之道,然后知秉要执本,清虚以自守,卑弱以自持。"此前,《史记·太史公自

[①] 任继愈译著:《老子新译》,第46—49、55页。

序》在述评各家要旨时,则从"术"的角度把道家的这种特点概括为"以虚无为本,以因循为用","不为物先,不为物后"。与此相近,《庄子·天下》篇更是早已指出,"人皆取先,己独取后……人皆取实,己独取虚"是老子之学的重要特点。

针对老子基于历史经验之洞见的辩证思想,朱熹在论及《老子》第四十章"反者,道之动;弱者,道之用"一语时曾说:"老子说话都是这样意思。缘他看得天下事变熟了,都于反处做起。……其势必至于忍心无情,视天下之人皆如土偶尔。其心都冷冰冰地了,便是杀人也不恤。"(《朱子语类》卷一百二十五)显而易见,朱熹这里直接把老子的所谓"反处做起"之术归因于其史官的职业实践,即"缘他看得天下事变熟了"。近代以来,学者对于老子思想与其史官身份之间的关系仍多有注意。例如,章太炎说:"老聃为柱下史,多识故事……著五千言,以为后世阴谋者法。"① 另如前文已及,傅斯年认为,老子"以其职业多识前言往行",故"五千文非玄谈者,乃世事深刻归纳",其所论者不外道术和权谋,而道术实为"权谋之扩充"。②

按照这种理解进路,《老子》的相反相成的所谓"辩证法"思想不过是军事、政治和社会历史领域中"斗争辩证法"的哲学提升罢了,该书主张的尚柔、守雌、不争、用弱从本质上说也只是斗争主体借以维护其生存和利益的谋术,因此并不具有深刻的哲学意味,其中蕴含的简单二分的思维方式根源于春秋时期的军事和政治斗争实践,而在你死我活、利益至上的斗争中,任何人性和情感的考量都是多余的,这就使得老子思想往往给人以冷静无情的印象,正如朱熹所批评的那样。与此相通,陈来认为,由于通晓家国兴亡之变,春秋时期的史官逐渐发展出一种高度重视历史经验、"冷静旁观"的理性精神,其实质是"以国家功利主义为中心","完

---

① 章太炎:《訄书》,辽宁人民出版社1994年版,第20页。
② 《傅斯年全集》第二卷,第286—287页。

全现实的对历史辩证法的认可"。① 在此意义上，老子的辩证思想可以说是春秋时期形成的史官理性的哲学结晶。

综合以上学者所论，史官理性在老子思想中的具体表现是：以对古今人事吉凶之道的透彻认知为前提，采取"反处做起"的为政之术，以达到避祸趋福、维护国家利益之目的。至于老子其人是否冰冷无情，古今学者的批评又是否偏离了老子悬设的形上之道的终极视域，以至于疏略了其中的价值维度，而只涉及浅表的"术"的层面，并非我们要讨论的问题。笔者关注的是：这种在政治实践中显发为人主南面之术的史官理性，对庄子主张的个体于乱世之中的"生存智慧"有何影响？

王夫之《庄子解·外篇序》云："内篇虽与老子相近，而别为一宗，以脱卸其矫激权诈之失。"也就是说，有无巧诈思想是区分老子与庄子之学的重要依据，而纯正的庄子之学是绝不包含这类内容的。之所以有此说，或许是因为王夫之太倾心并欲改铸庄子之学"以通君子之道"（《庄子通·叙》）。事实上，即使是在被王夫之断为庄子亲笔的《庄子》内篇中，我们仍可发现老子式的机巧之术，只是这些机巧之术已由人主的统治术转换成了险恶境遇中个体不得已的避祸存身之道。

在《庄子·养生主》篇的"庖丁解牛"寓言中，庖丁自述其技艺之诀窍说：

> 依乎天理，批大郤，导大窾，因其固然。……彼节者有间，而刀刃者无厚：以无厚入有间，恢恢乎其于游刃必有馀地矣，是以十九年而刀刃若新发于硎。

结合庄子对士人命运的深切关注，在此寓言中，牛的复杂身体结构实际喻示着险恶的社会政治环境，庖丁所用的解牛尖刀喻指士人的生命，而刀游走于牛的筋骨肉之间则象征着士人身处险恶的庙堂政治中，并与错综复杂

---

① 陈来：《古代思想文化的世界——春秋时代的宗教、伦理与社会思想》，第75—78页。

的各种人和事面对面地打交道。① 由此，庖丁的存刀之道实即士人的存身之道。在庖丁看来，只有做到"以无厚入有间"，方可在解牛时"批大郤，导大窾，因其固然"，而丝毫不会伤及刀刃。这种以无为用、无为因顺的思想，《老子》早已提出："有之以为利，无之以为用"（第十一章）；"无有入无间，吾是以知无为之有益"（第四十三章）。显然，庄子所说的"以无厚入有间"的存身方式，是对老子以无为用之术的借鉴和转换。

从"庖丁解牛"寓言的上下文来看，其本旨可以概括为《养生主》开篇的一段话：

> 为善无近名，为恶无近刑。缘督以为经，可以保身，可以全生……。

何谓"缘督"？王夫之解释说："督如人身之督脉，居中而行于虚。善不近名，恶不近刑，不凝滞而与物推移，所谓缘督也。"② 此外，张默生云："'督'既有中空之义，则'缘督以为经'，即是凡事当处之以虚，作为养生的常法。"③ 这种虚无为用、不与世忤的处世方式，如果归结到老子思想中，即是所谓"致虚极，守静笃"（第十六章）。

作为个体的避祸自保之术，何以"虚"？答案就在庖丁解牛完毕"善刀而藏之"这个似乎漫不经心的动作中。庄子借此表达的言外之意是：既然"今处昏上乱相之间"，"处势不便"（《山木》），所以个体不妨通过藏身而虚的方式以求避患自保，恰如《庚桑楚》篇所云："夫全其形生之人，藏其身也。"藏身不是自灭其身，而是指主动收敛自己外露的锋芒，顺应世事，让己身遁迹于他人或俗众之中，既不为大善，也不为大恶。在儒家

---

① 参见陈鼓应注译《庄子今注今译》，第93页。
② 此为王夫之《章灵赋》的自注，见《船山全书》第十五册，岳麓书社2011年版，第195页。本书所引《船山全书》均为岳麓书社2011年版，下引此书不再标注版本信息。
③ 崔大华：《庄子歧解》，第113页。

眼中，这种机权保身之术无疑丧失了士君子应有的操守，所以朱熹骂曰："（庄子）乃欲以其依违苟且之两间为中之所在而循之"，"其揣摩精巧，校计深切，则又非世俗乡愿之所及，是乃贼德之尤者"（《朱文公文集》卷六十七《养生主说》）。至于"缘督以为经"与老子"虚无为本"之术之间的关系，王夫之《老子衍》云：

> 庄子曰："为善无近名，为恶无近刑，缘督以为经"，是又庄之为老释矣。（《自序》）

在《周易内传·系辞上》中，王夫之又说："王弼、何晏师老庄之机械以避祸而瓦全之术，其与圣人知必极高明、礼必尽精微之道，天地悬隔。"[1] 这显然是把庄子和老子一并视作机巧之徒了。

这种"循虚而行"的避祸术，用《山木》篇的话说便是"人能虚己以游世，其孰能害之"，或如《列御寇》篇所谓"虚而敖游"。从《庄子》全书看，最集中反映庄子的处世思想的文本，当数《人间世》篇。该篇对主上之暴虐叵测、士人可能遭遇的种种险难，以及在不同境况下可采取的应对自保之方皆有详述。可以说，整个《人间世》篇所讨论的都是循虚因顺的处世术。其中近通于"以无厚入有间"和"缘督以为经"者，有如下几处。

（1）在第一个故事中，孔子有"虚而待物"一语，此语在本体论层面乃指道或气之性，而用作处世之术，则是劝说颜回彻底放弃其心中的固有立场，把自己虚掉、忘掉，从而以全无特操、顺其自然的方式对付卫君，即所谓"入游其樊而无感其名，入则鸣，不入则止。无门无毒，一宅而寓于不得已"；而接下来孔子所说的"绝迹易，无行地难"云云，又很像是对《老子》第二十七章"善行无辙迹，善言无瑕谪"一句的引申和发挥。

---

[1] （清）王夫之：《船山全书》第一册，第535页。

（2）在第二个故事中，孔子告诫叶公子高，为君主出使应"行事之情而忘其身"，处世应"乘物以游心，托不得已以养中"，这两句话合起来的意思便是"虚而待物"，"虚己以游世"。

（3）在第三个故事中，蘧伯玉建议颜阖与卫太子打交道时，务必"彼且为婴儿，亦与之为婴儿；彼且为无町畦，亦与之为无町畦……"。这种"随便到底"的"滑头主义"①，其思想实质也正是毫无自我立场的"缘督以为经"或"虚而待物"。

（4）该篇后半部分重点申述"人皆知有用之用，而莫知无用之用"的生存智慧，并指出个体借此可以"养其身，终其天年"。这种乱世自保之术，说到底同样是告诫士人务必自弃才智、自敛锋芒，藏身而虚，以"无用"的在世姿态求得自保之"大用"。

除《养生主》和《人间世》外，内篇的其他章节以及外杂篇对循虚因顺的处世术亦多有不同角度的阐说和发挥。例如，《德充符》篇哀骀它的"和而不唱"；《庚桑楚》篇老子所谓"与物委蛇，而同其波"；《至乐》篇之"忠谏不听，蹲循勿争"；《则阳》篇之"其于人也，乐物之通而保己焉"；《外物》篇之"唯至人乃能游于世而不僻，顺人而不失己"；等等。

值得注意的是，在论及处世问题时，外杂篇还出现了一些直接援取或转述《老子》原文的说法。例如，《缮性》篇云："不当时命而大穷乎天下，则深根宁极而待，此存身之道也。"这里显然袭取了《老子》第五十九章的观点："治人事天莫若啬……无不克则莫知其极。莫知其极，可以有国。有国之母，可以长久。是谓深根固柢，长生久视之道。"又如《山木》篇：

> 进不敢为前，退不敢为后……是以免于患。直木先伐，甘井先竭……昔吾闻之大成之人曰："自伐者无功，功成者堕，名成者亏。"孰能去功与名而还与众人……不为功名；是故无责于人，人亦无责焉。

---

① 郭沫若：《十批判书》，第188—189页。

第二章　庄子与道家：形之生灭，神之逍遥

再来看与此相通的《老子》的一些主张：

> 不敢为天下先，故能成器之长……舍后且先，死矣。（第六十七章）
> 自是者不彰，自伐者无功，自矜者不长。（第二十四章）
> 功成而弗居。（第二章）
> 功成身退，天之道。（第九章）
> 功成不名有。（第三十四章）

从二者的文本相似性可见，在先与后、功名与祸患、己身与众人等问题上，前引《山木》篇提出的避害自保之道直接借鉴并融汇了《老子》的理论观点，其主旨仍在申说何以循虚因顺。基于此，王夫之《庄子解·外篇序》的判断至少是部分正确的，即："外篇则但为老子作训诂，而不能探化理于玄微。"

另须指出的是，庄子在处世问题上非常强调"戒"和"慎"，此二字尤多见于《人间世》篇：

> 戒之，慎之，正汝身也哉！
> 戒之！慎之！积伐而美者以犯之，几矣。
> 美成在久，恶成不及改，可不慎与！
> 意有所至而爱有所亡，可不慎邪！

此外，《达生》《山木》《徐无鬼》等篇对戒慎处世之术亦有论及。据刘向《说苑》载："孔子之周，观于太庙。左陛之前，有金人焉。三缄其口，而铭其背曰……。"（《敬慎》）郑良树认为，老子与这篇《金人铭》的"关系非常密切"，他可能不仅引用了其中的铭文，在思想上也深受其影响。[①] 笔

[①] 郑良树：《〈金人铭〉与〈老子〉》，《诸子著作年代考》，北京图书馆出版社2001年版。

庄子哲学精神的渊源与酿生

者在此要指出的是,《金人铭》虽然篇幅简短,但"戒""慎"二字却多次出现,例如:"古之慎言人也,戒之哉!戒之哉!……安乐必戒,无行所悔。……诚不能慎之,祸之根也。……戒之哉!戒之哉!"而在《老子》中,虽然"慎"字仅一见①,"戒"字更未出现,但五千言却同样充彻着浓重的戒慎忧患意识;并且,正如陈鼓应所论,老子笔下得道者的一个重要容态特征也恰恰是"慎重、戒惕"②。因此,如果说《金人铭》是老子思想源头之一的话,那么我们就可以看到,由《金人铭》而至于《老子》,再至于《庄子》,其间存在着一脉相承的戒慎意识,庄子的循虚而行之术则是基于这种意识的避祸处身方式。

对于庄子"缘督以为经""虚己以游世"的生存智慧,王夫之在《庄子解》和《庄子通》之外的其他著述中多有批评。例如:

> 如庄子说许多汗漫道理,显与礼悖,而摆脱陷溺之迹,以自居于声色货利不到之境。到底推他意思,不过要潇洒活泛,到处讨便宜。缘他人欲落在淡泊一边……。③

> 庄子直恁说得轻爽快利,风流脱洒;总是一个"机"字,看著有难处便躲闪……看他说大鹏也不逍遥,斥鷃也不逍遥,则兵农礼乐、春风沂水了无著手处,谓之不凝滞于物。④

对于庄子而言,所谓"有难处便躲闪""到处讨便宜""不凝滞于物",实际上就是"以无厚入有间"的"虚而待物""虚而敖游"。从王夫之斥庄子以"机"字来看,其与老子在其心目中实为"一路货色"。⑤

---

① 《老子》第六十四章:"慎终如始,则无败事。"
② 陈鼓应注译:《老子今注今译》,第132页。
③ (清)王夫之:《读四书大全说》下册,中华书局1975年版,第376页。
④ (清)王夫之:《读四书大全说》下册,第372页。
⑤ 王夫之对老子思想实质的定位是:"老氏者,持机械变诈以徼幸之祖也。"(《宋论》卷六,《船山全书》第十一册,第168—170页)

第二章 庄子与道家：形之生灭，神之逍遥

但若撇开儒家偏见，客观审视老子和庄子的机巧之术，那么我们就会发现，二者虽皆主张以无为用、循虚因顺，其背后的思想实质却旨趣大异。其一，老子之术的主体是高居上位的人君或为政者，庄子之术的践行者则是主上逼迫压制之下的普通士人乃至微贱个体。其二，老子之术本质上是人主的政术，而庄子之术则是普通个体的乱世生存方式。其三，老子虽主张"致虚极""后其身""不敢为天下先"，但其术归根结底乃是人主为获致某种政治利益而主动采取的行为方式；相反，庄子之术则是个体在"方今之时，仅免刑焉"（《人间世》）的生存境况中，不得已而被迫采取的应世方式，其目的仅在于苟全性命于乱世。这一点，用前引王夫之的话说，便是庄子"自居于声色货利不到之境……人欲落在淡泊一边"。郭沫若对此曾有"同情的理解"，他认为庄子希望"苟全性命于乱世而游戏人间"，"本来是悲愤的极端，然而却也成为了油滑的开始"，但其滑头处世哲学与老子之术的区别在于，庄子"并不想知雄守雌，先予后取，运用权谋诈术以企图损人利己"，这是因为"庄周书，无论《内篇》、《外篇》，都把术数的那一套是扬弃了的"，老子则相反。①

没有证据表明庄子曾具体参与过现实政治或深度卷入某种政治旋涡，也没有证据说明他因此曾受到过什么严重的仕途挫折和身心伤害。然而，对于政治生活的复杂叵测以及士人生命可能遭遇的种种险难，庄子的认知和揭示却可谓深刻精准、洞若观火。结合上文分析，我们可以认为，庄子的这种生存智慧极可能受到了老子用以把握"成败存亡祸福古今之道"的史官理性的影响，但同时须知：以无为用、循虚因顺对于庄子来说，仅只是险难时世中个体不得已而为之的避祸存身术，而在老子思想中，却是人主为维护其利益所采取的政治实践方式。

---

① 郭沫若：《十批判书》，第188—189页。

第三节 庄子与关尹：清静自守，随物应世

一 关尹贵清

按《史记》的记载，关尹很可能是老子的弟子。①蒋国保认为他与子产、孔子并世，活动年代当在春秋后期；至于关尹的国属，王葆玹推断他应是因其职位而得名的秦国守卫函谷关的关吏，孙以楷则认为他与列子皆是郑人，并且"关尹"也并非其官称，而是指姓关名尹的人名。②更早，钱穆曾怀疑关尹即环渊③，"环关渊尹，特方音之一转移耳，非有两人也。凡先秦之称关尹，即汉世之所谓环渊矣"。郭沫若更是明确提出，关尹就是环渊，他生于楚而游于齐，大抵与孟子同时，是老子的再传或三传弟子，其于后世之别名还有玄渊、蜎渊④、便娟，以及《荀子·非十二子》所误称的它嚣，等等。郭沫若还推测，《老子》一书是关尹根据老聃之遗说，"用赞颂式的体裁"，加以发明整理而成的。⑤若此说为实，关尹就成了战国时人。笔者认为，钱郭二人的看法均属臆测，并无充分可靠的理据⑥，

---

① 《吕氏春秋·审己》高诱注："关尹喜，师老子也"；《庄子·达生》成玄英疏："（关尹），姓尹，名喜，字公度，为函谷关令，故曰关尹子真人，是老子弟子。"

② 参见蒋国保《今本〈关尹子〉辨析》，《安徽大学学报》（哲学社会科学版）1981年第2期；王葆玹《老庄学新探》，第84—87页；孙以楷《道家哲学研究：附录三种》，安徽大学出版社2010年版，第4页。

③ 《史记·孟子荀卿列传》："环渊，楚人。皆学黄老道德之术，因发明序其指意。……环渊著上下篇。"

④ 《汉书·艺文志》："《蜎子》十三篇。名渊，楚人，老子弟子。"

⑤ 参见钱穆《先秦诸子系年》，商务印书馆2005年版，第240页；郭沫若《青铜时代》，《郭沫若全集》第一卷，人民出版社1982年版，第540—545页；郭沫若《十批判书》，第161—164页。

⑥ 对钱穆和郭沫若所谓关尹即环渊说的驳议，参见谭宝刚、孙利敏《关尹、环渊非一人辨——兼论蜎子和范环》，《兰州学刊》2006年第10期。

第二章 庄子与道家：形之生灭，神之逍遥

而在缺少理据的情况下，我们还是应以关尹为春秋末期人，"关为姓，尹为名"（语出刘汝霖《周秦诸子考》）为妥。

另外，《庄子·达生》、《吕氏春秋》以及《列子》中皆记有列子向关尹请教问题的对话，因此有学者提出，关、列可能是师徒关系。[1]

关于其著作，《汉书·艺文志》道家类下存《关尹子》九篇，但后世的《隋书·经籍志》和《唐书·经籍志》均未录该书，可见其佚久矣。今本《关尹子》乃出于后人之伪托，"其书多法释氏及神仙方技家"（《四库全书总目提要》卷一百四十六），不仅内容甚为驳杂，且有不属先秦道家的晚出之语，故不能据以把握真正的关尹之学。[2] 事实上，不仅是这本明显属于后出的伪作，即便汉志所列的《关尹子》九篇，究竟此书出自春秋末世的关尹之手，还是战国秦汉时人之伪托，亦未可知。

关于其思想，前辈学者亦已有所论及。例如，郭沫若在断定关尹即环渊的前提下，又根据《庄子·天下》篇的记述，认为其学之要点在于虚己接物、谦抑随人，而由于他"差不多完全脱离现实而独善其身"，故其学可与宋钘、尹文、慎到等人区别开来，"单独成派"。徐复观一方面认为关尹是老子的直传弟子，其学说与老子思想具有相同的性格，另一方面又推测，关尹"除了疏释老聃的思想，而著成现行《老子》一书外，也不妨他另有代表自己思想的著作"。[3] 换言之，关尹之学出于老而又自有所创。陈荣捷也认为，关尹之学的重点是虚己接物、独立清静，但其学却几乎完全笼罩在老子思想的背影下——《庄子·天下》篇所述关尹之学，"除了镜一个象征以外，没有不在老子书里可以看见的。其专讲关尹的部分和其他的书所引，不过仅及老子思想的一部分，而哲学意味较深的常、无、主

---

[1] 参见孙以楷《道家哲学研究：附录三种》，第22页；王葆玹《老庄学新探》，第86页；戚淑娟《〈关尹子〉研究》，硕士学位论文，华东师范大学，2004年，第39页。

[2] 也有学者认为，该书不是伪书，而是"尹喜所著的真书，是先秦道家的思想史料"（参见刘建国《先秦伪书辨正》，陕西人民出版社2004年版，第181—184页）。

[3] 郭沫若：《十批判书》，第162、164页；徐复观：《中国人性论史（先秦篇）》，第445—446页。

一，则声音寂然"，由此可说"关尹对于道家的哲学完全无补"，而郭沫若认为他可以"单独成派"，更是言过其实。① 着眼于老、关、庄三者之间的思想关联，王叔岷认为，"关尹必读老子之书，受老子之影响"，但老与关之思想，"盖各有偏重"；相对而言，"庄子思想则与关尹较近"，例如，《天下》篇关尹自言"其动若水，其静若镜"二句，"盖承老而启庄矣"②，而《庄子·达生》篇所记关尹之言论，亦可与庄子思想相通。③

综合学界的既有研究成果，笔者认为，在关尹之书已佚、今本为后人伪作的情况下，今欲考察关尹的思想及其与庄子的关系，相对比较可靠的资料有：(1)《庄子·天下》篇对关尹之学的述评；(2)《吕氏春秋》和《庄子·达生》对其事其学的介绍；(3) 被认为是关尹遗说的郭店楚简"太一生水"章。④

"太一生水"章阐述了一种独特的宇宙生成论：

> 太一生水，水反辅太一，是以成天。(天)反辅太一，是以成地。天地（复相辅）也，是以成神明。神明复相辅也，是以成阴阳。

这段话最需要注意的是：其中的"太（大）一""水""神明"等概念，《庄子·天下》篇在述评关尹学说时也曾提及。《老子》曾用"大"和

---

① 陈荣捷：《中国哲学论集》，第 199—200 页。
② 《德充符》："人莫鉴于流水而鉴于止水，唯止能止众止"；《天道》："水静则明烛须眉，平中准，大匠取法焉。水静犹明，而况精神！圣人之心静乎！天地之鉴也，万物之镜也。"
③ 王叔岷：《先秦道法思想讲稿》，第 157—160 页。
④ 李学勤、王葆玹、孙以楷都认为，"太一生水"一章是后世佚失的关尹学说（参见李学勤《荆门郭店楚简所见关尹遗说》，《郭店楚简研究》（《中国哲学》第二十辑），辽宁教育出版社 1999 年版；王葆玹《老庄学新探》，第 87—89 页；孙以楷《道家哲学研究：附录三种》，第 4—7 页）。与此类看法不同，李笑岩认为，"在更有力的证据出现之前，将《太一生水》作为关尹学说并不妥当"（《关尹遗说考——兼论关尹学说与〈太一生水〉的关系》，《河北学刊》2009 年第 1 期）。笔者倾向于前一种观点。

第二章　庄子与道家：形之生灭，神之逍遥

"一"言称"道"，"太一"或即由此而来。按王博、李零、孙以楷等人的解释，"神明"可能是指日和月，或是象征天地、阴阳的两种神灵，或是阳中之精者和阴中之精者。① 且不论其所指为何，《天下》篇随后述评庄子之学时又说："天地并与，神明往与。"这句话不仅同样提到了"神明"，而且在句式和内容上，也类似于"太一生水"章所谓"天地（复相辅）也，是以成神明"。或许这意味着，在《天下》篇的作者看来，庄子和关尹的宇宙观具有相近处。

《天下》篇对关尹学说的述评是：

> 以本为精，以物为粗，以有积为不足，澹然独与神明居，古之道术有在于是者。关尹、老聃闻其风而悦之，建之以常无有，主之以太一，以濡弱谦下为表，以空虚不毁万物为实。关尹曰："在己无居，形物自著。其动若水，其静若镜，其应若响。芴乎若亡，寂乎若清。同焉者和，得焉者失。未尝先人而常随人。"

自"以本为精"至"以空虚不毁万物为实"一段，是对关、老学说的总评，可暂置不论。关于关尹所说的"其动若水，其静若镜，其应若响。芴乎若亡，寂乎若清"一句，王葆玹指出，此语始于"若水"、止乎"若清"，这一方面与《吕氏春秋·不二》所谓"关尹贵清"的说法相一致；另一方面，这也恰是以"太一生水"作为自然哲学前提而推演出"贵清""若清"的"真人"修养论的典型一例。比照庄子之学，《德充符》篇的"人莫鉴于流水，而鉴于止水"一语，正可近通于关尹所谓"其动若水，其静若镜"②。在笔者看来，真正与《德充符》篇所言近通的并非关尹的这句话，而应当是另一句："在己无居，形物自著"，二者均强调心之虚

---

① 参见李零《郭店楚简校读记》，北京大学出版社2002年版，第36—38页；孙以楷《道家哲学研究：附录三种》，第8页。

② 王葆玹：《老庄学新探》，第88—89页。

静。此外,"关尹曰……"中有"芴乎若亡"四字,而《天下》篇对庄子之学的述评也有类似语词:"芴漠无形……芒乎何之,忽乎何适。"

二 《庄子》中的关尹思想印迹

从《庄子》全书看,《吕氏春秋·不二》所谓关尹以"贵清"为主旨的学说对庄子可能产生的影响,并不仅仅表现在前述几个概念和语句上,而是在外杂篇留有多处印迹。撮其要者,以下文本尤其值得重视。

《天地》篇:

> 道,渊乎其居也,漻乎其清也。……冥冥之中,独见晓焉;无声之中,独闻和焉。故深之又深而能物焉……故其与万物接也,至无而供其求,时骋而要其宿。

这段话的首句似有以水言道之意,"漻乎其清"一语正与"关尹贵清"以及《天下》篇关尹所曰"寂乎若清"相应。而在下文对得道的"王德之人"的称扬中,其所谓"独闻和焉","至无而供其求,时骋而要其宿",则分别与关尹所曰"同焉者和","在己无居,形物自著"相应或内通。

《刻意》篇:

> 水之性,不杂则清,莫动则平;郁闭而不流,亦不能清;天德之象也。故曰:纯粹而不杂,静一而不变,惔而无为,动而以天行,此养神之道也。

这里作者强调的是无论动或静,水皆有纯粹不杂之"清",而人们的"养神之道"则应效仿水之体性。这段话无论在字词的使用上,还是在思想内容上,皆与《天下》篇之关尹所曰有相通之处。

第二章 庄子与道家：形之生灭，神之逍遥

《山木》篇：

> 东海有鸟焉，其名曰意怠。其为鸟也，翂翂翐翐，而似无能；引援而飞，迫胁而栖；进不敢为前，退不敢为后；食不敢先尝，必取其绪。是故其行列不斥，而外人卒不得害，是以免于患。

这段话是在借"意怠"之事说个体的避害自保之术，其中"进不敢为前，退不敢为后；食不敢先尝，必取其绪"一语，正可通于《天下》篇关尹所曰"未尝先人而常随人"。在庄子，这种应物处世方式亦即所谓"和而不唱"（《德充符》）、随顺委蛇。①

《徐无鬼》篇：

> 人之于知也少，虽少，恃其所不知而后知天之所谓也。知大一，知大阴，知大目，知大钧，知大方，知大信，知大定，至矣。大一通之，大阴解之，大目视之，大均缘之，大方体之，大信稽之，大定持之。

这段话讨论了"知"的问题。值得注意的是，作者把"知大（太）一"排在"至知"的首位，并认为正确的方法是"大一通之"。明人陆西星说："通之也者，未始有物之先，可以潜孚而不可以思虑，故曰通。"② 显然，"大一"是指不可思虑言说的至上本体。

《列御寇》篇同样提到了"大一"：

> 小夫之知，不离苞苴竿牍，敝精神乎蹇浅，而欲兼济道物，太一

---

① 关于庄子主张的随顺委蛇的乱世存身之术，参见邓联合《"逍遥游"释论——庄子的哲学精神及其多元流变》，第92—98页。

② 转引自方勇、陆永品《庄子诠评》下册，第826页。

159

形虚。若是者，迷惑于宇宙，形累不知太初。彼至人者，归精神乎无始而甘暝乎无何有之乡。水流乎无形，发泄乎太清。

在这段话中，"太一"和"水"的体性是贯通的，因为"无形""太清"亦即"形虚"。关尹的"太一生水""贵清""空虚不毁万物"的学说，与此相通。另外，作者说"至人者，归精神乎无始而甘暝乎无何有之乡"，其境界特点既与"太一"和"水"的体性类似，同时也近通于关尹所曰的"芴乎若亡"和《天下》篇评说庄子的"芴漠无形""芒乎何之"。

《知北游》篇：

庄子曰："……尝相与游乎无何有之宫，同合而论，无所终穷乎！尝相与无为乎！澹而静乎！漠而清乎！调而闲乎！寥已吾志，无往焉而不知其所至。去而来而不知其所止，吾已往来焉而不知其所终；彷徨乎冯闳，大知入焉而不知其所穷。"

比较可见，这段话提到的"澹而静""漠而清""同合而论"与关尹所曰的"其静若镜""寂乎若清""同焉者和"，皆逐一对应，而庄子游心于其中的"无何有之宫"的特点，似亦近于关尹所曰的"芴乎若亡"。

《田子方》篇：

其为人也真，人貌而天虚，缘而葆真，清而容物。

此语是田子方对其师东郭顺子的称颂，他的人格风貌有两个特点：一是内心"清""虚"，二是顺应、包容外物。在关尹思想中，这两个特点被描述为"空虚不毁万物"，或"在己无居，形物自著"，"未尝先人而常随人"。另外，此处田子方非常强调其师之"真"，而《天下》篇则赞关尹和老聃为"古之博大真人"。

再来看《达生》篇关尹和列子的对话，这段话或许反映了关尹思想的

第二章 庄子与道家：形之生灭，神之逍遥

另一方面：

> 子列子问关尹曰："至人潜行不窒，蹈火不热，行乎万物之上而不慄。请问何以至于此？"关尹曰："是纯气之守也，非知巧果敢之列。居，予语女！凡有貌象声色者，皆物也，物与物何以相远？夫奚足以至乎先？是形色而已。则物之造乎不形而止乎无所化，夫得是而穷之者，物焉得而止焉！彼将处乎不淫之度，而藏乎无端之纪，游乎万物之所终始，壹其性，养其气，合其德，以通乎物之所造。夫若是者，其天守全，其神无郤，物奚自入焉！夫醉者之坠车，虽疾不死。骨节与人同而犯害与人异，其神全也，乘亦不知也，坠亦不知也，死生惊惧不入乎其胸中，是故遻物而不慴。彼得全于酒而犹若是，而况得全于天乎？圣人藏于天，故莫之能伤也。"

这段话的主旨是说，"至人"之不受伤，并非由于其"知巧果敢"，而是指他可以通过"纯气之守"或"养其气"，使其"神全""全于天""藏于天""藏乎无端之纪"，以至于能够在精神上超离"有貌象声色"之物的伤害和困扰，"游乎万物之所终始"，从而"死生惊惧不入乎其胸中"。关尹的这些主张及其所用语词与庄子思想皆有相通之处，而由此相通，我们亦可提出一点怀疑：这里出现的究竟是真实的关尹其人，还是已经庄学化了的关尹，正如庄学化了的老子、孔子那样？换言之，这段话所反映的究竟是关尹的思想，还是庄子借鉴了关尹之学，然后又以关尹之口说出的庄子自己的思想？在笔者看来，后一种可能性较大。

相应于《达生》篇关尹所强调的"纯气之守"，在《吕氏春秋·审己》所记关尹和列子的对话中，"守"同样被视作至为关键的自我修养工夫，虽然"守"之内涵与上文有异：

> 子列子常射中矣，请之于关尹子。关尹子曰："知子之所以中乎？"答曰："弗知也。"关尹子曰："未可。"退而习之三年，又请。

庄子哲学精神的渊源与酿生

> 关尹子曰："子知子之所以中乎？"子列子曰："知之矣。"关尹子曰："可矣，守而勿失。"①

这段话虽未谈及"纯气"，但我们从中亦可知，"守"确是除"贵清"之外关尹的另一重要思想。

综合《吕氏春秋·审己》和《庄子·达生》所述，可知关尹的重"守"思想所强调的主要是个体的自知自持和内守清虚之境。相比之下，老子虽亦重视"守"，但其所谓"守"却常有于两端之中守一端之义，例如"知其雄，守其雌"，"知其白，守其黑"，"知其荣，守其辱"等。不妨说，老子的这种"守"实为外向性、实践性的谋术，而关尹之"守"则是内在性的境界论或修养论范畴，这与庄子思想显然是较为接近的。

如前所论，《庄子》中也多次谈及"守"，而且视其为重要的修养工夫。例如，《大宗师》篇："吾犹守而告之，三日而后能外天下；已外天下矣，吾又守之，七日而后能外物；已外物矣，吾又守之，九日而后能外生"；《天道》篇："极物之真，能守其本"；《天运》篇："涂郤守神，以物为量"；《刻意》篇："纯素之道，唯神是守；守而勿失，与神为一"；《秋水》篇："谨守而勿失，是谓反其真"；《知北游》篇："臣有守也"；《庚桑楚》篇："孰知有无死生之一守者，吾与之为友。"很明显，《秋水》和《刻意》篇所谓"守而勿失"，正同于《吕氏春秋·审己》之关尹所曰。

统观上文可见，那些明显带有关尹"贵清"和重"守"之思想痕迹的文本，除较少的几例外，绝大多数出现在《庄子》的外杂篇，而不是内篇。对此现象，我们可作两种推测：第一，如果外杂篇是庄子后学之作品

---

① "守而勿失"后另有"非独射也，国之存也，国之亡也，身之贤也，身之不肖也，亦皆有以。圣人不察存亡、贤不肖，而察其所以也"一段，有学者也把这段话看作紧随"守而勿失"的关尹所曰的内容（王叔岷：《先秦道法思想讲稿》，第158页；萧登福：《列子探微》，台北：文津出版社1990年版，第143页；郭沫若：《十批判书》，第163页）。事实上，从上下文尤其是从《吕氏春秋》中常用的表示转承关系的"非独"二字看，"非独射也……而察其所以也"一段并非关尹原话，而应是该篇作者对关尹思想的泛化性发挥。

的话，那么前引文本表明，关尹的思想对庄子后学有一定影响；第二，无论前引外杂篇的文本部分还是全部出自庄子之手，上述现象都表明，关尹的思想对庄子有重要影响。在不能决然断定外杂篇皆非庄子作品，且前引外杂篇文本与内篇思想并不矛盾的情况下，笔者倾向于第二种可能。

这也就是说，庄子之学不仅存留了关尹的宇宙论概念"太一"，而且在人生哲学和个体修养的层面上，吸收了关尹"贵清"和重"守"的思想。在庄子，"贵清"和重"守"既可衍生为清静虚寂的精神境界，又可落实为随顺应世的现实生存方式。

第四节　庄子与列子：虚而遨游，无待无穷

一　列子贵虚

列子，名御寇，或圄寇、圉寇，其人其事虽不见于《史记》，但《庄子》《尸子》《韩非子》《吕氏春秋》《战国策》《淮南子》等早期文献皆有关于列子的记述，可见历史上确有其人。关于其人其书，刘向《列子新书目录》云：

> 列子者，郑人也，与郑缪公同时，盖有道者也。其学本于黄帝、老子，号曰道家。道家者，秉要执本，清虚无为，及其治身接物，务崇不竞，合于六经。而《穆王》、《汤问》二篇，迂诞恢诡，非君子之言也。至于《力命》篇，一推分命。《杨子》之篇，唯贵放逸。二义乖背，不似一家之书。然各有所明，亦有可观者。孝景皇帝时贵黄老术，此书颇行于世。及后遗落，散在民间，未有传者。且多寓言，与庄周相类，故太史公司马迁不为列传。①

---

① 引自杨伯峻撰《列子集释》，中华书局1979年版，第278页。

庄子哲学精神的渊源与酿生

这段话对于列子其人、其学之渊源和大旨，以及《列子》其书部分篇章的内容、相互矛盾的思想特点、与儒家的相合相悖处、文章风格、文本流传和"失传"、与《庄子》的相似性等情况，都作了清晰扼要的介绍，很值得研究者重视。

在前人研究的基础上，关于列子其人，今世学者推测，他可能是春秋末期人，虽与老子、孔子、关尹处于同一时代，但其年岁却晚于老、孔、关①；还有学者认为他是战国时人②，其活动年代早于庄子——《汉书·艺文志》道家类存《列子》八篇，后注云："名圄寇，先庄子，庄子称之。"关于国属和身份，学者多以列子为郑国人，严灵峰认为他是郑繻公时的"有道之隐者"③，王葆玹则以列子与关尹同为秦人，其于郑只是"客居"，其身份当为秦之狱卒或狱吏。④ 折中众说，列子应是早于庄子的春秋末世或战国初期人。

关于《列子》其书，历来争议极大。⑤ 一派学者认为，今本《列子》绝非汉志所存之书，而是晋人张湛之伪作⑥——这种看法之极端者，季羡

---

① 参见萧登福《列子探微》，第1页；孙以楷《道家哲学研究：附录三种》，第22页。

② 参见钱穆《先秦诸子系年》，第204页；孙以楷、陆建华、刘慕方《道家与中国哲学（先秦卷）》，人民出版社2004年版，第207页；刘建国《先秦伪书辨正》，第250页。

③ 严灵峰：《列子辩诬及其中心思想》，台北：文史哲出版社1994年版，第2页。又，汉高诱《淮南子·精神训注》："列子，郑之隐士，壶子弟子也。"唐成玄英《庄子·逍遥游疏》："（列子），姓列，名御寇，郑人也。与郑繻公同时，师于壶丘子林，著书八卷。"

④ 参见王葆玹《老庄学新探》，第87页。

⑤ 对此问题的综述，参见郑良树《〈列子〉真伪考述评》，《诸子著作年代考》；程水金、冯一鸣《〈列子〉考辨述评与〈列子〉伪书新证》，《中国哲学史》2007年第2期。

⑥ 萧登福把今本《列子》伪书说的理由概括为四条：（1）列子为春秋时人，《列子》书中却记有战国之事；（2）书中有汉魏时期的佛家语；（3）该书与《庄子》《吕氏春秋》《韩非子》《淮南子》等书，文字相近者甚多；（4）杨伯峻从汉语史的角度，指出该书的部分文字语法不似先秦，而应是晚出（参见萧登福《列子探微》，第9—10页；杨伯峻撰《列子集释》，第323—348页）。在笔者看来，这其中的第一、二、四条理由最具说服力，因此最能支持《列子》伪书说。

第二章 庄子与道家：形之生灭，神之逍遥

林在《〈列子〉与佛典》一文中，甚至不仅断定"《列子》这部书是彻头彻尾的一部伪书"，而且进一步推测说："刘向的《叙录》，《列子》本文，《列子序》和《列子》注都出于张湛一人之手，都是他一个人包办的。"①另一派学者的看法则截然相反，他们认为，"《列子》之书，成于战国，保存了大量的奇说轶事"，虽然其中"旁采杂说，体近稗官，不足成一家之言"，但该书确是"真书"无疑，因此它应被视为"一部研究战国初期思想家的宝贵资料"；相应地，张湛不仅不是造伪者，反倒是"保存、整理、研究、校注《列子》的一大功臣"。②

另外还有一派学者持中间立场，他们认为该书"半真半伪"，其中的文本材料和思想内容既有早出于战国者，也有晚出于晋代者。③例如，许抗生指出："从总体思想上说，现存《列子》主要反映的是战国时代的思想……现存《列子》仍应是战国时代的著作，但在许多地方亦经过了后人的增改。"④又如，冯友兰认为永嘉以前已没有通行的《列子》了，今本是张湛根据"旧材料"编辑整理而成的，在此过程中张氏掺入了一些"别的材料"，例如《天瑞》篇抄了《易纬·乾凿度》，《杨朱》篇提倡的放纵肉体快乐的人生哲学则代表晋代玄学高峰之后的尾声⑤，这些材料和思想都属于晋人，而不属于历史上真实的列子其人。

在今本《列子》存在着诸多不可回避的问题、不可解释的疑点的情况下，笔者倾向于认为该书是伪作。退一步说，即使它是"真书"，也不足

---

① 季羡林：《中印文化关系史论丛》，人民出版社1957年版，第85页。
② 参见岑仲勉《〈列子〉非晋人伪作》，《两周文史论丛：外一种》，中华书局2004年版；刘建国《先秦伪书辨正》，第251—262页；陈广忠《为张湛辨诬——〈列子〉非伪书考之一》，《道家文化研究》第十辑，上海古籍出版社1996年版。
③ 参见严北溟、严捷译注《列子译注》，上海古籍出版社1986年版，"前言"。
④ 许抗生：《〈列子〉考辨》，《道家文化研究》第一辑，上海古籍出版社1992年版。近乎此，王叔岷认为："今传张湛注本《列子》，虽后人有所增益，而各篇之文，实多出自先秦，与庄子关系尤巨，此治先秦道家思想所不可忽者也。"（《先秦道法思想讲稿》，第161—162页）
⑤ 冯友兰：《中国哲学史新编》中册，第586—590页。

以或很难被用以把握春秋末世或战国初期那个真实的列子其人的思想。这是由于早在刘向的时代,《列子》其书的文本和义理已甚是驳杂"乖背,不似一家之书",并且该书于当时已遗散于民间,"未有传者"。鉴于此,要想从张湛编定的今本《列子》中精准分离出属于列子其人的作品,无疑是难上加难乃至不可能的。所以,严格起见,下文对庄子与列子之关系的考察,笔者将不以今本《列子》为据,而仅从早期文献对列子其人其学的记述出发。

除《庄子》中的记述外,相关资料还有:

> 子列子常射中矣,请之于关尹子……。(《吕氏春秋·审己》,前文已引该段,此处从略)
>
> 子列子贵虚。(《吕氏春秋·不二》)
>
> 列子贵虚。(《尸子·广泽》)
>
> 宋人有为其君以象为楮叶者,三年而成。丰杀茎柯,毫芒繁泽,乱之楮叶之中而不可别也。此人遂以功食禄于宋邦。列子闻之曰:"使天地三年而成一叶,则物之有叶者寡矣。"(《韩非子·喻老》)
>
> 列子学壶子,观景柱而知持后矣。(《淮南子·缪称训》)
>
> 史疾为韩使楚,楚王问曰:"客何方所循?"曰:"治列子圄寇之言。"曰:"何贵?"曰:"贵正。"王曰:"正亦可为国乎?"曰:"可。"王曰:"楚国多盗,正可以圉盗乎?"曰:"可。"曰:"以正圉盗,奈何?"顷间有鹊止于屋上者,曰:"请问楚人谓此鸟何?"王曰:"谓之鹊。"曰:"谓之乌,可乎?"曰:"不可。"曰:"今王之国有柱国、令尹、司马、典令,其任官置吏,必曰廉洁胜任。今盗贼公行而弗能禁也,此乌不为乌、鹊不为鹊也。"(《战国策·韩策》)

根据这些记述,可以看出:(1) 列子曾请教于关尹、求学于壶子,《庄子》之《达生》和《应帝王》两篇中的相关记述可与此相印证。(2)"贵虚"是列子思想的根本,而他对宋人之事的批评似乎意在指出,"虚"而生万物是天地之大德,人们应循此而为,不应久耗心力于无益之事。①(3)"贵正"可能是列子思想的另一重要方面,"正"之内涵或指天地自然之正②,或指个人自我修养上的"正己",或指政治上的"正名",其理论渊源或为《老子》第五十七章所谓"以正治国",或"上承儒家正名之绪,一变而开道法刑名之端",或不过只是"彼时各学派对治国之方的共识",而不必出自道家或儒家。③无论哪种情况,若"贵正"确是其思想之一的话,那么我们就可说,列子并非纯粹的隐士,他对政治也自有其"建设性"的主张。

二 被贬责的列子

《庄子》一书对列子的记述共七条,在先秦文献中可谓最多最详。王叔岷说:"《庄子》载列子诸事,盖深有所取于列子,兼以明'虚'境之不易达也。"④换言之,列子之"贵虚"在庄子思想中亦有重要地位。以下逐一分析这七条记述。

《让王》篇所记列子居郑而拒受子阳赠粟之事,一方面表明他宁愿受穷,也不愿贸然接受政治人物的无端赐予,另一方面也说明他对世事之险恶叵测有深刻洞察。

《至乐》篇:"列子行食于道从,见百岁髑髅,攓蓬而指之曰:'唯予与汝知而未尝死,未尝生也。若果养乎?予果欢乎?'"这个故事蕴含的齐生死、同悲喜的思想,也是庄子之学的重要内容,而如果说列子的这段话

---

① 王充《论衡·自然》篇亦载此事,并评论曰:"如(列)子之言,万物之叶自为生也。自为生也,故能并成。如天为之,其迟当若宋人刻楮叶矣。"张岱年、杜运辉认为,《韩非子》所引此语亦"贵正"之意,列子的主张是"任自然,顺天地之正"(《关于列子》,《中国哲学史》2011年第2期)。

② 《庄子·逍遥游》:"乘天地之正,而御六气之辩。"

③ 参见孙以楷《道家哲学研究:附录三种》,第27页;孙以楷、陆建华、刘慕方《道家与中国哲学(先秦卷)》,第209—210页;钱穆《先秦诸子系年》,第204页;萧登福《列子探微》,第4、20页。

④ 王叔岷:《先秦道法思想讲稿》,第166页。

是从其"贵虚"的思想立场提出的,应无不可。

《达生》篇所记列子向关尹请益之事,前文已引。如果先秦思想史上确有此事的话,那么我们或可认为,其"贵虚"思想与关尹之学有一定关系。进一步,关尹又是老子的弟子,而老子早已提出"致虚极,守静笃","虚其心"的主张,所以王叔岷认为:"老子之重虚静而轻仁义,盖于列子有所影响邪!"① 严灵峰持类似看法:"列子之贵虚,旨在清静无为;说同于老子。"② 不过,笔者倾向于认为,《达生》篇所述列子提出的问题"至人潜行不窒,蹈火不热,行乎万物之上而不慄……",以及关尹的回答,并不是思想史上的客观事实,而应是庄子化了的"重言"文本。这就是说,其中反映的不是关尹和列子的思想,而应是庄子的思想。

与上述三条记言或如实记事的资料相比,《庄子》中的另外四条明显带有作者思想倾向性的资料更为重要,因为从这种倾向性中,我们可以推知庄子对列子"贵虚"之旨的态度,以及在此问题上,庄子和列子思想之间所构成的"扬弃"关系:

> 夫列子御风而行,泠然善也,旬有五日而后反。彼于致福者,未数数然也。此虽免乎行,犹有所待者也。若夫乘天地之正,而御六气之辩,以游无穷者,彼且恶乎待哉!故曰:至人无己,神人无功,圣人无名。(《逍遥游》)

> 郑有神巫曰季咸,知人之死生存亡,祸福寿夭,期以岁月旬日,若神。郑人见之,皆弃而走。列子见之而心醉,归,以告壶子,曰:"始吾以夫子之道为至矣,则又有至焉者矣。"……明日,又与之见壶子。立未定,自失而走。壶子曰:"追之!"列子追之不及。反,以报壶子曰:"已灭矣,已失矣,吾弗及已。"壶子曰:"乡吾示之以未始出吾宗。吾与之虚而委蛇,不知其谁何,因以为弟靡,因以为波流,

---

① 王叔岷:《先秦道法思想讲稿》,第164页。
② 严灵峰:《列子辩诬及其中心思想》,第137页。

第二章 庄子与道家：形之生灭，神之逍遥

故逃也。"然后列子自以为未始学而归，三年不出。为其妻爨，食豕如食人。于事无与亲，雕琢复朴，块然独以其形立。纷而封哉，一以是终。①（《应帝王》）

列御寇为伯昏无人射，引之盈贯，措杯水其肘上，发之，适矢复沓，方矢复寓。当是时也，犹象人也。伯昏无人曰："是射之射，非不射之射也。尝与汝登高山，履危石，临百仞之渊，若能射乎？"于是无人遂登高山，履危石，临百仞之渊，背逡巡，足二分垂在外，揖御寇而进之。御寇伏地，汗流至踵。伯昏无人曰："夫至人者，上窥青天，下潜黄泉，挥斥八极，神气不变。今汝怵然有恂目之志，尔于中也殆矣夫！"（《田子方》）

列御寇之齐，中道而反，遇伯昏瞀人。伯昏瞀人曰："奚方而反？"曰："吾惊焉。"曰："恶乎惊？"曰："吾尝食于十浆，而五浆先馈。"伯昏瞀人曰："若是，则汝何为惊已？"曰："夫内诚不解，形谍成光，以外镇人心，使人轻乎贵老，而𩰚其所患。夫浆人特为食羹之货，无多余之赢，其为利也薄，其为权也轻，而犹若是，而况于万乘之主乎！身劳于国而知尽于事，彼将任我以事而效我以功。吾是以惊。"伯昏瞀人曰："善哉观乎！女处已，人将保女矣！"无几何而往，则户外之屦满矣。伯昏瞀人北面而立，敦杖蹙之乎颐，立有间，不言而出。宾者以告列子，列子提屦，跣而走，暨乎门，曰："先生既来，曾不发药乎？"曰："已矣，吾固告汝曰人将保汝，果保汝矣。非汝能使人保汝，而汝不能使人无保汝也，而焉用之感豫出异也！必

---

① 紧随其后，《应帝王》篇又云："无为名尸，无为谋府，无为事任，无为知主。体尽无穷，而游无朕；尽其所受乎天，而无见得，亦虚而已。至人之用心若镜，不将不迎，应而不藏，故能胜物而不伤。"马叙伦、熊铁基、王叔岷等学者认为，后面的这段话也反映了列子的"贵虚"思想，或是指"列子已达'虚'之境"（参见熊铁基、马良怀、刘韶军《中国老学史》，福建人民出版社1995年版，第98页；王叔岷《先秦道法思想讲稿》，第166页）。而在笔者看来，这段话应独立成章，因为它不仅与前述故事并无直接关系，而且文辞风格亦异于上文，因此我们不应将其视为列子"贵虚"思想的反映。

且有感，摇而本性，又无谓也。与汝游者，又莫汝告也，彼所小言，尽人毒也。莫觉莫悟，何相孰也！巧者劳而知者忧，无能者无所求，饱食而敖游，泛若不系之舟，虚而敖游者也。"（《列御寇》）

细读这四条资料，可以发现其中存在着共同的思想叙事结构：虽然列子出场在先，但各段文本最终却无不以他被贬抑、被嘲讽、被教诲来收尾。具体来说就是，在《逍遥游》篇，庄子批评"御风而行"，"于致福者，未数数然"的列子"虽免乎行"，但毕竟"犹有所待者"；在《应帝王》篇，列子痛感自己未闻其师壶子之大道，以至于被季咸蒙混；在《田子方》篇，列子被讥以"怵然有恂目之志"；在《列御寇》篇，列子被责以"必且有感，摇而本性"。

这种共同的叙事结构表明，列子虽然"贵虚"，然而在庄子看来，其所贵之"虚"却仍未达于至极。① 因为，上引各段批评列子的所谓"御风而行"却"犹有所待者"，"怵然有恂目之志"，"必且有感，摇而本性"云云，括而言之，实质上都是指列子之"虚"还很不彻底、不纯粹，其内心仍不能完全摆脱外部物事的干扰或诱惑，而他之所以见季咸而心醉、登高山而不能施"不射之射"，以及招摇自炫于众人之间，也恰在于其心并未臻于"虚"之极，甚至未曾"虚"。从庄子的角度再进一步追根溯源，列子之所以"虚"得不彻底，根本原因在于其内心仍然"有己"，仍未"丧我"，即并未完全根除自我中心意识——内有自我意识，则外必然"有所待"。由此，列子既不能"上窥青天，下潜黄泉，挥斥八极，神气不变"，拥有"至人"那样的玄渺精神境界，又不能在尘俗中超绝于物累之外而虚静自处、清明自适。

---

① 今本《列子·天瑞》："或谓子列子曰：'子奚贵虚？'列子曰：'虚者无贵也。'子列子曰：'非其名也，莫如静，莫如虚。静也虚也，得其居矣；取也与也，失其所矣……'"若依此文，列子之"虚"可谓至极也。但笔者认为，这里提到的"虚者无贵""非其名也"，并不是先秦列子的真实思想，而应是今本的作者援取晋代佛教大乘空宗所谓一切皆空、空亦复空的思想，所伪造的《列子》之文。

前文已有所论，庄子也贵"虚"，例如《人间世》篇："气也者，虚而待物者也。唯道集虚，虚者，心斋也。"但相较于列子，其所贵之"虚"却是"无己"或"丧我"即根除了自我中心意识之后的"虚"。内除自我意识，外必然"丧其耦"（《齐物论》）——"无己"则无所谓物我之分，进而我亦将与物无对。与物无对，则无所待。由此可以说，庄子所贵者，乃是彻内彻外的至极之"虚"。对于庄子来说，若能达于至极之"虚"，则个体既可以在形而上的层面上像"至人"那样"乘天地之正，而御六气之辩，以游无穷"，又能在形而下的层面上像壶子那样与自我外部的烦冗物事"虚而委蛇"，而其自身则可以在对他人他物的随顺之中，"虚而敖游"于现实世界，或"饱食而敖游，泛若不系之舟"，全然不滞于物累。

列子"贵虚"，而庄子却偏偏以其师壶子的身份对他说"虚而委蛇"之道，又偏偏让"虚而敖游"四字出自列子所尊称的"先生"伯昏瞀人之口。这不是无意的安排，庄子明显是在用这种别有意味的用语和叙事方式来贬抑列子之"虚"，但贬抑不等于否定。王叔岷指出："庄子发明虚静而轻仁义之说，当直接受老子影响，与列子取义亦相符。"[①] 从思想史的角度说，贵"虚"实际上是贯穿承递于老子、关尹、列子、庄子乃至黄老之间的道家精神传统，而庄子对列子的贬抑或批评，实质上体现了他对这一精神传统的承继和对列子"贵虚"思想的扬弃。

第五节　庄子与杨朱：从贵己重生到无己外生

一　杨朱贵己

杨朱，又称杨氏、杨子，或阳子、阳子居、阳生。相较于列子，杨朱其人更为扑朔迷离、难知其详，不仅《史记》未有其传，汉志亦不见其书，然而《孟子》《庄子》《荀子》《韩非子》《吕氏春秋》《淮南子》《说

[①] 王叔岷：《先秦道法思想讲稿》，第165页。

苑》等早期文献却对其事其学多次提及，可见先秦确有杨朱其人存在，其学亦广为人知。严复在《〈庄子〉评语》中曾怀疑孟子所抨击的杨朱即是庄周，其理由有二：从音韵学的角度说，"庄与杨为叠韵，周与朱为双声"，两人的名字读音相近；从思想角度说，庄、杨"论道终极，皆为我而任物，此在今世政治哲学，谓之个人主义 individualism"。① 其后，蔡元培也从音韵和思想的角度发挥"杨朱即庄周说"。对此，唐钺、钱穆等学者已作出有力反驳②，兹不赘述。

关于杨朱的国属，学界曾有魏人、宋人、秦人③、卫人等不同说法④，但这些说法终属猜测，难以具体考定。杨朱的活动年代可能在战国早期，或与墨子同时而稍晚，或在墨子之后——胡适认为，"大概杨朱的年代当在西历纪元前 440 年与 630 年之间"，冯友兰推测他"一定生活在墨子（公元前约 479—前约 381 年）与孟子（公元前约 371 年—前约 289 年）之间，因为墨子从未提到他，而孟子的时代他已经具有与墨家同等的影响"，钱穆则以其"辈行较孟轲惠施同时而稍前"。⑤ 无论详情如何，杨朱早于庄子这一点是确定无疑的。

关于其身份，前人多认为他是避世的隐士，但据刘向《说苑·政理》载，杨朱曾经见梁王，"言治天下如运诸掌然"。若此事属实，那么看来他就像列子一样并非独以隐居为务，而是对现实政治问题的解决颇有心得。

杨朱未见有书传世。今本《列子》有《杨朱》篇，其中记述了杨朱

---

① 《严复集》第四册，第 1125—1126 页。
② 参见蔡元培《杨朱即庄周说》、唐钺《杨朱考》，载《古史辨》第四册，上海古籍出版社 1982 年版；钱穆《庄子纂笺》，"序"。
③ 《庄子·山木》成玄英疏："杨朱，姓杨名朱，字子居，秦人也。"
④ 参见（清）于鬯著，张华民点校《香草续校书》，中华书局 1963 年版，第 408 页；郑宾于《杨朱传略》，《古史辨》第四册。
⑤ 参见陈荣捷《中国哲学论集》，第 201 页；钟泰《中国哲学史》上册，辽宁教育出版社 1998 年版，第 33 页；王博《论杨朱之学》，《道家文化研究》第十五辑，生活·读书·新知三联书店 1999 年版；胡适《中国哲学史大纲》，第 127 页；冯友兰《中国哲学简史》，北京大学出版社 1996 年版，第 54—55 页；钱穆《先秦诸子系年》，第 284 页。

第二章　庄子与道家：形之生灭，神之逍遥

的言语行事。学者对该篇的看法有三。

其一是以该篇为魏晋时人之伪作，反映的是魏晋时期的思想。[1] 例如陈荣捷认为，该篇"合达观、厌世、乐世为一大杂烩，和杨朱纯粹全性保真的重生，绝然不同"；冯友兰认为，该篇当是公元三世纪的作品，其主旨是"极端的纵欲主义，而在其他的先秦著作中从来没有指责杨朱是纵欲主义的"，所以该篇"并不代表先秦那个纯正的杨朱的思想"；顾颉刚也说："杨朱何尝纵恣情性，他乃是一个'全性保真，不以物累形'的笃厚君子。"[2]

其二是认为《列子》不是伪书，《杨朱》篇亦非魏晋时人的作品，篇中除了公孙朝穆兄弟和端木叔两段文字有纵欲思想之嫌疑外，"其余内容根本谈不上有纵欲主张"。所以，"该篇应是相对更为可靠的材料"，"是我们研究杨朱之学的重要依据"。[3]

其三是在对该篇之真伪存疑的前提下，姑且用之或仅作参考资料。例如胡适说，"《列子》这部书是最不可信的"，然而《杨朱》篇"虽有一些不可靠的话"，"这一篇的大体似乎可靠"，"似乎还可信"，"或者当时本有这样一种记杨朱言行的书，后来被编造《列子》的人糊涂拉入《列子》里面"，"所以我们不妨暂且把《杨朱篇》来代表这一派学说"。[4] 孙以楷说："鉴于《列子》一书的真伪尚无定论，对于《杨朱》篇，我们既不能信其全为杨朱的史料，也不可断然否定它是杨朱的史料。我们不以《杨朱》篇作为研究杨朱思想的主要依据，但在某些问题上亦可适当参考。"[5]

---

[1] 参见柴文华《〈列子·杨朱篇〉伦理思想臆评》，《学术交流》1990年第6期；贾占新《论〈列子·杨朱篇〉》，《河北大学学报》（哲学社会科学版）2003年第1期；袁济喜《〈列子〉与六朝文士的演生》，《中国人民大学学报》2005年第6期。

[2] 陈荣捷：《中国哲学论集》，第201、203页；冯友兰：《中国哲学简史》，第55、199页；顾颉刚：《从〈吕氏春秋〉推测〈老子〉之成书年代》，《古史辨》第四册。

[3] 参见陈鼓应《杨朱轻物重生的思想——兼论〈杨朱篇〉非魏晋伪托》，《江西社会科学》1990年第6期；王博《论杨朱之学》。

[4] 胡适：《中国哲学史大纲》，第126页。

[5] 孙以楷：《道家哲学研究：附录三种》，第16页。

笔者认同第一种看法，因此下文的讨论将不援引《杨朱》篇的文字。

关于杨朱之学与老子、庄子思想的关系，以及其于先秦道家学脉中所处的地位，迄今学界主要有以下几类看法。

第一，冯友兰认为，隐士群体是以"贵己""重生"为思想大旨的杨朱之徒的前驱，而杨朱又是老、庄乃至整个道家学派的前驱。"杨朱之后，老庄之徒兴。老庄皆继杨朱之绪，而其思想中却又卓然有杨朱所未发者。于是杨朱之名，遂为老庄所掩。所以杨朱之言似消灭而实未消灭也。杨朱之传统的学说，在《吕氏春秋》中尚多记述。"[1] 在《老子》《庄子》中，杨朱的"贵己""重生"之旨虽依然存在，"然此非老庄最高之义也"。这是由于老子已"打穿后壁"而彻悟到"吾所以有大患者，为吾有身，及吾无身，吾有何患"（第十三章），而庄子则提出了齐生死、忘祸福的主张。总括起来就是，"老子之学，盖就杨朱之学更进一层；庄子之学，则更进二层也"，或者说，"庄子之学为杨朱之学之更进步者"。[2]

这种看法的欠妥之处在于把杨朱看作早于老子的春秋时人，但冯友兰认为重视个体生命的自我呵护是先秦道家的传统精神，且庄子承继并扬弃了杨朱之学，这一点还是大致正确的。

第二，老子早于杨朱，杨朱之学出于老子，其"贵己"之说源于老子的"贵身"思想，《老子》和《庄子》都与杨朱的"贵己"之说有密切关系，可以认为他是"从老子到庄子思想演变过程中的一个中间人物"。具体就其与庄子的关系来看，傅斯年说："庄子之人生观，亦杨朱也。"[3] 钱穆说："庄子之学，盖承杨朱而主为我。……庄氏要为为我之学。"[4] 近乎此，王尔敏认为，"杨朱贵生为我，是道家中一派养生学之正宗"，"唯杨

---

[1] 近乎此论，蒙文通《杨朱学派考》一文也认为，《吕氏春秋》中的《适音》《本生》《重己》《贵生》等篇，皆本自杨朱之学（《先秦诸子与理学》，第109—110页）。
[2] 冯友兰：《中国哲学史》上册，第173、179、279页。
[3] 《傅斯年全集》第二卷，第203页。
[4] 钱穆：《庄子纂笺》，"序"。

朱无著，而继承贵生为我者则有庄子"。① 傅、王之说实质上是把庄子归结为杨朱之后学，这在很大程度上否定了庄子思想的新创性和丰富性。另外，陈鼓应认为："杨朱学派的发展，或因成员才具不足而迅疾为同类型更成熟的思想（如庄子）所取代。"② 依此说，庄子思想是杨朱之学合乎历史逻辑的发展和超越，是杨朱之学的"新形态"。

第三，杨朱不属于道家，亦与老庄思想没有直接关系。例如，针对冯友兰以杨朱为道家前驱的说法，陈荣捷指出，"杨朱没有学徒，没有著作，没有思想系统，不成一家"，《庄子·天下》篇也没有批评他，"倘若从杨朱和道家的关系来说，与其说他是前驱或后继，不如说他是道家的叛徒。实则老子和杨朱并没有历史的渊源，也没有思想的联系"，例如老子是主张"爱人救人"的，其所谓"既以与人，己愈多"（第八十一章），"和杨子不利天下不可同日而语"。③高亨则从五个方面，论证了"杨朱与老庄异派分流"，其学"本自成一家，非道家也"。高亨的一个重要依据是"庄子宗老聃而诽杨朱"："庄周为道家巨子，生于杨说盛行之时，而摒斥杨朱不遗余力"，这充分表明杨朱不在道家思想的阵营之中。④ 按照这种看法，以老聃为宗的庄子与杨朱之学并不存在内在的思想关联。另外，针对严复和蔡元培的庄周即是杨朱说，王叔岷从三个方面区分了庄与杨的思想差异，其结论是："庄子之学非杨朱之学"，庄周亦非杨朱。⑤

笔者的看法是，杨朱之学虽未必出于老子，而的确可能自成一家⑥，但如果说其学与庄子思想无关，则未免失当。这不仅是因为杨朱之学在当

---

① 王尔敏：《先民的智慧：中国古代天人合一的经验》，第187页。
② 参见钟泰《中国哲学史》上册，第33页；孙以楷《道家哲学研究：附录三种》，第18页；熊铁基、马良怀、刘韶军《中国老学史》，第101页；陈鼓应《杨朱轻物重生的思想——兼论〈杨朱篇〉非魏晋时伪托》。
③ 陈荣捷：《中国哲学论集》，第203—204页。
④ 高亨：《杨朱学派》，《古史辨》第四册，上海古籍出版社1982年版。
⑤ 参见王叔岷《先秦道法思想讲稿》，第83—87页。
⑥ 如前所论，事实上，不唯杨朱，老子、庄子等道家人物都可以说是"自成一家"。

时影响颇大，庄子不可能不直接面对它，如颜世安所说："庄子思想活动的直接背景，就是当时杨朱派代表的形形色色的'为我'学说"，这种学说的具体表现是避世自处的各种不同的隐士群体①，更为重要的是，杨朱之学与庄子思想的生命精神存在着内在可通之处，并且《庄子》一书中对杨朱其事其学亦多有记述和评议。

关于杨朱之学的特点，除《庄子》外，早期文献中的相关资料主要有：

> 杨朱、墨翟之言盈天下，天下之言不归杨，则归墨。杨氏为我，是无君也；墨氏兼爱，是无父也。无父无君，是禽兽也。（《孟子·滕文公下》）
>
> 杨子取为我，拔一毛而利天下，不为也；墨子兼爱，摩顶放踵利天下，为之。（《孟子·尽心上》）
>
> 逃墨必归于杨，逃杨必归于儒。（《孟子·尽心下》）
>
> 全生之说胜，则廉耻不立。（《管子·立政》）
>
> 今有人于此，义不入危城，不处军旅，不以天下大利易其胫一毛，世主必从而礼之，贵其智而高其行，以为轻物重生之士也。夫上所以陈良田大宅、设爵禄，所以易民死命也，今上尊贵轻物重生之士，而索民之出死而重殉上事，不可得也。（《韩非子·显学》）
>
> 畏死远难，降北之民也，而世尊之曰"贵生之士"。（《韩非子·六反》）
>
> 阳生贵己。（《吕氏春秋·不二》）
>
> 兼爱尚贤，右鬼非命，墨子之所立也，而杨子非之。全性保真，不以物累形，杨子之所立也，而孟子非之。《淮南子·氾论训》）

根据《淮南子》的这段话，王博认为："杨朱之学本针对墨学而发，故对

---

① 颜世安：《庄子评传》，南京大学出版社1999年版，第35页。

墨学多有批评。"①因为墨子及其徒众多有摩顶放踵、舍生忘死之风，而杨朱之学则反之。在上述材料中，可以用来概括杨朱之学本旨的词句有："为我""全生""轻物重生""贵生""畏死""贵己""全性保真，不以物累形"。具体来看，《孟子》、《管子》和《韩非子》对杨朱之学的概括和批评，或是基于学派对抗，或是从国家利益的批评立场做出的，这其中虽然难免存在着偏见、误解乃至故意歪曲、丑化之嫌疑，但确乎从相反方面显现出了杨朱之学的个体生命精神，而具有道家倾向的《吕氏春秋》和《淮南子》对杨朱之学相对客观中肯的述评，又从正面确证了这种生命精神。

陈少明认为，从早期文献对杨朱的记述和评论来看，其思想主要有三：《孟子》批评的"为我"、《庄子》批评的好辩、《淮南子》所说的"全性保真"。三者之中，"为我"是根本。②笔者大致赞同这一看法，但同时认为，"为我"出自以"息邪说"、辟异端为己任的孟子之口，难免带有显著的"污名化"色彩，故以此指称杨朱之学似欠妥帖。比较而言，《吕氏春秋》点评诸家时所说的"贵己"更为公正客观，也更具概括力，因此更能统领杨朱之学的全部内容。具体来说，"贵己"涉指两个方面："形"与"神"。如果说"全性保真"——保全个体自我先天自然的本性——是"神"的方面的"贵己"，即贵己之"神"，那么，"不以物累形"——不让自我的肉身拘系于外物并为外物所役所累——则是"形"的方面的"贵己"，即贵己之"形"。合而言之，作为一种人生哲学，"贵己"是指个体应重视自我的精神修养，祛雕饰、祛伪诈、祛智巧，同时摆脱外部事物的干扰和诱惑，不追逐外物，不因放纵自己的感性欲望而为物所累。

如果落实为政治哲学，杨朱的"贵己"主张当近于《老子》第十三

---

① 王博：《论杨朱之学》，《道家文化研究》第十五辑，生活·读书·新知三联书店1999年版。

② 参见陈少明《经典世界的思想配角——论杨朱》，《中国哲学史》2020年第1期。

章所谓"贵以身为天下，若可寄天下；爱以身为天下，若可托天下"，其义亦即后来黄老道家主张的身国一体、治国根于治身的思想，或正如王博所说的那样，"杨朱也关心治国的问题，不过他以为治国的根本在于治身，而治身主要是认识到贵己贱物的道理。贵己并不是说他主张除了自己之外什么都不关心，而是说他以此为通向'物我兼利，君臣皆安'的手段，杨朱也仍然是想求得天下大治的局面"①。

明乎此，即可知孟子抨击说"杨氏为我"，"拔一毛而利天下，不为也"，显然是片面地理解了杨朱之学，并将其歪曲丑化成了只贪图自我肉体生命之苟全而枉顾天下大义的自私自利之徒。对于这个问题，钱穆分析说："孟子一人之言，非当时之情实也。……凡天下之自私自利者，皆孟子之所谓杨氏之言，而未见其果为杨也。则孟子所谓杨墨之言盈天下者，亦其充类至极之论，非当时之学术分野之真相也。"② 陈荣捷也认为，孟子指斥杨朱、墨子，"不一定是直斥杨、墨本人，而是攻击他们所代表的两偏不全的思想"，杨朱之学"偏于我"，墨子之学"偏于人"，二者与儒家之"人我兼顾"绝不能相容。③ 钟泰则从正面理解杨朱思想的本义并反驳孟子说："杨子之为我，盖亦欲正务夺侵凌之失"，"为我非不利天下而已也，而必有以自得于己，此杨子之学之本也"。④ 而按照顾颉刚的解释，"'为我'即是'轻物重生'，所谓'利天下不为'乃是虽利之以天下而犹不肯为。……他（杨朱）看得生命很重，不愿为外物而伤其生，故不贪一切的利益。这原是很正当的主张啊！"⑤ 为支持顾颉刚之说，比利时汉学家戴卡琳指出，"利×"在早期文献中有"从×获利"之意，由此，"利天

---

① 王博：《论杨朱之学》，《道家文化研究》第十五辑。
② 钱穆：《先秦诸子系年》，第 285 页。
③ 陈荣捷：《中国哲学论集》，第 203 页。
④ 钟泰：《中国哲学史》上册，第 33—34 页。
⑤ 顾颉刚：《从〈吕氏春秋〉推测〈老子〉之成书年代》。另外，郭沫若认为，所谓"拔一毛而利天下不为"，事实上即是"不以天下大利易其胫一毛"，也就是"不以物累形"的夸张说法（《十批判书》，第 147 页）。

第二章 庄子与道家：形之生灭，神之逍遥

下"的意思就极有可能是指"从天下获利"，而"拔一毛而利天下，不为也"则是指杨朱不愿为了从天下获利，或者说"获天下的利"，而断送掉他自己身体的一部分，甚至当别人要把"天下"送给他，以换取他身体上微不足道的"一毛"时，他也不愿意。① 这个说法是很有道理的，韩非子对于"今上尊贵轻物重生之士"的担忧，可以佐证戴氏的观点。在韩非子看来，所谓"轻物重生之士"都是不愿拿自己的性命去换取主上陈设之爵禄和良田大宅的人，如果这种人受到尊崇，民众都以自己的生命为重，那么谁还会在君主的诱惑下，为了获得权力和物质利益而选择"重殉上事"，即为主上卖命呢？

刘黛认为，杨朱的生命哲学呈现为两个并列的思想主张：对外物"不与"也"不取"，对自我不损一毫也不增一分。基于对"物"与"我"的区分，杨朱之学指向一种摒弃物利、遗世独立而专注于精神修养的养生观，展现为对生命的敬重和对自我自足性的极端坚守。② 站在统治者的角度上，杨朱式的"轻物重生之士"无疑是有害的。但作为普通个体，在自我生命的养护与外在的物质利益之间，选择前者再正当不过了，这种选择也代表了道家的一贯立场。朱熹云："人说孟子只辟杨墨，不辟老氏。却不知道家修养之说只是为己，独自一身便了，更不管别人，便是杨氏为我之学。"（《朱子语类》卷一百二十六）这显然是把杨朱视为整个道家学派的代表人物了。抛开朱熹对道家的贬视，其所论确乎从反面揭示出，"贵己"或"轻物重生"是整个道家思想的基本精神。

我们看到，面对楚王允诺的千金之重利和卿相之尊位，庄子的拒绝态度所体现出的正是这种精神。由此亦可见，在人生哲学上，就重视个体自我生命的自全自得这一点而论，庄子和杨朱并无分歧。进一步，如果我们

---

① 参见［比利时］戴卡琳《老聃是否赞成杨朱、孟孙阳对利天下的看法？》，赵保佑主编：《老子思想与人类生存之道——2010洛阳老子文化国际论坛文集》，社会科学文献出版社2011年版。

② 参见刘黛《"取""与"皆弃的杨朱生命哲学——从文本、哲学到思想史》，《文史哲》2020年第6期。

用前述指称杨朱之学的那几个语词——特别是"贵己""全性保真""轻物重生"——来笼括庄子思想的大旨,恐亦无不可。

二 《庄子》对杨朱的批评

对于杨朱的"贵己"之学,庄子的态度究竟如何呢?让我们来看《庄子》中对杨朱的记述和评议,笔者把这些材料分为两组。第一组是:

> 阳子居见老聃,曰:"有人于此,向疾强梁,物彻疏明,学道不勌。如是者,可比明王乎?"老聃曰:"是于圣人也,胥易技系,劳形怵心者也。且也虎豹之文来田,猨狙之便来藉。如是者,可比明王乎?"阳子居蹴然曰:"敢问明王之治。"老聃曰:"明王之治,功盖天下而似不自己,化贷万物而民弗恃;有莫举名,使物自喜;立乎不测,而游于无有者也。"(《应帝王》)
>
> 阳子之宋,宿于逆旅。逆旅人有妾二人,其一人美,其一人恶,恶者贵而美者贱。阳子问其故,逆旅小子对曰:"其美者自美,吾不知其美也;其恶者自恶,吾不知其恶也。"阳子曰:"弟子记之!行贤而去自贤之行,安往而不爱哉!"(《山木》)
>
> 阳子居南之沛,老聃西游于秦,邀于郊,至于梁而遇老子。老子中道仰天而叹曰:"始以汝为可教,今不可也。"阳子居不答。至舍,进盥漱巾栉,脱屦户外,膝行而前曰:"向者弟子欲请夫子,夫子行不闲,是以不敢。今闲矣,请问其过。"老子曰:"而睢睢盱盱,而谁与居?大白若辱,盛德若不足。"阳子居蹴然变容曰:"敬闻命矣!"其往也,舍者迎将,其家公执席,妻执巾栉,舍者避席,炀者避灶。其反也,舍者与之争席矣。(《寓言》)

这三条材料的文体都是"重言"或"寓言"故事。对于这组资料,可作如下分析。(1)郭沫若、孙以楷等学者曾根据《应帝王》和《寓言》两篇的记述,径直推出结论说杨朱是老聃的弟子,而且孙先生还具体指出,

"杨朱成为老子弟子当是老子西出关前不久之事",且二者之间"并非浮泛的师生关系,老聃的思想确实给了杨朱十分深刻的影响"。① 笔者不否认杨朱可能确实吸收了老子的某些思想,但如果认为杨朱乃老子的亲炙弟子,则显然是把庄子虚构的真假难辨的"重言"或"寓言"故事完全当真了。(2)既然是"重言"或"寓言"故事,那么这组材料所反映的就不是杨朱其人的思想,而很大程度上是庄子自己或"庄子化了的杨朱"的思想。(3)虽然《应帝王》和《寓言》两篇的记述有批评杨朱之意,但这种批评还是较为温和、理性的,杨朱虽然被批评,但终归仍是道家中人,是一个好学善思的求道之士,而《山木》篇中的杨朱则完全成了一个正面人物。综合这三条资料,可以说庄子对杨朱的态度大致还是肯定的,如果其中的"阳子"和"阳子居"确是杨朱的话。

第二组材料如下:

> 骈于辩者,累瓦结绳窜句棰辞,游心于坚白同异之间,而敝跬誉无用之言非乎?而杨、墨是已。故此皆多骈旁枝之道,非天下之至正也。(《骈拇》)
>
> 削曾、史之行,钳杨、墨之口,攘弃仁义,而天下之德始玄同矣。……彼曾、史、杨、墨、师旷、工倕、离朱,皆外立其德而以爚乱天下者也,法之所无用也。(《胠箧》)
>
> 且夫失性有五:一曰五色乱目,使目不明;二曰五声乱耳,使耳不聪;三曰五臭薰鼻,困惾中颡;四曰五味浊口,使口厉爽;五曰趣舍滑心,使性飞扬。此五者,皆生之害也。而杨、墨乃始离跂自以为得,非吾所谓得也。夫得者困,可以为得乎?(《天地》)
>
> 庄子曰:"然则儒、墨、杨、秉四,与夫子为五,果孰是邪?或者若鲁遽者邪?……。"惠子曰:"今乎儒、墨、杨、秉,且方与我以

---

① 参见郭沫若《十批判书》,第 147 页;孙以楷《道家哲学研究:附录三种》,第 15—16 页。

辩，相拂以辞，相镇以声，而未始吾非也，则奚若矣？"（《徐无鬼》）

不同于上一组的文本形式，这组材料的前三条都是论说体，第四条虽为庄惠的对话，但对话内容仍是论说。对于这组材料，笔者的分析有三个方面。（1）迥异于上一组，这组材料皆把杨朱简称为"杨"，"杨"究竟是指杨朱其人，还是杨朱之后学？（2）同样迥异于上一组，包括《徐无鬼》篇出自庄子之口的那段话，这组材料对杨朱的批评皆甚为激烈，大有将其与儒墨并立而彻底否定之意。（3）这组材料批评杨朱之学的着力点似斑杂不一：《骈拇》篇所谓"窜句棰辞，游心于坚白同异之间，而敝跬誉无用之言"，是把"杨"作为名辩之士来批评；《胠箧》篇所谓"外立其德而以爚乱天下者也，法之所无用也"，是从政治（"法"）的角度指斥杨朱的主张背离人性，扰乱天下；《天地》篇所谓"此五者，皆生之害也。而杨、墨乃始离跂自以为得"，是指杨朱过度追求物质欲望的满足，以至于使人"失性"而不能"自得"；结合《齐物论》篇所谓"道隐于小成，言隐于荣华。故有儒墨之是非，以是其所非而非其所是"，《徐无鬼》篇庄子所说的"儒、墨、杨、秉四，与夫子为五，果孰是邪？或者若鲁遽者邪"，也是在批评杨朱之学纠缠于名言之辩，从而遮蔽了大道。

鉴于第二组材料对杨朱的称谓和态度与第一组截然相反，且其中各条的思想取向不一，所以笔者认为，这组材料极可能出自不同的庄子后学之手，且其中所批评的也并非杨朱其人，而极可能是杨朱的后学。理由有三个方面。（1）关于《骈拇》篇对杨朱热衷于坚白同异之辩的批评，钱穆认为，坚白同异并非"杨之徒与墨之徒之辩也"，而《徐无鬼》篇所谓"儒、墨、杨、秉四，与夫子而五"，同样"尤不足据"。[①] 笔者赞同这个看法，因为，除《骈拇》篇外，先秦再无其他文献提及杨朱本人热衷辩论坚白同异的问题，而《徐无鬼》篇惠施所谓"今乎儒、墨、杨、秉，且方与我以辩"，从句中的"今"和"方"、"儒"和"墨"这几个关键词来

[①] 钱穆：《先秦诸子系年》，第286页。

看，当时正与惠施辩论的应当不是杨朱本人，而只可能是作为一个学派的杨朱之后学。(2)《胠箧》篇从"法"的角度批评杨朱之学，这种批评方式不可能出自庄子，而只可能出自某些具有黄老（道法）思想倾向的庄子后学；另外，作者指斥杨朱"外立其德"，此说不仅缺少实际内容，没有指出杨朱怎样"外立其德"，而且也与《淮南子》和《吕氏春秋》说杨朱之学的特点是"全性保真""贵己"完全不符。(3)《天地》篇批评杨朱之学使人过度追求物质欲望的满足，此说恐亦不合事实，试想：假如杨朱有纵欲思想的话，孟子显然是不会放过的。总之，笔者认为第二组材料所批评的坚白同异之辩[①]、"外立其德"，以及纵欲而"失性"的思想，极可能出自杨朱的后学，而不属于杨朱本人。

不过，从《天地》篇所说的"……此五者，皆生之害也"这段话，我们也可看出，由杨朱的"贵己""重生"，的确可以衍变出某种感性放纵的思想，因为如前所论，其所谓"贵己""重生"原本就包括贵己之"形"、重视自己的肉体生命的涵义在内，而由贵己之"形"、重视自己的肉体生命，是很容易转换到感性放纵一路去的。[②]

如果从庄子的生命哲学出发，感性放纵之流弊却不会出现。这是因为庄子虽然也"重生"，甚至有时还希望在险恶的社会政治生活中能够苟且"保身""全生""尽年"（《养生主》），但就其本旨而言，他最为看重的却是其精神生命的自由自得；至于形体的残或全，正如《德充符》等篇中

[①] 也有学者依据《骈拇》篇的批评，认为名辩是杨朱思想的另一重要方面，但惜乎其相关著作未能保存下来（参见孙以楷、陆建华、刘慕方《道家与中国哲学（先秦卷）》，第181页）。

[②] 关于《吕氏春秋》中提到的子华子和《荀子·非十二子》中批评的魏牟，傅斯年认为，"'纵情性，安恣睢，禽兽行'之它嚣魏牟固杨朱也"（《傅斯年全集》第二卷，第263页）。陈荣捷认为，子华子的"全生思想，和杨朱相同。不以一毫而易天下，而六欲皆得其宜，则比杨朱更甚了"，而魏牟的思想宗旨则大概"在乎贵生，近于杨朱。……荀子说他纵情，似乎太过。但是他太过贵生，所以庄子说他还未造就到道"（《中国哲学论集》，第228—229页）。从陈荣捷所作的这番比较中，亦可见由杨朱之"贵己""重生"是很容易滑向感性放纵一路的，而如前所述，也确有学者认为子华子等人是杨朱思想的继承者。

诸多内德充满的畸残人所表现出来的漠然态度那样，庄子是全然不以为虑的。而在个体可能无端遭遇到的祸福吉凶以及关乎生命之大本的寿夭存亡的问题上，庄子的看法更为超然：

予恶乎知说生之非惑邪！予恶乎知恶死之非弱丧而不知归者邪！……予恶乎知夫死者不悔其始之蕲生乎！（《齐物论》）

行事之情而忘其身，何暇至于悦生而恶死！（《人间世》）

胡不直使彼以死生为一条，以可不可为一贯者，解其桎梏……。（《德充符》）

死生存亡，穷达贫富，贤与不肖、毁誉，饥渴寒暑，是事之变，命之行也；日夜相代乎前，而知不能规乎其始者也。故不足以滑和，不可入于灵府。（《德充符》）

古之真人，不知说生，不知恶死；其出不䜣，其入不距；翛然而往，翛然而来而已矣。不忘其所始，不求其所终。（《大宗师》）

已外物矣，吾又守之，九日而后能外生；已外生矣……。（《大宗师》）

生而不说，死而不祸。（《秋水》）

孰能以无为首，以生为脊，以死为尻，孰知死生存亡之一体者，吾与之友矣。（《秋水》）

庄子曰："不然。是其始死也，我独何能无概然！察其始而本无生，非徒无生也而本无形，非徒无形也而本无气。杂乎芒芴之间，变而有气，气变而有形，形变而有生，今又变而之死。是相与为春秋冬夏四时行也。人且偃然寝于巨室，而我噭噭然随而哭之，自以为不通乎命，故止也。"（《至乐》）

可见，庄子之所以用齐同、两忘、不悦不恶的态度对待生死问题，是因为他已从宇宙大化、万物流转的角度觉解了生命存在的本相。由此，庄子不仅认为个体当顺应生死，"常因自然而不益生"（《德充符》），并且在他看来，摆脱生死祸福的困惑还是个体实现其精神生命之超升的重要表征。庄子说：

> 乘云气，骑日月，而游乎四海之外。死生无变于己，而况利害之端乎！（《齐物论》）
>
> 彼方且与造物者为人，而游乎天地之一气。彼以生为附赘悬疣，以死为决疣溃痈，夫若然者，又恶知死生先后之所在！（《大宗师》）
>
> 得其所一而同焉，则四支百体将为尘垢，而死生终始将为昼夜而莫之能滑，而况得丧祸福之所介乎！（《山木》）

专就形体而论，庄子提出的生死两忘、"不益生"的主张，实质上已经走到了杨朱思想的对立面上，所以就不能被称以"重生""贵生"之学了。

有学者认为，《让王》篇中有两段话反映了庄子对杨朱"贵生"之学的直接吸收①：

> 能尊生者，虽贵富不以养伤身，虽贫贱不以利累形。
> 子华子曰："甚善！自是观之，两臂重于天下也，身亦重于两臂。……君固愁身伤生以忧戚不得也！"

笔者的看法是，这两段话虽然出现在《庄子》中，但我们却不应认为它们反映的是庄子的思想。因为，《让王》篇的主题虽然是逃避政治而隐遁，但细究起来，篇中各章的义理却驳杂矛盾，有些章节还明显过于夸张或流于庸俗，所以该篇绝非庄子的作品。此处所引《让王》的这两段话，前一段不反对"贵富"和"利"，显然不是庄子的思想；鉴于子华子可能是杨朱的后学，因此后一段话或许可以看作混入《庄子》中的杨朱学派的作品。

另一方面，从杨朱对自我形体生命的重视，以及可以统括其学的"贵己"一词，再加上孟子所抨击的"杨子取为我"，可见他在精神生活领域

---

① 参见张松辉《庄子研究》，第56页。

是"有己""有我"的。可以认为,在杨朱那里,精神之"我"与形体之"我"构成了内外对应、相互支撑的关系,所以二者皆须"贵"或"重"。反乎是,庄子不仅认为个体应超越其形体之"我",并且在精神领域亦推而至极,主张个体应"无己""丧我"。进一步,在物我关系上,由于杨朱"有己""有我",所以他的态度是以"我"为贵而轻贱、避离外物,即所谓"轻物重生""不以物累形";而由于庄子"无己""丧我",所以他的态度便是物我两忘、因顺万物,最终"旁礴万物以为一"(《逍遥游》),这种将个体自我与宇宙万物打成一片的精神圣域,是杨朱所不能达到的。

严格说来,从《庄子》文本中我们看不到庄子对杨朱"贵己"之学的直接谈说,但就道家思想的发展演变脉络、杨朱之学在当时的重要影响及其与庄子生命哲学的内在关联性而言,庄子的生死两忘、"无己""忘我"的思想,无论从历史源流还是从逻辑关系看,客观上确乎构成了对杨朱之"贵己""重生"思想的扬弃关系。

第六节 庄子与稷下道家:道术分途

齐国的稷下学宫创立于齐桓公田午时(前374年),齐宣王在位期间(前319—前301年)发展至鼎盛阶段,秦灭齐之时(前221年)终结,前后存续一百五十余年。关于其盛况,《史记》载:

> 宣王喜文学游说之士,自如驺衍、淳于髡、田骈、接予、慎到、环渊之徒七十六人,皆赐列第,为上大夫,不治而议论。是以齐稷下学士复盛,且数百千人。(《田敬仲完世家》)
> ……自驺衍与齐之稷下先生,如淳于髡、慎到、环渊、接子、田骈、驺奭之徒,各著书言治乱之事,以干世主,岂可胜道哉!(《孟子荀卿列传》)

第二章 庄子与道家：形之生灭，神之逍遥

除这里提到的人物外，有名可考的稷下学者还有宋钘、尹文、彭蒙、兒说、孟轲、告子、鲁连仲、荀况等人。在这些学者中，"慎到，赵人；田骈、接子，齐人；环渊，楚人。皆学黄老道德之术，因发明序其指意。故慎到著十二论，环渊著上下篇，而田骈、接子皆有所论焉"（《史记·孟子荀卿列传》）。除了学"黄老道德之术"的慎到、环渊、田骈等学者，宋钘、尹文、彭蒙等人也大可以归入道家之列。仅从学者数量上，即可见道家学术在稷下学宫之盛！

据马叙伦考证，庄子的生卒时间可能为公元前369—前286年。这期间，稷下学宫不仅续存，并且一度还发展至鼎盛。不难想象，以庄子"无所不窥"的渊博学识，他对稷下学者——尤其是其中的道家学者——的思想应有直接或间接的接触和了解。

可以为证者，《逍遥游》篇：

> 故夫知效一官，行比一乡，德合一君而徵一国者，其自视也亦若此矣。而宋荣子犹然笑之。且举世而誉之而不加劝，举世而非之而不加沮，定乎内外之分，辩乎荣辱之境，斯已矣。彼其于世未数数然也。虽然，犹有未树也。

这里所说的宋荣子即稷下学者宋钘，又称宋牼、宋荣、宋子，《孟子》《荀子》《韩非子》等先秦典籍中都有关于其学其事的记述。宋钘的生卒时间或为前382—前300年[1]，他与庄子同为宋国人，且略早于孟子和庄子，《汉书·艺文志》小说类存其所著《宋子》十八篇，后注云："孙卿道宋子，其言黄老意。"孙卿即荀卿，宋子即宋荣子，这条注文表明宋钘的著作或应归为稷下黄老之作。《逍遥游》篇庄子的这段话评议了宋钘的思想，其中褒贬之意兼有。另外，《则阳》篇：

---

[1] 参见白奚《稷下学研究：中国古代的思想自由与百家争鸣》，生活·读书·新知三联书店1998年版，第304页。

> 少知曰："季真之莫为，接子之或使，二家之议，孰正于其情，孰偏于其理？"

成玄英疏云："季真、接子，并齐之贤人，俱游稷下，故托二贤明于理。莫，无也。使，为也。季真以无为为道，接子谓道有（为）使物之功，各执一家，未为通论。"这里的接子或即《史记》提到的接予。依成疏，季真与接子都应是稷下道家学者，季真无书传世，亦无传可考，汉志道家类存《捷子》二篇，"莫为"和"或使"当是二者在宇宙论上分别持有的观点。《逍遥游》和《则阳》篇的这两条资料说明，庄子和庄子学派不仅对某些稷下道家学者的思想有所接触，而且理解深入、评判精准。

一　庄子与宋钘：内外的分合

与以上两条资料相比，出自庄子后学的《天下》篇为后世提供了关于部分稷下道家学者的更为翔实珍贵的思想文本。在述评各家学术时，该篇作者将宋钘和尹文作为一派而述评曰：

> 不累不俗，不饰于物，不苟于人，不忮于众，愿天下之安宁以活民命，人我之养毕足而止，以此白心，古之道术有在于是者。宋钘、尹文闻其风而悦之，作为华山之冠以自表，接万物以别宥为始；语心之容，命之曰心之行，以聏合欢，以调海内，请欲置之以为主。见侮不辱，救民之斗，禁攻寝兵，救世之战。以此周行天下，上说下教，虽天下不取，强聒而不舍者也，故曰上下见厌而强见也。虽然，其为人太多，其自为太少，曰："请欲固置五升之饭足矣。"先生恐不得饱，弟子虽饥，不忘天下，日夜不休，曰："我必得活哉！"图傲乎救世之士哉！曰："君子不为苛察，不以身假物。"以为无益于天下者，明之不如已也，以禁攻寝兵为外，以情欲寡浅为内，其小大精粗，其行适至是而止。

这段话述评的是宋钘、尹文之学的共同特点，并未谈及其间的差异，实则二者的思想有所不同。

尹文年岁幼于宋钘，汉志名家类存《尹文子》一篇，注云："说齐宣王，先公孙龙。"该书与《宋子》皆已佚，今本《尹文子》出自后人之伪托，甚不可信。不过，《庄子》《公孙龙子》《吕氏春秋》《说苑》中皆存有尹文的思想资料，可援以为据。《说苑·君道》载：

> 尹文对曰："人君之事，无为而能容下。夫事寡易从，法省易因；故民不以政获罪也。大道容众，大德容下；圣人寡为而天下理矣。《书》曰：'睿作圣。'诗人曰：'岐有夷之行，子孙其保之！'"

"睿作圣"出自《尚书·洪范》，"岐有夷之行，子孙其保之"出自《诗经·周颂·天作》。另外，《公孙龙子·迹府》和《吕氏春秋·正名》都有尹文与齐王谈论士之所以为士者的记载，他认为，"见侮而不斗"与"事亲则孝，事君则忠，交友则信，居乡则悌"作为士之德，并不矛盾。从尹文对儒家经典的引用和对忠孝信悌之德的重视来看，他明显吸收了儒家的某些思想。

宋钘则吸收了墨家的部分主张。《荀子·非十二子》篇曾将墨翟与宋钘并称而批评道："不知壹天下、建国家之权称，上功用，大俭约而僈差等，曾不足以容辨异、县君臣。然而其持之有故，其言之成理，足以欺惑愚众，是墨翟、宋钘也。"又，《孟子·告子下》载宋牼将"以利说秦、楚之王"，使两国休兵。讲求功利，"上功用，大俭约而僈差等"，这些主张都近于墨家。

正是由于宋钘与墨家的思想存在着某些相近之处，冯友兰、白奚等学者认为，宋钘当为墨家的"一个支流"，或者说是稷下学宫中的墨派学者，其思想是对墨家学说的继承和发展。[①] 钱穆、陈鼓应、胡家聪、孙以楷等

[①] 参见冯友兰《中国哲学史新编》上册，第391页；白奚《稷下学研究：中国古代的思想自由与百家争鸣》，第196—202页。

人虽然承认宋钘的思想具有糅合墨家与道家的特点，但仍认为其师承应出自道家，或最终可归入稷下黄老之学。① 郭沫若也把宋钘归入道家阵营，虽然其所谓"宋钘大约是杨朱的直系"的观点过于粗疏无据。② 另外，张岱年认为，"宋尹学派可以说是战国时期的一个独立的学派"，只是张先生并未具体指出宋尹之学与道家、墨家的关系。③

宋钘、尹文的学派定位问题并非本书的讨论重点，这里笔者关注的是二者特别是宋钘与庄子思想之间的关系。既然庄子和《天下》篇的作者都提到了宋钘，且对其学的肯定多于批评，所以笔者认为，至少在庄子或庄子学派看来，宋钘是属于道家一路的。按照白奚的分析，虽然《天下》篇把宋钘和尹文并称，但参考其他的先秦文献看，实际上宋、尹二人的思想联系很微弱，而二者的区别却十分突出，甚至大相径庭；尹文的思想与《天下》篇所论基本不符，而宋钘之学与《天下》篇所述却完全吻合，因此可认定《天下》篇评议的其实只是宋钘的思想。④ 有鉴于此，同时考虑到庄子本人直接提到了"宋荣子"，而未谈及尹文，所以这里只探讨宋钘与庄子思想的关系。

我们知道，《逍遥游》篇是总领《庄子》全书和庄子全部思想的灵魂。关于其渊源所自，朱谦之认为《逍遥游》之旨本于宋钘，其理据有三。其一，从文章体裁说，汉志之所以把佚于后世的《宋子》归入小说家类，乃是"因其立论多取譬"，且"其书中多寓言故事"，《庄子》的文风显然受此影响，而《逍遥游》篇中著名的鲲鹏南徙的寓言也必定"直接从宋钘书中转引而来"。其二，在思想方法上，作为《逍遥游》篇核心论题

---

① 参见钱穆《先秦诸子系年》，第434—435页；陈鼓应《老庄新论》，第110页；胡家聪《稷下争鸣与黄老新学》，中国社会科学出版社1998年版，第244—246页；孙以楷《道家哲学研究：附录三种》，第51—57页。

② 参见郭沫若《十批判书》，第147、150页。

③ 张岱年：《〈管子〉的〈心术〉等篇非宋尹著作考》，《道家文化研究》第二辑，上海古籍出版社1992年版。

④ 参见白奚《稷下学研究：中国古代的思想自由与百家争鸣》，第195页。

第二章　庄子与道家：形之生灭，神之逍遥

的"小大之辩"也出自宋钘，因为，《天下》篇述宋钘思想的特点是"以禁攻寝兵为外，以情欲寡浅为内，其小大精粗，其行适至是而止"，成玄英疏云："自利利他，内外两行，虽复小大有异，精粗稍殊，而立趋维纲，不过适是而已矣。"朱谦之案："此即是《逍遥游》篇底根本思想方法。"这也就是说，庄子取宋钘思想中的"小大"之论作为"《逍遥游》一篇纲领"，从而建立他的万物各足本性、小大长短自可逍遥之义。其三，在思想内容上，"《逍遥游》一篇思想与宋钘之说正合"，例如，二者都主张"不多费心于物质"，万物虽不同但皆"各适其适"，"凡于天下无用之事事物物，皆可止而勿行"，等等。①

虽然朱谦之最后认为庄子在借鉴宋钘思想的同时，又批评他"不彻底"——"其为人太多，其自为太少"（《天下》），并且我们也不能完全排除庄子受到宋钘影响的可能，但若依朱先生以上所论，庄子无论在文辞、义理还是在思想方法上，皆袭取了宋钘之学，那么，《逍遥游》篇义与文辞之独异性、内蕴于该篇中的庄子思想之灵魂，乃至庄子之为庄子者，必将不复存在，抑或不过只是宋钘之学的绪余罢了。

在笔者看来，朱先生一方面对《逍遥游》篇之大旨的判断明显有误，另一方面又夸大了宋钘之学对庄子思想可能产生的影响。关于第一方面，笔者已经指出，"小大之辩"绝非《逍遥游》篇之核心纲领，小大皆可逍遥是郭象而不是庄子的"逍遥义"②，这一点几乎可以说是目前学界的一个共识。关于第二方面，笔者认为，目前在《宋子》已佚，以致今人难以窥知其详的情况下，我们很难认定庄子的文章风格本自宋钘，也不知《逍遥游》篇的鲲鹏寓言是否出于宋钘之书，而在思想方面，我们也很难说"《逍遥游》一篇思想与宋钘之说正合"。例如，与小大皆可逍遥之说相

---

①　朱谦之：《庄子哲学》，《朱谦之文集》第三册，第257—259页。
②　事实上，小大皆可逍遥是向秀、郭象对《逍遥游》篇旨意的新创之解，在庄学史上称为"向郭义"或"郭象义"（参见邓联合《"逍遥游"释论——庄子的哲学精神及其多元流变》，第68—78、272—290页）。

比，更像是《逍遥游》篇大旨的"至人无己"主张，以及庄子所谓"孰肯以物为事"的超世精神向度，他最为向往的"乘天地之正，而御六气之辩，以游无穷"，或"乘云气，御飞龙，而游乎四海之外"的心灵圣域，篇末庄子对无用之用的推重，不仅为宋钘所未发，更与荀子批评的宋钘"上功用"的主张迥异。反过来说，如果《逍遥游》之旨与宋钘之说相合，那么，篇中庄子就不会将其置于比列子还要低的层级上而批评他"犹有未树"了。

然而，这并不等于说宋钘的思想对庄子不可能有任何影响。如前所引，《逍遥游》篇认为宋钘之学的层级虽低于列子，但高于那些"知效一官，行比一乡，德合一君而徵一国者"，随之又说：

> 举世而誉之而不加劝，举世而非之而不加沮，定乎内外之分，辩乎荣辱之境，斯已矣。彼其于世未数数然也。

从这些称誉之词看，庄子对宋钘最为赞赏的是其超然于世俗之上、坚守内在自我的独立人格。《天下》篇所谓"不累不俗，不饰于物，不苟于人，不忮于众"，可以说是对其人格内涵更完整、更具体的揭示。可以看到，《天下》篇这四个四字句的主语皆为个体自我，亦即"定乎内外之分"中的"内"，而"俗""物""人""众"皆属于"外"。在"内"与"外"、我与人的对待中，一方面，宋钘能做到和顺待物、宽容待人——"接万物以别宥为始"，"以聏合欢，以调海内"，"不为苛察"；另一方面，他又只看重对其生命品质的内在自我肯认，而全然不考虑外在世俗对他的态度和处置——"见侮不辱""不以身假物"。这种既随顺外物，同时又独立超拔于世俗之上的人格，亦为庄子所推崇，例如《外物》云："唯至人乃能游于世而不僻，顺人而不失己。"同样，《天下》篇对庄子人格风貌的描画是：一方面"独与天地精神往来"，另一方面又"不敖倪于万物，不谴是非，以与世俗处"。既恪守内在自我，又能与外物和顺相处，这与宋钘人格特征的一个重要方面大致相符。

第二章　庄子与道家：形之生灭，神之逍遥

如果说宋钘的上述人格特征体现了其思想的道家性一面的话，那么其人格的另一面相则彰显着其思想的墨家性，这就是《天下》篇所说的"以禁攻寝兵为外"，"救民之斗，禁攻寝兵，救世之战。以此周行天下，上说下教，虽天下不取，强聒而不舍者也……先生恐不得饱，弟子虽饥，不忘天下，日夜不休"。作为庄子后学，《天下》篇的作者虽然称许宋钘及其追随者为"图傲乎救世之士"，但仍基于道家立场批评他"为人太多，其自为太少"。"自为"涉指以个体为本位，以自我形体保全乃至精神超越为期求的道家生命哲学，"为人"则涉指以天下为所念，"以自苦为极"，以救治天下之乱为目标的墨家济世思想。《天下》篇的这个批评与庄子在《逍遥游》篇批评宋钘"犹有未树"，其实是一致的。结合《逍遥游》篇对宋钘"定乎内外之分，辩乎荣辱之境"的褒赞，可知庄子及其后学所肯定的是宋钘思想的道家性一面，而对其思想的墨家面相则持批评态度。

史华慈曾精辟指出，宋钘身上的道家特征在于，他竭力保持"内心生活自由"，"保护心灵不受流行于他们所生存的环境中之虚假的善恶观念干扰"，这一点的确使其"具有老庄式发自心底的精神独立"；但这种道家式的"精神独立和内在超然"，实质上却是宋钘"用来实现社会改良的工具"。并且，他所关注的也并不是"本体意义上的'道'，而是'道'在现实社会中的种种体现"。归根结底，宋钘真正追求的是"以平静超脱的内心状态去实现自己积极的社会理想"[①]。史华慈对宋钘思想的理解，可以简括为内道外墨、由道而墨。对于其思想的这种二重性，庄子的批评或许是：宋钘虽然能够既随顺外物又超拔于世俗之上，亦即他虽然内为道家或出于道家，但终归未能通合内外，没有把道家的思想向度贯彻到底，从而也就没有像他那样在疏离于尘垢世界的同时，以自我的内在超越为生命之终极圣域。

---

① ［美］史华慈：《黄老学说：宋钘和慎到论评》，《道家文化研究》第四辑，上海古籍出版社 1994 年。

二 庄子与田骈、慎到：齐物的异趣

除了宋钘、尹文，《天下》篇还评议了稷下道家学者彭蒙、田骈、慎到的学说：

> 公而不党，易而无私，决然无主，趣物而不两，不顾于虑，不谋于知，于物无择，与之俱往，古之道术有在于是者。彭蒙、田骈、慎到闻风而悦之，齐万物以为首……（原文较长，此处从略）。

关于这一派与庄子思想的关系，朱谦之认为，《齐物论》作为庄子之为庄子者的另一关键篇章，其核心思想本自于该学派。理由有三。第一，从题目上说，"《齐物论》的篇名是根据田骈、慎到来的"。第二，从思想方法上看，《天下》篇用以概括该学派特点的"公而不党……与之俱往"一段，"乃是《齐物论》的根本思想方法"。第三，从思想内容上说，"田骈齐物，以'道'为最高境界，此亦即《庄子·齐物论》的归宿点"。① 与此略有不同，在张松辉看来，包括"齐万物以为首"在内，"庄子较为全面地继承了田骈、慎到的学说"，其主要依据是：第一，庄子的顺物无己和"无为谋府""无为知主"（《应帝王》）的思想，分别出自该学派的"公而不党，易而无私"和"不顾于虑，不谋于知"的主张；第二，《胠箧》篇提出的"圣人不死，大盗不止"，"绝圣弃知，大盗乃止"的激烈言辞，出自该学派的"謑髁无任而笑天下之尚贤也，纵脱无行而非天下之大圣"（《天下》）的思想；第三，庄子的"虚己以游世"（《山木》）、"一宅而寓于不得已"（《人间世》）的处世之道，出自该学派提倡的"推而后行，曳而后往""至于若无知之物而已"（《天下》）。②

对于朱谦之的观点，笔者的看法有三个方面。第一，"齐物论"三字

---

① 朱谦之：《庄子哲学》，《朱谦之文集》第三册，第259—264页。
② 张松辉：《庄子研究》，第57—58页。

第二章 庄子与道家：形之生灭，神之逍遥

作为篇名并不出于庄子本人，而是后人所拟。[①] 第二，我们也许无妨说"道"是《齐物论》的理论归宿[②]，但不能粗率认为这一理论归宿就是慎到、田骈学派追求的最高境界。事实上，作为法家的思想来源之一，慎到之学的特点是"'道'中兼'法'或晚年由'道'转'法'"[③]。结合《天下》篇对该学派的述评来看，若将其"块不失道"、"动静不离于理"、"公"以任物的观点推衍至极，结果就会如慎到思想最后显现出来的那样，终于"拈出一个'法'来，统摄并具体化那些无知的物理，来取代'道'，成为判断一切是非价值的绝对依据。《老子》的'道'，由是而一降为无知的物理，再降而为固定的法令"，"这是慎到一派黄老学家对道家学说的改造，也是道家学说转入法家的关键"[④]。要言之，形而下之"法"，而非形而上之"道"，才是该学派真正的理论旨归。第三，即使该学派"齐万物以为首"或"贵齐""贵均"[⑤] 的观念与庄子的"齐物论"思想有相同之处，我们也不应贸然认为后者必定出自前者。对此问题，史华慈的看法颇有见地："'齐万物'的观点是他们承自庄子（以及惠施），还是庄子承自他们，或是这种观点在当时的说教中已广为流传，其源头已不可考，这点已不大容易搞清楚。"[⑥] 更何况，《天下》篇的作者是庄子后学，庄子本人并未具体提及彭蒙、田骈、慎到三者中的任何一个。

退一步说，即使庄子的"齐物论"思想确实受到了田骈一派的启发，我们也不宜认定《齐物论》篇的篇名、理论旨归和思想方法全部出自后者。如果作此认定，并且同时还认为《逍遥游》篇也本自稷下道家的话，

[①] 参见张恒寿《庄子新探》，第 26—35 页；崔大华《庄学研究》，第 53—60 页；任继愈《庄子探源——从唯物主义的庄周到唯心主义的"后期庄学"》，胡道静主编《十家论庄》，第 191—192 页；邓联合《〈庄子〉内七篇之篇名由来问题的再检讨》。

[②] 由《齐物论》篇末的"庄周梦蝶"寓言可知，该篇的思想归宿是"化"或"物化"。

[③] 陈鼓应：《老庄新论》，第 110 页。又，《荀子·解蔽》："慎子蔽于法而不知贤"。

[④] 陈丽桂：《战国时期的黄老思想》，台北：联经出版事业公司 1995 年版，第 161 页。

[⑤] 《吕氏春秋·不二》："陈骈贵齐。"《尸子·广泽》："田子贵均。"

[⑥] [美] 史华慈：《黄老学说：宋钘和慎到论评》，《道家文化研究》第四辑，上海古籍出版社 1994 年版。

庄子哲学精神的渊源与酿生

庄子本人的思想创造力及其理论渊源的丰富性必将被完全抹杀。事实上，从上古神话所含蕴的万物一体信仰中，从道生万物而又内在于万物的老子思想中，从惠施的"合同异"学说中，"无所不窥"的庄子同样可以引发出其"齐物论"的思想。再就结果来说，《庄子·齐物论》篇无论是思想内涵的深邃性、丰富性，还是系统性，都远远超过了田骈、慎到一派"齐万物以为首"的观念。此外，王叔岷曾历举墨子、《列子·杨朱》篇、惠施、孟子、《尹文子》、《鹖冠子》以及田骈一派有关"齐物"思想的言论，并指出："先秦诸子之言论涉及齐物者颇多"，而庄子则"以长篇专论齐物，又以《秋水》篇阐发其义，可谓集论齐物之大成，而独超诸子者也"。① 这一看法虽有尚需细检之必要，但同样也可以说明庄子的"齐物论"思想并不是田骈一派直接影响的产物。

至于张松辉提出的另外三条依据，以及他对庄子与田骈、慎到学派之关系的判断，笔者要指出的是：无为、虚静、顺物、祛智、斥圣、非贤，这些都是道家学派自老子以来一以贯之的思想传统，如果因为看到庄子之学与田骈、慎到一派在这些方面存在着共同点，便简单认定前者必然且只能出自后者，而不可能另有其他的思想来源，这种看法和思路无疑是不正确的。笔者认为，与其作此认定，毋宁更恰当地说，庄子的这类思想乃上承自老子，或者说是他对道家一贯的思想传统的接续和发扬。

在研究方法上，朱谦之、张松辉之所以误认为庄子的"齐物论"等思想本于田骈、慎到，一个重要原因是他们过于看重二者之学的相同处，而事实上其间存在着根本的差异。对此，王夫之《庄子解·天下》在点评田骈、慎到之学时曾有非常透辟的揭示："此亦略似庄子，而无所怀，无所照。"句中的"怀"和"照"化自《庄子·齐物论》：

> 夫道未始有封，言未始有常……圣人怀之，众人辩之以相示也。
> 物无非彼，物无非是……因是因非，因非因是。是以圣人不由，

---

① 参阅王叔岷《先秦道法思想讲稿》，第 105—108 页。

第二章 庄子与道家：形之生灭，神之逍遥

而照之于天。

在庄子那里，"怀"是指与道相合，从而如同无所不包的道那样，兼怀万物、涵容众论；"照"是指与天相合，并且在天的视域中无差别地观照、齐同万物，从而使每一事物都能如其所是地显现为其自身。王夫之认为，田骈、慎到这一派的"齐万物"与庄子的"齐物论"只是表面相似而已，因为他们不能像庄子那样对万物和众论"怀"之、"照"之。

借由王夫之对田骈、慎到的批评，可以推衍出其与庄子之学的两点根本差异。

首先，田骈、慎到之所以"无所怀，无所照"，是因为他们缺少据以涵怀、观照万物的道和天的形上终极视域。虽然他们也说大道包容万物而"无遗"，实则却陷溺于与之"宛转"的"物"和"动静不离"的"理"，而"物"和"理"都是形而下的存在。正因此，《天下》篇的作者才会批评"彭蒙、田骈、慎到不知道"，"其所谓道非道"。

其次，同样是"齐物"，庄子意在彰扬万物各自之异，田骈、慎到却是为了最终统同万物。具体来说，庄子是从道和天的视域"兼怀万物"（《秋水》），承认且顺任每一事物存在的独特性，反对把任何统一的尺度加诸各各不同之物。反之，田骈、慎到则是在承认世界万物各有其殊的基础上，试图"建立一个客观标准的均齐"，并将其化为"客观标准的法"[1]，以规约万物、整饬万事，这与对千差万别的事物"怀"之、"照"之的包容态度完全相反。质言之，落实在社会政治上，庄子的"齐物"是多元主义，田骈、慎到的"齐物"是一元主义。

除了以上两点差别，从生命哲学的角度说，庄子"齐物"之终极目的在于"旁礴万物以为一"（《逍遥游》），"日与物化"而"无终无始，无几无时"（《则阳》），或超越万事万物而"登天游雾，挠挑无极"（《大宗师》），其指向在自我超越的形而上一路。用刘笑敢的话说，"齐物论"是

---

[1] 陈鼓应注译：《庄子今注今译》，第 853 页。

庄子哲学通向"逍遥论"这一归宿的重要桥梁。① 田骈、慎到"齐万物"的指向却在以国家利益为终极关切的现实政治的形而下一路，其中绝无个体生命的自我超越向度，所以慎到才会特别强调"无建己""无用知"而只需块然"与物宛转"，"动静不离于理"，以根除个体的内在主体性。这实际等于把人降为僵固的"无知之物"（《天下》）。正是由于这个原因，《天下》篇引豪桀之语嘲讽"慎到之道，非生人之行而至死人之理"，王夫之则痛斥这一派的学说"盖浮屠之所谓枯木禅者。此逆人之心，而绝其生理"（《庄子解·天下》）。至此可以说，庄子与慎到、田骈乃至宋钘等稷下学者虽然同属道家，但终归是道术分途的两类。

本章结语

除本章分析的老子、关尹、列子、杨朱以至于宋钘、慎到等稷下学者与庄子之学的关系外，还有一些研究者也从先秦道家发展演变的角度，对庄子思想的渊源问题提出了其他看法。例如，美国汉学家罗浩探讨了《管子·内业》篇中的神秘的心灵内修技巧与庄子的"心斋""坐忘"等精神修养术的共同特点，以及前者对后者的影响。② 周策纵不仅讨论了《管子·白心》篇对《庄子·养生主》篇的影响，并且在他看来，《养生主》

---

① 参见刘笑敢《庄子哲学及其演变》，第198—199页。
② 参见［美］罗浩《原道：〈内业〉与道家神秘主义的基础》，邢文主编，学苑出版社2009年版，第126—138页。罗浩这一看法有一个必不可少的关键前提：《管子·内业》篇无论从语言还是从思想来看，都不仅早于《庄子》，而且更早于《老子》。但学术界目前大多认为《管子》晚出，其成书时间应当在战国、秦、汉之际，而《内业》篇则是战国稷下黄老学者的作品（参见陈鼓应《管子四篇诠释——稷下道家代表作解析》，商务印书馆2006年版，第17页）。基于此，罗浩之论尚需进一步检讨。与此相反，王叔岷曾撰《〈管子〉袭用〈庄子〉举正》一文，他认为，关于"论道问题，修养、处世、乃至生死问题，《管子》盖皆受老、庄思想影响"（《先秦道法思想讲稿》，第153—155页）；李存山认为，包括《内业》在内的"《管子》四篇凡与《庄子》内篇相合者，当全是取之于《庄子》"，而非相反（《〈内业〉等四篇的写作时间和作者》，《管子学刊》1987年第1期）。

第二章 庄子与道家：形之生灭，神之逍遥

是"《庄子》全书中最重要、最具总纲性、最能表明庄子思想主旨的一篇"，而"缘督以为经"作为该篇最核心的思想，实际来源于古代医书《黄帝内经》，"《养生主》篇似即以此医疗卫生知识为本，引申出'养生'的哲理"①。王葆玹提出，范蠡是道家由老子到庄子的发展过程中的过渡环节，撰作于战国前期的《范蠡》则"一定是庄周一族所熟悉的宋国学术著作，对《庄子》定有深刻的影响"②。在具体的师承关系上，唐成玄英曾说庄子"师长桑公子"，孙以楷则认为，出自杨朱一系，同样主张全性保真和贵生的子华子，不仅与庄子同为楚庄王的后裔，而且还是庄子的老师，其思想对庄子深有影响③，如此等等。

笔者认为，以庄子"无所不窥"的知识视野，其哲学思想的理论来源当然是丰富多元的，故以上引列的这些观点无疑值得关注。但我们也必须承认，由于文献资料的缺失以及《庄子》文本和思想的驳杂，要把其中的某一篇或某一思想主张、某一语词概念，丝毫不差地向前还原到某一道家先驱那里，或追溯到某一道家典籍中，事实上已很难做到，本章的讨论也只不过是一种尽可能的尝试而已。

无论在生命哲学还是政治哲学领域，重视个体乃至以个体为本位都是道家思想的最大特色④，这一点从《老子》和《庄子》中频繁出现的"自"字即可看出来。不难发现，《老子》已经开始把个体生命二分为形与神，例如第三章："虚其心，实其腹，弱其志，强其骨。"很明显，"心""志"与"腹""骨"分别对应生命的两个组成部分：心神与形体。第十章："载营魄抱一，能无离乎？"高亨说："一谓身也。"陈鼓应认为，

---

① 参见周策纵《弃园文萃》，上海文艺出版社1997年版，第404—408页；周策纵《〈庄子·养生主〉篇义复原》，《周策纵自选集》，山东教育出版社2004年版。
② 王葆玹：《老庄学新探》，第77—83页。
③ 参见孙以楷《道家哲学研究：附录三种》，第146—148页。
④ 冯友兰曾经从共相与殊相的关系角度指出，"道家注重个体"，涂又光对此观点多有发挥（参见涂又光《道家注重个体说》，《道家文化研究》第一辑，上海古籍出版社1992年版）。

"'身'包含魂和魄,即将精神和形躯合为一体",老子这句话的意思是"精神和形体合一,能不分离吗?"唯有形与神不分离才是健全的生活。①

异乎此,庄子虽然也把生命二分为形体与心神,例如《齐物论》云"形固可使如槁木,而心固可使如死灰乎","其形化,其心与之然",《人间世》云"形莫若就,心莫若和",《应帝王》云"胥易技系,劳形怵心者也",但他对形体却几乎全然不以为意。庄子认为,个体自我应"支离其形"(《人间世》),"忘其肝胆,遗其耳目","堕肢体","离形","外生"(《大宗师》),"堕汝形骸"(《天地》),以使其心神不仅可以摆脱形体的拘制,更且超离形体寄于其中的尘垢世界,最终使自我的精神生命逍遥自得而游于无何有之乡。针对那些固执于形体的人们,庄子说:"今一犯人之形,而曰'人耳人耳',夫造化者必以为不祥之人。"(《大宗师》)从天地造化的角度看,"若人之形者,万化而未始有极也,其为乐可胜计邪!故圣人将游于物之所不得遯而皆存"(《大宗师》)。由此可知,个体的精神生命才是庄子人生哲学的中心所在,虽然他时或也流露出希望"保身""全生""尽年"之意,《庚桑楚》篇也曾谈及老子的"卫生之经",但形体生命的养护毕竟不是庄子思想的旨归。

陈荣捷指出,相对于老子,庄子"对个体显然是越发重视,这种倾向最后终于导致新道家思想里,对于事物的个别本性之极度重视",而庄子也以其"诗意的神秘主义"和"精巧的个人主义"极大地发展了道家的思想。② 结合本章分析来看,可以说,以老子为发端,以关尹、列子、杨朱、宋钘等人为后续,庄子在汲取并扬弃这些道家前驱学者之思想的基础上,从个体自我之形与神两个方面,特别是以其对个体精神生活空间前所未有的开拓和丰富,把道家思想带到了足以令后世讶异的高峰。

---

① 参见陈鼓应注译《老子今注今译》,第109、112、113页。
② 参见陈荣捷编著《中国哲学文献选编》,第164、165页。

第三章

庄子与作为对话者的儒家：从"群于人"到"成其天"

春秋战国之世，礼崩乐坏，社会动荡，诸子蜂起而争鸣辩议，"道术将为天下裂"，一时间"天下之治方术者多矣，皆以其有为不可加矣"，各家皆"得一察焉以自好"（《天下》），于是就出现了《齐物论》中描述的状况："大知闲闲，小知间间；大言炎炎，小言詹詹。……与接为构，日以心斗。"庄子虽然反对任何自以为是的争辩，主张"无辩""大辩不言"（《齐物论》），"辩不若默"（《知北游》），但事实上其思想却酿生于这种百家之学相互激荡、彼此促发的社会文化氛围中，而《庄子》一书也具有极为显著的对话论争性质，如其所云：

> 而宋荣子犹然笑之。且举世而誉之而不加劝，举世而非之而不加沮……虽然，犹有未树也。夫列子御风而行……此虽免乎行，犹有所待者也。（《逍遥游》）
>
> 道隐于小成，言隐于荣华。故有儒墨之是非，以是其所非而非其所是。（《齐物论》）
>
> 枝于仁者，擢德塞性以收名声，使天下簧鼓以奉不及之法非乎？而曾、史是已。骈于辩者，累瓦结绳窜句，游心于坚白同异之间，而敝跬誉无用之言非乎？而杨、墨是已。（《骈拇》）
>
> 然则儒、墨、杨、秉四，与夫子为五，果孰是邪？（《徐无鬼》）

> 桓团、公孙龙辩者之徒，饰人之心，易人之意，能胜人之口，不能服人之心，辩者之囿也。惠施日以其知与人之辩，特与天下之辩者为怪，此其柢也。（《天下》）

通览全书，可知庄子的论争对象既有儒、墨、名辩等学派，还有列子、杨朱、宋荣子等道家（包括稷下道家）学者，而其最重要、最直接的思想对话者则是儒家和惠施，《庄子》中孔子及其弟子的频频出场、惠施的数次现身即为明证。可以说，儒家是作为甲方的庄子构设的思想对话中最常出场的乙方，《庄子》全书的大多数篇章实质上都是其与儒家或隐或显的"对话录"，而作为庄子的好友，惠施则是其面对面进行思想交锋的敌手。

庄子与儒、墨以及惠施等非道家的学者的思想差异和冲突尽管各有不同，但在笔者看来，其间所有的差异最终皆大致可归结到"天人之际"的视域中。《荀子·解蔽》云："庄子蔽于天而不知人。"这话其实可以反过来说：在庄子的立场上，不仅儒家，墨家和惠施也都可以说是"蔽于人而不知天"，而庄子的一些重要思想则可以被视为他从"天"的终极视域，对各家的批评和反思。对于庄子而言，这种批评和反思的意义在于，如果没有与各家特别是与儒家、惠施直接或间接的思想交锋，便不会有庄子之学和《庄子》其书。

第一节 所谓"庄出于儒"

司马迁认为，庄子著书的目的之一是"诋訾孔子之徒"，"剽剥儒墨"（《史记·老子韩非列传》）。今观其书，其中确实存在着大量的反儒斥孔之言，而批评墨家的文字倒并不算多。对此，宋儒叶适颇为愤愤然："庄周知圣人最深，而玩圣人最甚。"[①] 现代大作家林语堂则说："西方人不必

[①] （清）黄宗羲：《宋元学案》第三册，中华书局1986年版，第1803页（卷五十五《水心学案》引）。

第三章　庄子与作为对话者的儒家：从"群于人"到"成其天"

再批评孔子，因为单单庄子一人对他的攻击就已经够严苛了。"① 按说庄与儒之间应是水火不相容的对立关系，但有趣的是，在中国古代思想史上，自唐代以后，偏偏有不少儒者试图消解二者之间的紧张关系，认为庄与儒实际内里相通，甚至还有儒者一厢情愿地把庄子强拖入孔门，断言庄出于儒，且其著书之目的在于守护儒家真髓。以下首先对此问题作一梳理、检讨。

要而言之，那些认为庄子之学出于儒家的观点可分为六种：（1）笼统指认庄子出自孔门或庄学出自儒家；（2）以庄子为孔子的弟子子夏之后学；（3）认为庄子出于颜回一派的儒家；（4）认为庄子出于孔子的弟子子张；（5）认为庄子之学本自其他孔门后学；（6）认为庄子思想之大旨源出自儒家经典《周易》。

一　庄子出于孔门？

先来看上述六种说法中的第一种。朱熹在与弟子对谈时曾说：

> 庄子不知他何所传授，却自见得道体。盖自孟子之后，荀卿诸公皆不能及。如说"语道而非其序，非道也"②。此等议论甚好。度亦须承接得孔门之徒，源流有自。（《朱子语类》卷十六）

朱熹的庄子出自孔门说，实际上是他以理学的"道体"思想反向笼罩庄子之学的结果。不过，从这段话中的"度"字来看，其实朱熹本人也清楚，他的这个看法只是一种猜测，并无充分证据。与朱熹的审慎不同，明人谈及此说时往往肆意妄言、不用心脑。例如，明儒沈一贯说："庄子本渊源孔氏之门，而洸洋自恣于方外者流。"③ 杨慎说："庄生之言，

---

① 林语堂：《老子的智慧》，时代文艺出版社1988年版，第11页。
② 这句话出自《庄子·天道》篇一段明显具有儒家色彩的文本："夫天地至神矣，而有尊卑先后之序，而况人道乎！宗庙尚亲，朝廷尚尊，乡党尚齿，行事尚贤，大道之序也。语道而非其序者，非其道也。"
③ 谢祥皓、李思乐辑校：《庄子序跋论评辑要》，第55页。

亦孔门家法也。"① 另一明儒孙应鳌虽未把庄子看作孔门之后，但仍"自作多情"地强认庄学出自儒家："不通物，奚由通道？不通道，我与天地万物奚由复通为一？此本尧、舜、周、孔之宗绪，庄子窥见之，遂窃以陶铸《南华》。"② 又，清代郭阶说："庄子出于儒家，不得已而隐抑其辞，以求免于当世。"③ 这些看法都是没有充分可信的学理依据和实证支持的妄断臆测，故无须进行驳议。

指认庄子出于儒家者，面对着一个不可回避的难题：司马迁说庄子著书的目的之一是"诋訾孔子之徒"，而《庄子》书中确有批评、嘲讽、戏弄，甚至叱骂、丑化孔子、孔门弟子以及尧舜等儒家先圣的大量文字。这该怎么解释？

对此，王夫之在注解《庄子·天下》篇时，首先在题解中指出，该篇"首引先圣《六经》之教，以为大备之统宗，则尤不昧本原，使人莫得而摘焉"。这一看法的言外之意是：儒家圣道乃百家方术之"统宗"和"本原"，而庄子对此深有所得。随后王夫之又坦承，"庄子于儒者之道，亦既屡诮之矣"，但在他看来，"其非毁尧舜，抑扬仲尼者，亦后世浮屠诃佛骂祖之意"。也就是说，庄子诋毁的实际并非儒家圣道之真，而是后世小儒"执先圣之一言一行"，"得迹而忘真"，"自诧为卓绝"，以至于"与圣人之道相抵牾者"。而庄子批评"小儒之陋"的目的，则是统括众说而捐其私见，"推崇先圣所修明之道以为大宗"，"以救道于裂"（《庄子解·天下》）。显然，王夫之的解释意在消解庄子对儒家的批评，这与苏轼《庄子祠堂记》关于庄之于儒的"阳挤而阴助"之说实

---

① 谢祥皓、李思乐辑校：《庄子序跋论评辑要》，第266页。
② 谢祥皓、李思乐辑校：《庄子序跋论评辑要》，第50页。
③ 谢祥皓、李思乐辑校：《庄子序跋论评辑要》，第186页。又，今人顾实《〈庄子·天下篇〉讲疏》云："庄子固孔徒之流裔也。虽其诋訾孔子，比诸呵佛骂祖。然《寓言篇》，庄子自言孔子行年六十而六十化……吾且不得及彼乎？则其心折孔子，固至深也。"（张丰乾编：《〈庄子·天下篇〉注疏四种》，华夏出版社2009年版，第51页）

第三章　庄子与作为对话者的儒家：从"群于人"到"成其天"

无二致。① 不过，从王夫之在《庄子通》《庄子解》之外的各种著述中责骂庄子的大量文字看，想必他自己心里也清楚：庄子是异端而绝非儒门中人。② 他在《庄子解》中之所以说庄子尊崇六经和先圣，其实只是为了对庄子思想进行一厢情愿的儒家化诠释和改铸。

再看第二种观点。最先指认庄子出于子夏之门的是韩愈，他在《送王秀才序》一文中提出：

> 吾常以为孔子之道，大而能博，门弟子不能遍观而尽识也，故学焉而皆得其性之所近。其后离散分处诸侯之国，又各以所能授弟子，原远而末益分。盖子夏之学，其后有田子方，子方之后，流而为庄周。故周之书，喜称子方之为人。③

此说一出，再加上后来苏轼《庄子祠堂记》一文的推助，后世儒者便相继称引，进而辗转发挥、曲折附会。例如，明清之际的方以智为阐发其师道盛的"托孤说"④，不仅断定"庄子实尊六经"⑤，而且认为"子夏出田子方，子方出庄子"⑥，庄子实是身处杀伐战乱之世而不得已以道家面目现身的儒家教外别传之真孤。清人张芳持类似看法：

> 吾独惜夫庄与孟同时而不相知也。当是时，儒之嫡传有子思、子

---

① 苏轼此文认为，"庄子盖助孔子者"，他对孔子的态度是"实予而文不予，阳挤而阴助"，但"其尊之也，至矣"（谢祥皓、李思乐辑校：《庄子序跋论评辑要》，第250页）。
② 参见邓联合《庄生非知道者——王船山庄学思想的另一面相》，《文史哲》2014年第4期。
③ （唐）韩愈：《韩昌黎全集》，中国书店1991年版，第290页（此文又作《送王埙秀才序》）。
④ 参见邓联合《遗民心态与明清之际的庄子定位论》，《安徽大学学报》（哲学社会科学版）2017年第3期。
⑤ （明）方以智撰，庞朴注释：《东西均注释（外一种）》，中华书局2016年版，第221页。
⑥ （明）方以智撰，庞朴注释：《东西均注释（外一种）》，第474页。

夏。周之传出于子夏之门人，轲之传出于子思之门人；孟犹之嫡传，而周其别传也。①

另外，章学诚《文史通义·经解上》："荀、庄皆出子夏门人。"王闿运说："庄子受学于田子方，子方为子夏之门人，庄子真孔氏之徒哉！"② 直至晚清，康有为仍坚持认为："庄子学出于田子方，田子方为子夏弟子，故庄子为子夏再传，实为孔子后学。"③ 中华民国时期，朱文熊在《庄子与孟子学术同源及著书之大概考》④ 一文中又说，庄子之学出于田子方，孟子之学出于子思，所以庄与孟不仅思想皆根源自孔子，并且二者"著述之大旨，固有不言而心自相通者矣"。

对于儒家自韩愈以来的这一以讹传讹的习见，章太炎反驳说，"以子方是庄子师，盖袭唐人率尔之辞，未尝订实。如庄子称田子方，遂谓子方是庄子师，斯则《让王》亦举曾、原，而则阳、无鬼、庚桑诸子，名在篇目，将一一皆是庄子师矣"⑤。在前人辨析的基础上，当代学者简光明又对韩愈的观点进行了更为详细的驳议。⑥ 经其驳议，庄学出自田子方之说已成虚妄之谬论。

关于上述两种观点，笔者在此要补充说明。

第一，田子方其人在《庄子》全书仅于外篇出场一次，而且还只是一个普通的对话者，虽然据他说其师东郭顺子"为人也真，人貌而天"，但田子方自己之为人究竟怎样，庄子却只字未提，所以韩愈认为"周之书，喜称子方之为人"明显与实不符。

第二，韩愈先判定庄子为田子方的后学，然后把这一并无依据的臆断用作事实，以解释庄子为何"喜称子方之为人"，这是典型的"以讹证

---

① 谢祥皓、李思乐辑校：《庄子序跋论评辑要》，第 141 页。
② 谢祥皓、李思乐辑校：《庄子序跋论评辑要》，第 178 页。
③ 康有为：《孔子改制考》，中华书局 1958 年版，第 264 页。
④ 朱文熊：《庄子新义》，华东师范大学出版社 2011 年版。
⑤ 章太炎：《章太炎文集》，线装书局 2009 年版，第 255—256 页。
⑥ 参见简光明《庄子思想源于田子方说辨析》，《鹅湖月刊》1994 年第 5 期。

第三章 庄子与作为对话者的儒家：从"群于人"到"成其天"

讹"，且逻辑上还倒置了因果。

第三，韩愈说分散各国的儒者之间"原远而末益分"，明清儒者说庄子"洸洋自恣于方外"，是"别传"或"隐抑其辞"的儒者，这些说辞实质上都是为了弱化乃至抹除庄子身份的异端性，进而消解其思想与儒家之间显而易见的矛盾冲突，以达到把庄子拖入孔门之目的。

第四，宋以后，之所以会出现众多儒家学者信从韩愈之说，或主观认定庄子思想源自孔门的思想史奇观，归根结底，这是兼取了老庄和佛家之所长的道学试图反过来以儒家思想涵摄庄子之学的表现。或者说，这是道学话语的触角向先秦思想世界强势伸展，从而希望重新界分早期儒道之关系，以"分化"道家阵营、扩张儒家思想版图的结果。

接下来看第三种观点。章太炎虽然反对韩愈的说法，但并未否定庄子出于孔门，他认为："庄子传颜氏之儒，述其进学次第。"① 具言之，"颜子之事不甚著，独庄子所称心斋、坐忘，能传其意"，而在"《庄子》书中，自老子而外，最推重颜子，于孔子尚有微词，于颜子则从无贬语。颜子之道，去老子不远，而不幸短命，是以庄子不信卫生而有一死生、齐彭殇之说也"②。其后，钟泰也认为韩愈之说无佐证、不足据，他并且指出：

> 庄子之学，盖实渊源自孔子，而尤于孔子之门颜子之学为独契，故其书中颜子之言既屡见不一，而若"心斋"，若"坐忘"……云云，皆深微精粹不见于他书。非庄子尝有所闻，即何从而识之？更何得言之亲切如此？故窃谓庄子为孔门颜子之一派，与孟子之传自曾子一派者，虽同时不相闻，而学则足以并峙。③

郭沫若同样反对庄子出自田子方门下，也同样认为"庄子是从颜氏之儒出

---

① 转引自张松辉《庄子研究》，第54页。
② 章太炎：《章太炎先生国学讲演录》，第145、174页。
③ 钟泰：《庄子发微》，上海古籍出版社2002年版，"序"。

来的"。其理由有二。(1)《庄子》书中"征引颜回与孔子的对话很多，而且差不多都是很关紧要的话"，例如《田子方》篇颜回对孔子的称赞，便与《论语·子罕》中"颜回喟然叹曰：'仰之弥高……'"显然是互为表里的两段话。郭氏强调说，前一类文字"必然是出自颜氏之儒的传习录，庄子征引得特别多，不足以考见他的师承渊源吗？"(2)撇开《骈拇》《在宥》等篇那些"后学者的呵佛骂祖的游戏文字"，庄子本人对孔子和颜回的态度是"非常严肃""认真称赞"，甚至"心悦诚服"的。[①]

童书业在断定"庄子毕竟源出儒家"的前提下，也认为他"可能本是儒家颜渊的后学，后来才学习杨朱、老子的学说，自成为一家的"。童先生的理由有三。(1)"儒家中的颜渊讲究内心修养，似乎本来唯心论的倾向更重些"，而庄子这方面的唯心论思想也较突出。(2)《庄子》书中许多地方皆称道颜渊，而作为该书的后序，并且"可以相当代表庄子的言论"的《天下》篇，也"很推崇儒术，把它和'古之道术'联系起来，并不另立为一家，这就表示儒家是'古之道术'的正传"。(3)《庄子·说剑》篇说庄子"必儒服而见王"，《史记·孟子荀卿列传》说"荀卿嫉浊世之政，亡国乱君相属，不遂大道而营于巫祝，信禨祥，鄙儒小拘，如庄周等又猾稽乱俗"，这两条资料也说明"庄子确有出于儒家学派的可能"。[②]

[①] 参见郭沫若《十批判书》，第176—178、182页。此外，郭沫若还曾根据《庄子·大宗师》篇"夫道有情有信，……长于上古而不为老"一段，认为这种"自本自根"的道体观"和子思一样比老子更有进境，大约庄子是受了些子思的影响"(《青铜时代》，《郭沫若全集》第一卷，第370页)。

[②] 童书业著，童教英增订：《先秦七子思想研究》，中华书局2006年版，第156—157、189页。此外，朱谦之认为，"庄子虽不为子夏、子张之弟子之弟子，却无疑乎与颜氏之儒，即颜渊之弟子发生了密切的关系。'心斋'、'坐忘'直揭孔、颜相契之旨，而且皆出于内篇，为庄子自著，那么我们便说庄子一派归本老子，同时又为孔、颜之学之一个继承、一个发展"(《庄子哲学》，《朱谦之文集》第三册，第254—255页)。高华平认为，庄子对颜渊之学是有所继承的，但其所继承者，不是颜氏得自孔子的仁义礼智之学，而是其安贫乐道、不肯出仕的人生态度及其保持这一人生态度的精神修养方法，例如"心斋""坐忘"等（《颜渊之学及〈庄子〉中的颜渊》，《诸子学刊》第四辑，上海古籍出版社2010年版）。

第三章 庄子与作为对话者的儒家：从"群于人"到"成其天"

对于庄子出自颜氏之儒说，笔者的看法有四个方面。

第一，颜渊早逝，今从信实可据的资料出发，我们已无法窥得其本人及其后学思想之详，所以在此情况下，如果认为庄子的"心斋"、"坐忘"、一死生、齐彭殇及所谓"唯心论"等思想皆出自颜氏之儒，显然是不严谨的。

第二，即使《庄子》全书对颜渊无一微词，充其量也只能说明庄子尊重他，却不足以说明庄子出自颜渊之儒，遑论颜渊、孔子等儒家先贤在庄子笔下都是庄学化了的寓言形象，且《人间世》篇实则对人格立场逐步倒退的颜渊深有揶揄之意。

第三，若说《庄子》的部分篇章有尊重孔子和颜渊之意的话，其所尊重者也只是被庄子改造为道家人物的孔子和颜渊，而《天下》篇对儒家的那几句评价也并不意味着该篇作者以及庄子本人推崇儒学。①

第四，学界目前已公认《说剑》篇绝非庄子学派作品，篇中所述之事亦不可信；而细读童书业所引《史记·孟子荀卿列传》的那段话可知，此处虽有一"如"字，"庄周"也不是"鄙儒"的一个实例，二者应是同等并列的主语，因为"猾稽乱俗"和"小拘"显然不是同一性质之事，更何况这段话出自司马迁的判断。退一步说，假如庄子是"猾稽乱俗"之儒的话，那么，以荀子对作为儒门异端的子思、孟轲的激烈批判态度，想必他不会放过其"罪"更在思孟之上的庄子，但《荀子》全书却仅仅批评"庄子蔽于天而不知人"，并且从其句义和上下文来看，这仅有的一句批评也是把庄子作为与宋钘、墨子、惠施一类的儒门外的人物看待的。基于这几点，笔者并不认为庄子之学出自颜氏之儒，虽然庄子与颜回均可谓安贫乐道之士。

明清之际，王夫之认为庄子应是孔门弟子子张的后学，这便是我们要讨论的第四种庄子出自儒家说。其云："况如子张者，高明而无实，故终

---

① 参见何炳棣《从〈庄子·天下〉篇首解析先秦思想中的基本关怀》，《"中央研究院"历史语言研究所集刊》第七十八本第一分，2007年3月。

身不仕，而一传之后，流为庄周。"（《读四书大全说》卷四）[1]他在别处评价子张时又说："子张终身不仕，非屑屑于富贵者。……子张既无求禄之心，则夫子亦何必以不求自至歆动之耶？"不难发现，王夫之断言庄子出自子张之儒，是由于他认为庄子与子张之为人皆有"高明而无实"、拒绝出仕、无心富贵的共同点。奇怪的是，王夫之在其他著述中又提出了与此不同的看法。例如，他在《庄子解·田子方》中引《考索》曰："子夏之后为田子方，子方之后为庄周。"而在《庄子解·天下》中又提出："庄子之学，初亦沿于老子，而'朝彻''见独'以后，寂寞变化，皆通于一……故又自立一宗，而与老子有异焉。"照此，庄子之学的根源似乎距离儒家较远了。所以综合而言，王夫之的庄子出自子张说不仅没有实际的证据，而且他在这个问题上其实也是自相矛盾、无法自圆其说的。

除了子夏、颜回、子张，还有学者认为庄子出于孔门的其他后学。例如，宋人陈师道认为，庄子出自田子方，而田子方又出于子贡，故结论便是庄子辗转出自子贡之门。康有为也持这种看法，不过其说相较于陈师道似乎更"言之凿凿"。近年来，杨立华更立新说，认为庄子之学可能源出于孔门弟子中如同颜回那样安贫乐道的原宪。[2] 毋庸赘论，与前述四种看法一样，庄子出于子贡说和出于原宪说也都缺乏扎实可信的理据，故此处存而不论。

二　庄子之学出于《易》？

除上述五种观点，另有学者虽未明确提出庄出于儒，却试图把庄子之学归本于儒家经典《周易》。例如，明清之际钱澄之在其《庄屈合诂自序》[3] 中提出，庄学之要在于"因其自然，惟变所适"，这正是《易》之道所在，庄子其人则可谓"因乎时"以"处其潜"者；在为净挺《漆园

---

[1] （清）王夫之：《船山全书》第六册，第611页。
[2] 参见杨立华《庄子哲学研究》，北京大学出版社2020年版，第264—268页。
[3] （明）钱澄之撰：《庄屈合诂》，黄山书社1998年版，第3—4页。

第三章　庄子与作为对话者的儒家：从"群于人"到"成其天"

指通》所作序言《与偋亭禅师论庄子书》①中，钱澄之更明确说"庄子为孔子之孤"，"其学一本诸《易》"。世传易学且与钱氏同为道盛弟子的方以智也持此论："《易》《庄》原通，象数取证。"②"《庄子》者，殆《易》之风而《中庸》之魂乎。"③清代中期，章学诚《文史通义·诗教上》又云：

> 战国之文，其源皆出于六艺，何谓也？曰：道体无所不该，六艺足以尽之。诸子之为书，其持之有故而言之成理者，必有得于道体之一端，而后乃能恣肆其说，以成一家之言也。所谓一端者，无非六艺之所该，故推之而皆得其所本；非谓诸子果能服六艺之教，而出辞必衷于是也。……《庄》、《列》寓言假象，《易》教也。

细读这段明显带有儒家话语霸权色彩的文本，可见其所谓《庄》出于《易》，其实只是基于二者皆"寓言假象"的共同特点而作出的一个抽象推理和主观判断。并且，从"非谓诸子果能服六艺之教，而出辞必衷于是也"这句话来看，即使章氏自己也清楚，他的这一判断并非客观事实。

在现代学术界，仍然有人坚持认为庄学出于《易》，虽然其立论依据不同于古代学者。例如，杨希枚说："作为道家代表之一的庄子，其思想体系基本上也显然仍旧是《易经》的思想体系，即'天地交泰，阴阳合德'、'夫大人者与天地合德'之类天地协和与天人合一的思想"，例如《天道》篇，"静而与阴合德……其静也地"，"尊卑先后，天地之行也"，"夫帝王之德，以天地为宗"，《则阳》篇，"天地者，形之大者也；阴阳者，气之大者也"，等等。④着眼于以《逍遥游》篇为中心的庄子的人生

---

① （明）钱澄之撰，彭君华点校：《田间文集》，黄山书社1998年版，第71—73页。
② （明）方以智撰，庞朴注释：《东西均注释（外一种）》，第228页。
③ （明）方以智撰，张永义注释：《药地炮庄笺释·总论篇》，华夏出版社2013年版，第196页。
④ 杨希枚：《先秦文化史论集》，中国社会科学出版社1995年版，第728页。

哲学，钮福铭认为，"'逍遥游'是《周易》逃遁思想的变态和极致"，而其原型或雏形就是遯卦。具体来说，该卦自"初六，遯尾厉"至"上九，肥遯"，分别代表遯亡的六个阶段，体现了由"系"到"无系"的渐进过程，而在《逍遥游》篇中，由大鹏至"逍遥"也可依次分为六个阶段，其中显示的从"有待"到"无待"的发展过程，应是对遯卦的思维逻辑和遁世思想的"复制"。① 于雪棠不仅认为《周易》本经对《逍遥游》篇的结构有重要影响，坤卦初六爻辞是该篇思想的"酵母"，而且进一步断定：包括《逍遥游》篇在内，整个《庄子》内篇皆"借鉴了《周易》本经六位成章的结构方式"，每篇由六部分组成，遵循着六段成篇的原则，而内篇的篇数、排列的先后顺序以及各篇论述的内容，则都是作者"有意识""自觉"地借鉴坤卦七爻而来的。② 杨儒宾虽未把庄子之学归本于《周易》，但认为在创化论方面，庄子的"外化而内不化""命物之化而守其宗"的思想与《周易》之"太极—阴阳"的三级结构以及《中庸》之"中—和"的理论是相同的，三者"皆是典型的主张作用不离本体的变易哲学"，而这点亦可从一个重要方面说明：明清之际方以智、王夫之以及其他先儒提出的"庄子儒门说"是一个"可以自圆其说的理论"。③

此外，羊列荣等学者认为，《人间世》篇的"心斋"思想又可表述为："汝斋戒，疏瀹而心，澡雪而精神"（《知北游》），或"洒心去欲"（《山木》）。与这两句话相似，《周易·系辞上》说："圣人以此洗心，退藏于密，吉凶与民同患。神以知来，知以藏往……圣人以此斋戒，以神明其德夫。"作为圣人用《易》的主观条件，此处所说的"洗心"是指洗涤心中的杂念，限制自我的欲望，退身于静谧之处而斋戒，以表达对天地之道的敬仰。而在《周易》本经中，艮卦的卦爻辞则详细描述了巫术活动中

---

① 参见钮福铭《庄子处世哲学与〈周易〉》，《周易研究》1991 年第 1 期。
② 参见于雪棠《〈庄子〉内篇与〈周易〉》，《北方论丛》1999 年第 4 期。
③ 杨儒宾：《儒门内的庄子》，《中国哲学与文化》第四辑，广西师范大学出版社 2008 年版。

第三章 庄子与作为对话者的儒家：从"群于人"到"成其天"

"洗心"的过程，以及由此产生的虚静而无杂念的心境，这便是庄子"心斋"思想的萌芽。其不同之处在于，庄子用本体之道取代了神灵的位置，故其"心斋"可以说是神秘的"洗心"观念的理性化结果。①

笔者认为，这几种庄出于《易》的看法均为无稽之论。首先，我们不能因为《周易》和《庄子》具有某些共同或相通相似的思想观念，例如天人合一、用不离体、变易、阴阳、遁世、趋吉避祸等，便在二者之间径直建立起一一对应的源流因果关系，笔者更愿意把这些思想观念看作先秦某些典籍或学者的共识。其次，把《逍遥游》篇分为六部分，进而认为其文本构成出自遘卦或《周易》本经六位成章的结构方式，而整个《庄子》内七篇都是作者自觉借鉴坤卦七爻所创作的作品，更属附会无稽之谈。这是因为，我们今天看到的《庄子》全书、内七篇以及其中每一篇的文本内容和次序，并非出自庄子本人的编排，而是汉代以来学者不止一次整理删定的结果；并且，庄子思想的文本单位也不是整体性的篇，而应是片段性的段落或章节。② 最后，笔者不否认庄子的"心斋"思想脱胎自古老的巫术活动，但如果就此便以《周易》本经中的艮卦为其本源，则显然过于简单武断，因为庄子完全可从其他途径——例如他接触的巫者群体——获得类似的思想资源，而不必唯有通过《周易》。

综上所论，笔者认为古今各种庄子之学出自儒家的说法都是不成立的。在古代思想世界，诚如王玉彬所指出的，如果"庄子孔门说"成立，势必造成"以儒学涵摄庄学"的理论效应，这必然会使庄子之学沦为儒家话语场之内的议题，从而"减杀以'广莫之野'为栖居之所的庄子对儒学的批判深度与检讨力度，遮蔽庄学作为'方外之学'的超越、独异特性"③。从《庄子》全书看，庄与儒实为基于相互对立的思想观念而进行

---

① 参见羊列荣、雷思海、蒋凡《从〈周易〉考察道家"心斋"思想的起源》，《学术月刊》1999年第3期。

② 参见邓联合《"逍遥游"释论——庄子的哲学精神及其多元流变》，第57—68页。

③ 王玉彬：《畸于人而侔于天——先秦子学视域下的庄子哲学研究》，人民出版社2022年版，第283页。

对话辩驳的双方。二者的分歧和冲突展现为多个面相，但从人生哲学的角度说，双方的对话主要是围绕个体何以存"身"、何以栖"心"这两个问题展开的。以"身"和"心"之安顿为焦点，庄子在对话中提出的许多思想主张，固然可以说是对儒家内在困境的解决或超离，同时我们还应看到，如果不以儒家为直面的思想背景、切近的论争对手，没有对其内在困境的反思和辩驳，庄子的许多人生哲学观念恐亦不能得以生成。

第二节　修身与存身

一　无方与有方的二难

《慎子·逸文》："小人食于力，君子食于道，先王之训也。"而在儒家看来，士君子乃是道的天然担当者，通过修身以体道、践道、弘道则是其学问和生命之大本。例如，《论语》："士志于道"（《里仁》），"百工居肆以成其事，君子学以致其道"（《子张》）；《孟子》："士穷不失义，达不离道"（《尽心上》）；《荀子》："无君子则道不举"（《致士》）；"士君子不为贫穷怠乎道"（《修身》）。对于儒家来说，以修身为始基，士君子欲践道、弘道，必须经由修齐治平或所谓"学而优则仕"（《论语·子张》）的途径，亦即通过参与现实政治，才能真正把先圣之道推行于天下。在《论语·微子》篇，子路曾批评主动放弃政治参与的乡野隐者"不仕无义"，因为据他看来，"君臣之义，如之何其废之？欲洁其身，而乱大伦。君子之仕也，行其义也"，否则其生命存在便毫无价值可言。而一旦失去政治参与的机会或条件，士君子又极有可能"皇皇如也"或所谓"吊"，也就是在精神上陷入迷惘惶惑甚至痛苦不已的状态[①]，由此可见"仕"对于儒者践道、弘道之重要性。

[①] 周霄问曰："古之君子仕乎？"孟子曰："仕。《传》曰：'孔子三月无君，则皇皇如也，出疆必载质。'公明仪曰：'古之人三月无君，则吊。'"（《孟子·滕文公下》）

第三章 庄子与作为对话者的儒家：从"群于人"到"成其天"

儒家主张，一旦现身庙堂，士人就应当在敬修己身、恪守其志的基础上，以先圣的仁义之道来导引君主，从而使得国家入于正轨。例如，《论语·先进》："所谓大臣者，以道事君，不可则止。"《孟子·告子下》："君子之事君也，务引其君以当道，志于仁而已。"《荀子·臣道》："以德复君而化之，大忠也；以德调君而辅之，次忠也。"但庄子却认为，儒家坚执的自我修养和政治实践一体化的理想主张不仅不能使士人"安身立命"，反倒极可能使其殒身害命于诡异凶险的仕场之中。为揭显士君子于庙堂之上的处身守志之难，在《人间世》篇，庄子特意虚构了三篇对话，让孔子、颜回、蘧伯玉等儒家人物出来"现身说法"，自述其避祸自存之术。

《人间世》篇把乱国败政、荼毒民众的君主直接称为"暴人"。关于其本性特征和行事方式，篇中更有许多深刻精准的揭示。例如：

> 其年壮，其行独，轻用其国，而不见其过，轻用民死，死者以量乎泽，若蕉，民其无如矣。（《人间世》）
> 夫以阳为充孔扬，采色不定，常人之所不违，因案人之所感，以求容与其心。名之曰日渐之德不成，而况大德乎！将执而不化，外合而内不訾，其庸讵可乎！（同上）
> 有人于此，其德天杀。……其知适足以知人之过，而不知其所以过。（同上）

归结起来，这里描述的君主形象有如下特征：行为专断，刚愎自用；喜怒无常，常使士臣无从伺候；品德鄙劣，顽傲难化；性情残暴，滥施杀伐，为满足自己的私欲而不惜草菅民命。比照韩非子笔下的抱法、处势、用术之君，可以说，庄子对君主的性情特征和行事方式的刻画并不仅仅适用于某一国或某一世之君的私德，而实质上是对专制主义集权政治之内在机制和固有规律的透辟揭露。

进一步，对于那些满怀理想主义政治热情的儒家士人，庄子警告他

215

们，如果选择为虎狼之君效命，必将不可避免地陷入难以挣脱的凶险处境中：

> 且德厚信矼，未达人气，名闻不争，未达人心。而强以仁义绳墨之言炫暴人之前者，是以人恶育其美也，命之曰菑人。菑人者，人必反菑之，若殆为人菑夫！且苟为悦贤而恶不肖，恶用而求有以异？若唯无诏，王公必将乘人而斗其捷。……若殆以不信厚言，必死于暴人之前矣！（《人间世》）

这里是说，即使士人自己能做到德性纯厚，但如果他不了解君主的性情及其所思所欲，而只是一厢情愿地向他们宣示仁义之道，那么，君主就会以为他是为了获得并显耀自己的美善之名而蓄意呈露别人的过恶之处，以至于视其为"菑人"，"菑人者，人必反菑之"。① 一旦君主抓住了进言者的言辞偏失，进言者"必死于暴人之前矣"。这样的惨痛教训在历史上多有其例：

> 且昔者桀杀关龙逢，纣杀王子比干，是皆修其身以下伛拊人之民，以下拂其上者也，故其君因其修以挤之。（《人间世》）②
> 人主莫不欲其臣之忠，而忠未必信，故伍员流于江，苌弘死于蜀，藏其血三年而化为碧。（《外物》）

如《大学》所示，儒家士君子的人生理想是修身、齐家、治国、平天下。然而在庄子看来，若是面对无道之君，士人必将陷己于存身与安国的二难

---

① 关于这一点，老子早有告诫。《史记·孔子世家》载，孔子适周问礼于老子；辞去，老子送之曰："聪明深察而近于死者，好议人者也。博辩广大危其身者，发人之恶者也。"
② 另外，《胠箧》："昔者龙逢斩，比干剖，苌弘胣，子胥靡，故四子之贤而身不免乎戮。"

第三章 庄子与作为对话者的儒家：从"群于人"到"成其天"

之中：

> 与之为无方，则危吾国；与之为有方，则危吾身。（《人间世》）
> 子其意者饰知以惊愚，修身以明污，昭昭乎如揭日月而行，故不免也。（《山木》）

应当指出，《人间世》篇这里所谓"身"是指肉体之身，儒家所修之"身"则是指德性之身。从庄子的角度说，躬身于君主之下的士人愈修治其德性之身，愈以此为始基去达致外王之业，就愈有可能伤害其肉体之身。《庚桑楚》篇："不知乎？人谓我朱愚。知乎？反愁我躯。不仁则害人，仁则反愁我身；不义则伤彼，义则反愁我已。我安逃此而可？"这也就是说，在凶险叵测的社会政治生活中，修身守志与存身保命不可能两全。

更糟糕的是，游身于庙堂之中，士人可能失去的不仅有其肉体生命，还有他们最为倚重的人格操守、道德风范和政治理想。庄子说：

> ……而目将荧之，而色将平之，口将营之，容将形之，心且成之。是以火救火，以水救水，名之曰益多。（《人间世》）

这是说，在高压威逼之下，人臣不得不逐渐放弃自己的原则和立场，以迁就、顺从以至于助长君主的残暴。诚如王亚南所说，专制君主为确保大权独揽，总要想方设法使臣子"养成敬畏自卑的心习"，"对于其言行，无论合理与否，都得心悦诚服"。[①] 余英时也认为："以孤独而微不足道的个人面对着巨大而有组织的权势，孟子所担心的'枉道以从势'的情况是很容易发生的，而且事实上也常常发生。"[②] 当此情形下，士人不仅已经背离了

[①] 王亚南：《中国官僚政治研究》，中国社会科学出版社1981年版，第64页。
[②] 余英时：《士与中国文化》，上海人民出版社1987年版，第121页。

他的理想初衷,更不幸沦为暴君的帮凶而助长其恶。

在《人间世》篇,当颜回从孔子的告诫中知晓庙堂的险恶后,为保身计,他试着提出了一套应对君主的方法:

> 然则我内直而外曲,成而上比。内直者,与天为徒。与天为徒者,知天子之与已皆天之所子,而独以己言蕲乎而人善之,蕲乎而人不善之邪?若然者,人谓之童子,是之谓与天为徒。外曲者,与人为徒也。擎跽曲拳,人臣之礼也,人皆为之,吾敢不为邪!为人之所为者,人亦无疵焉,是之谓与人为徒。成而上比者,与古为徒。其言虽教,谪之实也。古之有也,非吾有也。若然者,虽直而不病,是之谓与古为徒。(《人间世》)

颜回"与天为徒"的言外之意是说,他将不在乎君主是否接受他的主张,而是听其自然;"与人为徒"是指随俗从众,不再固执己见,以免遭到他人非议和排挤;"与古为徒"是指援取古训谏君,从而免除自己的言责。可以看出,在颜回提出的这套与君主周旋的策略中,他原先的理想激情和儒者尊严实质上已经慢慢蜕变、弱化了。对此,孔子仍直接指出:

> 恶可!大多政,法而不谍,虽固亦无罪。虽然,止是耳矣,夫胡可以及化!(《人间世》)

孔子的意思是说,颜回这套已经颇为狡计的周旋之道仍不妥当,最多只能使自己免罪而已,但这样却又无法达到感化君主之目的。这里揭示的士人之二难困境是:在刚性的君主专制与美善的儒家理想的对撞中,士臣若欲保身,则不得不自我扭曲其人格,从原则立场上退却;欲坚守自己的人格尊严和政治主张,则极有可能亡身,总之进退得咎。

另有一种二难困境,是奔走于两国君主之间的使臣不得不面对的:

第三章 庄子与作为对话者的儒家：从"群于人"到"成其天"

> 凡交近则必相靡以信，交远则必忠之以言，言必或传之。夫传两喜两怒之言，天下之难者也。夫两喜必多溢美之言，两怒必多溢恶之言。凡溢之类妄，妄则其信之也莫，莫则传言者殃。（《人间世》）

君主专制的铁律是：人主之命不可抗，其言不可改，其心不可逆。然而，喜怒无定的人主偏偏常有"溢美"或"溢恶"之"妄"言。由此，为两君传言而处于夹缝中的臣子倘稍有不慎，忤逆了其中任何一方的心意，便难免要祸殃及身了。

针对以上各种情形，庄子指出，士人假如不识时患、未明就里，仅凭一腔救世热情和自许为高的救世之才而轻用其身于庙堂①，便难逃招祸自害的宿命：

> 夫柤、梨、橘、柚、果、蓏之属，实熟则剥，剥则辱；大枝折，小枝泄。此以其能苦其生者也，故不终其天年而中道夭，自掊击于世俗者也。（《人间世》）
>
> 山木自寇也，膏火自煎也。桂可食，故伐之；漆可用，故割之。（《人间世》）
>
> 直木先伐，甘井先竭。……昔吾闻之大成之人曰："自伐者无功，功成者堕，名成者亏。"（《山木》）

本来，木直、井甘、实熟乃是其自然本性使然，但现在却成了它们苦生害身的祸端。庄子通过这些比喻所表达的意思是，即使士人无欲无求、无所作为，他的某种才能或品格甚至也会不期然地成为招致杀身之祸的根由，一旦陷入无常的政治场域中。

再回到儒家立场上来。对于自我的肉体生命，像颜回那样抱有"治国去之，乱国就之"的救世热情的士君子或许是不以为虑的，孔子就曾说

---

① 《德充符》："吾唯不知务而轻用吾身，吾是以亡足。"

过:"志士仁人,无求生以害仁,有杀身以成仁。"(《论语·卫灵公》)但如果他们屡屡碰壁,以致终于醒悟到主宰世界的皆为无道之君,且周遭世界已经因此沉沦到无可挽救并且也不值得挽救的无望之境,那么他们又会怎样处置己身呢?《人间世》篇:

> 孔子适楚,楚狂接舆游其门曰:"……天下有道,圣人成焉;天下无道,圣人生焉。方今之时,仅免刑焉。福轻乎羽,莫之知载;祸重乎地,莫之知避。已乎已乎,临人以德!殆乎殆乎,画地而趋!迷阳迷阳,无伤吾行!郤曲郤曲,无伤吾足!"
>
> 汝不知夫螳螂乎?怒其臂以当车辙,不知其不胜任也,是其才之美者也。戒之!慎之!积伐而美者以犯之,几矣。

儒家的杀身成仁,乃至墨家的"以自苦为极"、宋钘一派的虽饥而仍然"日夜不休",其志其行固然可嘉,但处于乱世,面对无道之君主,他们的主张和义行究竟又能产生什么实际效果呢?接舆所歌"天下无道,圣人生焉"即是说,在无道之世,圣人仅能"全其生"罢了①,哪里还谈得上成就功业?从接舆之歌和"螳臂当车"的寓言中,我们不难感受到士人在理想破灭后的无可奈何和身处乱世的无能为力,而避祸自全的个体生命主题也就在这种无奈无力的慨叹中自然而然地浮现出来了。庄子说:

> 古之至人,先存诸己而后存诸人。所存于己者未定,何暇至于暴人之所行?(《人间世》)
>
> 且鸟高飞以避矰弋之害,鼷鼠深穴乎神丘之下,以避熏凿之患,而曾二虫之无知!(《应帝王》)

鸟与鼠尚有避患求生之本能,在举世名为求治而实为蕲乱的荒诞情形下,

---

① "生",宣颖注:"全其生也。"(《南华经解》,广东人民出版社2008年版,第38页)

第三章　庄子与作为对话者的儒家：从"群于人"到"成其天"

士人若不明乎此，而只知一门心思救世止暴，"若殆往而刑耳！"

问题是：在一个网罗密织、凶险四伏，以致"殊死者相枕""桁杨者相推""刑戮者相望"的恐怖世界中①，避患求生谈何容易，又怎么可能？庄子说：

> 绝迹易，无行地难。（《人间世》）
>
> 天下有大戒二：其一，命也；其一，义也。子之爱亲，命也，不可解于心；臣之事君，义也，无适而非君也，无所逃于天地之间。是之谓大戒。（《人间世》）
>
> 游于羿之彀中。中央者，中地也；然而不中者，命也。（《德充符》）

这里指明了一种无法挣脱的个体生命险境：与"游于羿之彀中"的人随时都可能被作为猎物射杀一样，游身于政治网罗中的士人也可能不期然地遭祸亡身。

二　戒慎委蛇

针对身陷庙堂的士人不得不面对的"有方"与"无方"的二难险境，庄子提出，若欲自我保全，莫如采取戒慎随顺、虚与委蛇的生存方式。他说：

> 戒之，慎之，正汝身也哉！形莫若就，心莫若和。虽然，之二者有患。就不欲入，和不欲出。形就而入，且为颠为灭，为崩为蹶。心和而出，且为声为名，为妖为孽。彼且为婴儿，亦与之为婴儿；彼且为无町畦，亦与之为无町畦；彼且为无崖，亦与之为无崖。达之入于

---

① 《在宥》："今世殊死者相枕也，桁杨者相推也，刑戮者相望也，而儒、墨乃始离跂攘臂乎桎梏之间。"

无疵。(《人间世》)

这是士人在与"其德天杀"的当政者相处时的保身之道。庄子认为,虎性虽暴,苟能顺之,"时其饥饱,达其怒心",虎就可以媚人;马性虽驯,逆之也会暴怒伤人。同样,对付"暴人",也不妨姑且随之顺之,与之虚与委蛇;反之,如果像螳臂当车那样,"不知其不胜任",强行与之冲撞,则必受其害。

需要指出的是,庄子提倡的戒慎委蛇之术,只是专门用来对付如暴君之类的凶人恶徒的。就其本意来说,这种存身方式实为士人于"不得已"情形下的被迫选择。[①]《人间世》篇:"若能入游其樊而无感其名,入则鸣,不入则止。无门无毒,一宅而寓于不得已,则几矣。"这是士人针对暴君的进谏之道。"无门无毒"四字的注解颇有分歧。陈鼓应兼采奚侗、陈启天之说,释译为"不走门路营求"。[②] 曹础基认为,这句话是应上文"医门多疾""其国有瘳"句而来:颜回认为卫国"有瘳",遂以医师自许,试图把卫国的病症治好;孔子警告颜回过于自负,所以教他"无门无毒"——"无门"即"不要摆出医师的门面",以医师自居,"无毒"即"不要把自己的主张看作治人的药方"。[③] 笔者以为,曹说较为周当。孔子这里是在提醒颜回,游走于卫国的政治樊篱中,一定不能自以为是地摆出一副医国者的高明姿态,过于坚持自己的主张,一厢情愿地向君主进谏,而是要随顺卫君,投机则谏,不投机则默,否则身必遭殃。

对于为两国之君传言的使臣叶公子高,孔子同样告以戒慎随顺之术:

兽死不择音,气息茀然,于是并生厉心。剋核太至,则必有不肖

[①] 方以智评庄子云:"彼所谓委蛇者,金刚坚忍之剑也。彼因人情贪生,故特地排突夷、比一流以宽庸人之地步,而劝其莫贪名利,自可曲全。"(《一贯问答》,《儒林》第二辑,山东大学出版社2006年版)

[②] 陈鼓应注译:《庄子今注今译》,第118—119页。

[③] 曹础基:《庄子浅注》,第55页。

第三章 庄子与作为对话者的儒家：从"群于人"到"成其天"

之心应之，而不知其然也。苟为不知其然也，孰知其所终！故《法言》曰："无迁令，无劝成，过度益也。"迁令劝成殆事，美成在久，恶成不及改，可不慎与！（《人间世》）

无论君主之言"溢美"或"溢恶"，都会使奔走于两国之间的传言者左右为难。孔子提出，在此情形下，使臣一定不能固执己意，强求事情的成功，因为如果事情做得过分，就可能给自身造成后悔不及的危险，最妥当、最周全的办法是顺其自然。

在《德充符》篇，哀骀它的"和而不唱"也体现出戒慎委蛇的"生存智慧"：

> ……未尝有闻其唱者也，常和人而已矣。……又以恶骇天下，和而不唱，知不出乎四域，且而雌雄合乎前。是必有异乎人者也。寡人召而观之，果以恶骇天下。与寡人处，不至以月数，而寡人有意乎其为人也；不至乎期年，而寡人信之。国无宰，寡人传国焉。闷然而后应，泛然而若辞。

"唱"需要主动发出自己的独特声音，"和"则全无己声，而只是被动应顺着众声出气，所以最能与他人"打成一片"，被众人接纳。质言之，"和而不唱"就是放弃自己特立独行的立场和姿态，完全随顺他人，使自身销匿在众人之中。正因为哀骀它"和而不唱"，他才能与鲁哀公"和睦相处"，而当哀公打算传国给他时，他仍是一副无所用心的样子，闷然后应，泛然若辞。实际上，处在复杂的是非场中，尤其是对于人主的虚情假意，"和而不唱"恰是一种行之有效的存身术。

这种随顺委蛇的"生存智慧"，后来遭到儒家的严厉指斥。例如，朱熹便斥之为"但欲依阿"，"不论义理，专计利害"，"揣摩精巧，校计深切"，"欲以其依违苟且之两间为中之所在而循之，其无忌惮亦益甚矣"。（《朱文公文集》卷六十七）但据实而论，《人间世》等篇提倡的避祸存身

之术并不全是庄子的新创,而是即使在以道义之担当者自高自许的儒家方面亦渊源有自。例如,《周易》:

> 《坤》六四:"括囊,无咎无誉。"
> 《象》:"'括囊无咎',慎不害也。"
> 《文言》:"天地闭,贤人隐。《易》曰:'括囊,无咎无誉',盖言谨也。"

"天地闭,贤人隐"意味着国家昏乱无道。此时若欲免害无咎,须如"括囊"一般,自我闭敛,慎出己言、谨为己行,甚或不言不行。再如,《论语》:

> 邦有道,不废;邦无道,免于刑戮。(《公冶长》)
> 宁武子,邦有道,则知;邦无道,则愚。其知可及也,其愚不可及也。(《公冶长》)
> 邦有道,危言危行;邦无道,危行言孙。(《宪问》)
> 君子哉蘧伯玉!邦有道则仕,邦无道则可卷而怀之。(《卫灵公》)
> 以道事君,不可则止。(《先进》)①

另外,《中庸》:

> 国有道,其言足以兴;国无道,其默足以容。《诗》曰:"既明且哲,以保其身。"

仅就孔子而言,一方面,他坚决反对"求生以害仁"(《论语·卫灵公》),坚持"知其不可而为之"(《论语·宪问》);另一方面,由于孔子多次遭遇无道之君,政治上屡受挫折和危难,所以在某些情况下,实际上

---

① 与此相似,《人间世》:"入则鸣,不入则止。"

第三章 庄子与作为对话者的儒家：从"群于人"到"成其天"

他并不完全拒绝通过"愚""言孙""卷而怀之"等委曲求全的方式，达到"免于刑戮"之目的。这方面，关于孔子最有深味的一件事，记述于《左传·宣公九年》：

> 陈灵公与孔宁、仪行父通于夏姬，皆衷其衵服，以戏于朝。洩冶谏曰："公卿宣淫，民无效焉，且闻不令，君其纳之！"公曰："吾能改矣。"公告二子。二子请杀之，公弗禁，遂杀洩冶。孔子曰："《诗》云：'民之多辟，无自立辟。'其洩冶之谓乎！"

孔子所引《诗》出自大雅《板》。他这句话的意思是说，在众人皆行邪为恶之时，士臣就不要再去自立法度、强行进谏了，否则便会如洩冶一样招祸自害。这种明哲保身之术大异于《论语》所说的"杀身以成仁"，故后世对《左传》所引孔子语"颇有议而疑之者"。[①]

有意思的是，正是上引《论语·卫灵公》中能够"卷而怀之"并被孔子赞为君子的蘧伯玉，到了庄子笔下，进而大谈特谈起怎样采取随顺委蛇的戒慎之道，与卫灵公的太子相周旋了！或许，对君王故意示"愚"的儒家士人在内心中仍然固守着圣人之道，而庄子笔下那些同君王虚与委蛇的士臣，恐怕连心中的圣人之道也放弃了。一方面，这大概与庄子不认同儒家的道德观念和政治理想有关；另一方面，这种放弃也可以看作士人在愈加险恶的生存环境中理想彻底破灭的结果。通过以上分析，大致可以说，庄子人生哲学中的随顺委蛇一面，吸收并发挥了儒家的戒慎保身之道，它所表现出来的无原则性或非道德性，实则意味着士人在愈加严酷的政治高压之下的进一步退却。

由于庄子主要是在《人间世》篇阐说戒慎委蛇的存身之道，其中所言之种种又与《逍遥游》等篇卓伟超然的生命取向大相径庭，所以叶国庆便以思想不类、意义不连贯等理由，认为《人间世》篇不是庄子所作，而应

[①] 杨伯峻编著：《春秋左传注》，第702—703页。

是后人之附加。① 这个看法后来遭到关锋的批驳。② 此外，又由于庄子之谓随顺委蛇集中在《人间世》篇的前三个寓言，张恒寿便以与叶国庆大致相似的理由，认为这三章并非出自庄子，而可能是战国晚期宋钘、尹文学派的作品。③ 在叶、张两位学者的心目中，庄子应是轻世离俗之人，所以绝不可能有《人间世》篇主张的屈从权贵的思想；而在关锋看来，庄子是一个悲观的"没落奴隶主贵族"，所以有滑头的混世哲学是很正常的。这两种对立的观点，前者仅从《庄子》书中另外某些篇章（如《逍遥游》）出发，后者则是基于狭隘、僵化的意识形态偏见，都希望塑造出一个面孔单一、思想一贯的庄子。

事实上，这些看法既忽视了《庄子》文本和庄子思想固有的复杂性，更未充分考虑庄子所处的社会历史背景以及他在《人间世》篇前三个对话中特意构设的寓言场景之实质，以致没有看到其所谓戒慎委蛇的自存术，实质上是对专制社会中士人政治生存困境的消极解决，也是对儒家过于理想主义的现世安身之道的反思和调适。

第三节　方内与方外

一　从"与人为徒"到"与天为徒"

正如《荀子·解蔽》所示，无论在本体、知识还是在政治、生命、修养等问题上，儒家与庄子所有的思想差异最终皆可归结到"天人之际"的视域中。就人生哲学而言，二者在终极关切这一问题上的冲突焦点在于：个体自我究竟应将其精神生命安顿在"天"之上，还是在"人"之中？

对于其学与儒家在此问题上的根本差异，庄子本人有着清醒的自觉，

---

① 参见叶国庆《庄子研究》，上海商务印书馆1936年版，第21—24页。
② 参见关锋《庄子内篇译解和批判》，中华书局1961年版，第314—318页。
③ 参见张恒寿《庄子新探》，第84—100页。

第三章　庄子与作为对话者的儒家：从"群于人"到"成其天"

《大宗师》篇的一则寓言表明了这一点。该寓言首先描写了几个道家奇人，他们一方面在精神上"登天游雾，挠挑无极；相忘以生，无所终穷"；另一方面，面对挚友之死，他们又"外其形骸，临尸而歌，颜色不变"，其行为迥异于庸众。关于他们的人生观念与儒家的不同，庄子特意安排孔子出场自述其详：

彼，游方之外者也；而丘，游方之内者也。外内不相及，而丘使女往吊之，丘则陋矣。彼方且与造物者为人，而游乎天地之一气。彼以生为附赘悬疣，以死为决疣溃痈，夫若然者，又恶知死生先后之所在！假于异物，托于同体；忘其肝胆，遗其耳目；反复终始，不知端倪；芒然彷徨乎尘垢之外，逍遥乎无为之业。彼又恶能愦愦然为世俗之礼，以观众人之耳目哉！

……丘，天之戮民也。

……畸人者，畸于人而侔于天。故曰：天之小人，人之君子；人之君子，天之小人也。

"方之外"与"方之内"之别，亦即"天"与"人"之分，"外内不相及"则是指庄子之"天"与儒家之"人"这两种生命向度及其涉指的心灵境域的根本对立。在该寓言谈及的生死和丧仪问题上，从"天"的角度看，个体生死不过是"天地之一气"无穷变化的一个片段罢了，本无所谓先后始终之分，故生不足喜、死不足悲。但从"人"的角度说，死亡却意味着彻底的消逝，意味着从此堕入虚无的深渊，意味着死者与生者永恒地离别，所以临丧须哀。进一步，"游方之外"即栖其神于"天"者，可以齐同生死，"芒然彷徨乎尘垢之外，逍遥乎无为之业"；"游方之内"即拘其心于"人"者，却只能"愦愦然为世俗之礼，以观众人之耳目"。《大宗师》篇还有另一则涉及死亡和丧仪的寓言："孟孙才，其母死，哭泣无涕，中心不戚，居丧不哀……"对此，庄子不仅仍然借孔子之口赞孟孙才为天地大化和生命本相的"觉"者，贬儒家徒众为酣睡于梦中的"未始觉者",而且指出正因为"孟孙才特觉",所以他才能顺应大化的无息流转,"入于寥天一"。在《大宗师》的这两篇庄儒对话寓言中,方外与方内、觉与梦——"天"与"人",二者意趣之差异,自是一目了然。

在庄子,"天"与"人"还是评判人格层级高下的两种截然不同的标尺:凡在"人"即儒家的标尺下被称为"君子"者,在"天"即庄子的标尺下却只能算作"小人"。据此,我们或可补充说:"人之小人,天之君子。"由于所持标尺不同,所以在儒家心目中,庄子称许的得道者皆是"畸于人而侔于天"之流。关于这层意思,《大宗师》篇又说:

> 其一也一,其不一也一。其一与天为徒,其不一与人为徒。天与人不相胜也,是之谓真人。

"与天为徒"即"畸于人而侔于天","与人为徒"则可谓"畸于天而侔于人"。庄子认为,无论个体主动归从还是强行背离,"人"毕竟不能胜"天",而最终只能归属于"天"、与"天"为一。那些透破梦觉关,进而"与天为徒"即自觉安顿其生命于终极之"天"者,则是庄子理想中的"真人"。

反乎是,那些不明于此,"畸于天而侔于人",以至于仍然挣扎煎熬于生死悲喜中的儒家人物,则被庄子贬称为"天之戮民"。在《天运》篇,老子在解释孔子为何"行年五十有一而不闻道"的原因时,也提到了"天之戮民":

> 以富为是者,不能让禄;以显为是者,不能让名;亲权者,不能与人柄。操之则栗,舍之则悲,而一无所鉴,以窥其所不休者,是天之戮民也。

可与"天之戮民"之义相通者,又有《德充符》篇批评孔子的"天刑之"一语:

第三章 庄子与作为对话者的儒家：从"群于人"到"成其天"

> 无趾语老聃曰："孔丘之于至人，其未邪？彼何宾宾以学子为？彼且蕲以諔诡幻怪之名闻，不知至人之以是为己桎梏邪？"老聃曰："胡不直使彼以死生为一条，以可不可为一贯者，解其桎梏，其可乎？"无趾曰："天刑之，安可解！"

综括而言，由于儒家徒众"畸于天而侔于人"，其生命所寄不过是"知效一官，行比一乡，德合一君而征一国"（《逍遥游》），更甚者，其心之所系惟在人间世的功名富贵，所以他们既不能透破名关利锁，更不能两忘一己之生死，从而像得道的"真人""至人"那样"游方之外"，或作"逍遥""苟简""不贷"的"采真之游"（《天运》），而只能辗转沉沦于虚妄的得失悲喜之间，永无安宁。从庄子的角度说，这就是"天"加之于他们的精神惩罚。

庄子之所以特别强调他与儒家在"天人之际"问题上的分歧，并以"天"作为其精神生命的终极安顿之所，固然是对道家"法天""配天"、以"人"从"天"之传统的继承，也可以说是针对早期儒家思想的一个显著缺失而发。

我们知道，虽然孔子时或也奉上天为最高主宰[1]，甚至在面对险境时亦曾以"天生德于予，桓魋其如予何"（《论语·述而》）来表明其无畏的勇气，但从总体上看，由于其思想重点集中在社会政治和人伦道德领域，所以对天道、鬼神、死亡这一类皆可归入"天人之际"视域中的似乎过于玄远的形而上问题，他就不太关心并且实际上也思之甚少、言之极罕了。《论语》：

> 子贡曰："夫子之文章，可得而闻也；夫子之言性与天道，不可得而闻也。"（《公冶长》）

---

[1] 例如，《论语》："获罪于天，无所祷也"（《八佾》）；"天之未丧斯文也，匡人其如予何？"（《子罕》）"君子有三畏：畏天命，畏大人，畏圣人之言。"（《季氏》）

>季路问事鬼神。子曰："未能事人，焉能事鬼？"曰："敢问死。"曰："未知生，焉知死？"（《先进》）
>
>子不语怪、力、乱、神。（《述而》）

其后，《荀子·天论》："大天而思之，孰与物畜而制之？从天而颂之，孰与制天命而用之？"孔子和荀子对于"天"的疏离、对于"人"的重视，所体现的是典型的实用理性精神。

早期儒家把思想重心和价值判断的基准由"天"转向"人"，固然标志着此一时期人文理性和经验理性的愈加萌醒，但目光只放在此岸世界，仅以"就事论事"的方式专注于现实社会的人伦和政治，而罕言天道性命，避谈鬼神、死亡等玄远的彼岸性问题，却也意味着高悬于人间世之上的终极视域的关闭或被遮蔽。例如，孔子屡屡言及的"道"，便不是至高无上的"天"之"道"，而主要是从周代的礼乐制度、官方典籍以及上古圣王历史叙事中拈出[①]，作为其社会政治和人生理想追求的"人"之"道"。恰如余英时先生所说，儒家的这种"道"，"基本上是一个安排人间秩序的文化传统"，其渊源实为"古代的礼乐传统"，而相比之下，庄子思想中的"天"却是一个形而上学的观念，"它是比儒家的仁义更高一层的领域"。[②] 正因此，对于孔子而言，得道即在于领受、体认并践行仁义礼乐，但在庄子那里，如同《大宗师》篇中颜回对孔子所说，得道却恰恰在于"忘礼乐""忘仁义"。笔者认为，庄子对"天"的推重与孔子对"人"的强调，一定程度上折射出了古老的巫文化与后起的礼乐文化之间的冲突。以巫文化为重要源头，庄子思想尽管表现出了较多的原始、巫魅和神秘特点，但相对于脱胎自礼乐文化的早期儒家，其中显然蕴有更为直接、更为强烈的形而上的超验诉求。

[①]《中庸》："仲尼祖述尧舜，宪章文武。"《汉书·艺文志》："儒家者流……游文于六经之中，留意于仁义之际。祖述尧舜，宪章文武，宗师仲尼，以重其言，于道为最高。"

[②] 余英时：《士与中国文化》，第107、95页。

第三章　庄子与作为对话者的儒家：从"群于人"到"成其天"

王夫之在《庄子解·则阳》中曾暗斥庄子不立"人道之极"，"卤莽以师天"，这与荀子批评庄子"蔽于天而不知人"是一回事，二者都是说庄子"与天为徒"而"畸于人"，以致逃避人伦物理。但即便是以捍卫儒家的纯洁性为己任的王夫之也已看到，庄子强调的"天"对于个体生命的终极安顿具有不可或缺的意义。例如，在孔子言之甚少的生死问题上，王夫之正确指出，庄子的思想"较之先儒所云死则散而全无者，为得生化之理"（《庄子解·达生》）。因为，依庄子的思想逻辑，个体的存在虽然渺小如尘埃、短暂如白驹过隙，却可以死亡为契机，返归天地万物得以化成的本原之气，进而通过气的重新聚合，融入、参与"万化而未始有极"的宇宙洪流①，并获得另一种全新的生命存在样式，这就是《达生》篇所说的"能移""相天"②。所以，死亡绝非彻底消逝，而是新生的开始。平心而论，这种基于"天"的视域的生死观更能为个体提供精神上的终极安顿。庄子之所以批评悦生之人为"弱丧而不知归"（《齐物论》），又称死亡为朝向永恒故乡、尽可以恬然领受的"大归"（《知北游》），其根由正在于此。

不仅在死亡问题上，当个体在现实的人生历程中遭遇不可抗拒的悲惨命运，或陷入全无端由、追问无果且看不到任何希望的困境时，任何人间性的慰藉和解释都会显得贫乏无力，而在此时，玄远之"天"却可以给走投无路的个体提供精神出口。例如，庄子在《德充符》篇塑造了一系列畸残人的形象，王博说："整个《德充符》篇的寓言，就是在儒家和庄子之间进行的一个对话。这个对话所要讨论的问题就是，在生命里面最重要的是什么东西"，是外在之形，还是内心之德？③ 在笔者看来，如果说庄子意在通过该篇的寓言与儒家对话的话，毋宁说，形体之健全暗喻儒家的"游

---

① 《大宗师》："若人之形者，万化而未始有极也，其为乐可胜计邪！"
② 参见邓联合《王夫之庄学思想通论——基于〈船山全书〉的研究》，北京大学出版社2020年版，第116—120页。
③ 王博：《无奈与逍遥——庄子的心灵世界》，第217页。

方之内"的生命理想，内在之德意指庄子的"游方之外"的精神期求。那些形体畸残但至德内充之人的自我审视和安顿之道则表明，个体并不能自我掌控其"游方之内"的人生，当"死生存亡，穷达贫富，贤与不肖、毁誉，饥渴寒暑"（《德充符》）以及形体的畸残等各种祸殃不期然降临之时，若能栖心玄天，领会到人生之种种皆属"天也，非人也"（《养生主》），就不仅能够漠然以对其形体的畸残，"视丧其足犹遗土也"，而且更可以解除纠结于其内心的悲哀、怨愤和虚妄的名利枷锁，精神上获得恬淡宁定以对当下际遇的傲然的存在勇气，甚或"择日而登假"，"官天地，府万物"（《德充符》），把低微的一己小我向上提升为"入于寥天一"（《大宗师》）的大我。

借由那些毫不在意其形体和命运的畸残人的精神风貌，庄子引申说：

> 故德有所长，而形有所忘。……故圣人有所游，而知为孽，约为胶，德为接，工为商。圣人不谋，恶用知？不斲，恶用胶？无丧，恶用德？不货，恶用商？四者，天鬻也。天鬻者，天食也。既受食于天，又恶用人！有人之形，无人之情。有人之形，故群于人，无人之情，故是非不得于身。眇乎小哉，所以属于人也！謷乎大哉，独成其天！（《德充符》）

这段话似亦针对儒家而发。庄子认为，"知""约""德""工"这些现世生存的必备要素，却是个体"游方之外"的障碍，故需减除净尽，否则便不能"受食于天"。换句话说，个体若欲"德有所长"，在精神层面复归或上达于"天"，必须相应地"形有所忘"，从"群于人"而"游方之内"的现实生活世界作必要的撤离；撤离得越彻底，就越能排遣掉其心中因为不幸的自我生命际遇而产生的哀苦愤懑的情结，在精神上"謷乎大哉，独成其天"。

二 孔子:从"天之戮民"到"天之君子"

不仅《德充符》等篇的畸残人,在庄子笔下,当个体深陷不幸的命运而满腔哀愤之时,同样选择从"方之内"撤离,转而游心于"方之外",并向"天"寻求生命之终极慰藉的还有孔子。以孔子周游列国期间经历的陈蔡之困为原型,《山木》篇虚构了三则寓言。在第一则寓言中,"大公任"指出孔子屡遭困厄的原因是过于追求显耀的功名,孔子闻言后,"辞其交游,去其弟子,逃于大泽;衣裘褐,食杼栗;入兽不乱群,入鸟不乱行";在第二则寓言中,"子桑雽"认为孔子及其徒众以"利合"而非"天属",所以穷迫之际难免"亲交益疏,徒友益散",孔子闻言后,"徐行翔佯而归,绝学捐书";在第三则寓言中,孔子虽然"穷于陈、蔡之间,七日不火食",却仍能做到泰定自若,悠然而歌,全无困窘之态,因为他已经洞明"人与天一也",所以无须以世间的得失吉凶为挂碍,而是应该像圣人那样顺应"天地之行","晏然体逝而终"。经过庄子的改铸,这三则寓言中的孔子均已由"天之戮民"一变而俨然成为"与天为徒"之人,或者说,他已由早先的"人之君子"脱胎换骨而蜕变为"天之君子"。

而在《论语》中,当"游方之内"的孔子遭遇政治挫折,面对困境而极度失望之时,似乎也曾流露出了逃向"方之外"的思想倾向:

> 子欲居九夷。或曰:"陋,如之何?"子曰:"君子居之,何陋之有?"(《子罕》)
>
> 子曰:"道不行,乘桴浮于海。从我者,其由与?"(《公冶长》)

不过,无论如何蛮荒僻远,九夷、大海说到底仍只是"方之内"的另一方,二者毕竟不属于"方之外"的世界,更与庄子所说的"天"相去甚远;况且,即使孔子移居九夷、远浮于海,看来他还是要以儒家的君子之道自处甚至教化他人的。若从孔子晚年若丧家之犬般奔走于列国之间对待隐者的态度,以及他对各种"逸民"的评价来看,事实上他也从未有过彻

底远离"方之内"而从此"游方之外"的念头。《论语·微子》:

> 长沮、桀溺耦而耕,孔子过之,使子路问津焉。长沮曰:"夫执舆者为谁?"子路曰:"为孔丘。"曰:"是鲁孔丘与?"曰:"是也。"曰:"是知津矣。"问于桀溺。桀溺曰:"子为谁?"曰:"为仲由。"曰:"是鲁孔丘之徒与?"对曰:"然。"曰:"滔滔者,天下皆是也,而谁以易之?且而与其从辟人之士也,岂若从辟世之士哉!"耰而不辍。子路行以告。夫子怃然曰:"鸟兽不可与同群,吾非斯人之徒与而谁与?天下有道,丘不与易也。"
>
> 逸民:伯夷、叔齐、虞仲、夷逸、朱张、柳下惠、少连。子曰:"不降其志,不辱其身,伯夷、叔齐与!"谓:"柳下惠、少连,降志辱身矣;言中伦,行中虑,其斯而已矣。"谓:"虞仲、夷逸,隐居放言,身中清,废中权。我则异于是,无可无不可。"

从中可见,对于那些丝毫不把天下治乱挂在心上的"辟世之士"以及"隐居放言"的"逸民",孔子是不愿与之为伍的。对于隐士群体,他唯一积极评价的是伯夷、叔齐之类的"不降其志,不辱其身"之士。这也就是说,即使孔子隐居,也是一个绝不放弃儒家仁义之道的守志者,隐居对于他而言,只是一种暂时性的外在姿态,其心仍游于"方之内"。

但庄子偏偏要把孔子从身到心全部从"方之内"中解救出来。在他看来,孔子及儒家所坚守的仁义之道并不足以充当个体精神生命的终极安顿之所,因为仁义不仅不是人的本真之性,反倒是扭曲、限制人性的桎梏,是人性失真的伪饰。并且,"夫仁义之行,唯且无诚,且假乎禽贪者器"(《徐无鬼》),换言之,表面"无私"的仁义在现实社会中还经常丧失其价值属性,沦为人们求取私利的工具。所以,如果个体存仁义于其心,便不可能"与天为徒",超然而"游方之外",正如《大宗师》篇许由对意而子所云:

第三章　庄子与作为对话者的儒家：从"群于人"到"成其天"

　　夫尧既已黥汝以仁义，而劓汝以是非矣，汝将何以游夫遥荡恣睢转徙之途乎？

《天地》篇亦云："夫孝悌仁义，忠信贞廉，此皆自勉以役其德者也，不足多也。"反乎是，"退仁义，宾礼乐，至人之心有所定矣"（《天道》）。

　　以老子为孔子解除其内心固执的仁义情结为主题，《庄子》还虚构了多则寓言。在这些寓言中，老子告诫孔子，"夫仁义憯然乃愤吾心，乱莫大焉"（《天运》），而标揭仁义实是"乱人之性"（《天道》），久处仁义亦难免"觏而多责"（《天运》）；所以，应绝弃仁义之心，因顺天地万物之常性，"放德而行，循道而趋"（《天道》），"使天下无失其朴"，这样才能"与化为人"，"以游逍遥之虚"（《天运》）。有趣的是，在《天运》篇，老子驳斥了孔子的仁义主张后，孔子归而三日不谈，随之又向弟子赞老聃为龙："吾乃今于是乎见龙。龙，合而成体，散而成章，乘云气而养乎阴阳。""与天为徒"的道家人物不仅在孔子心目中极富人格魅力，而且他们"游方之外"的精神圣域更让孔子欣羡不已，于是就有了《田子方》篇孔子对老聃"游心于物之初"而获致"至美至乐"的好奇追问。而在《知北游》篇，面对真诚探问"至道"的孔子，老子在指出"君子之道，彼其外与"之后，又希望孔子能超越一己之生死，"解其天弢，堕其天袠"，自归于流转无息的天地大化。

　　如上所述，庄子经常安排孔子代表儒家出场，并与之展开思想对话，但须知，庄子笔下的孔子并不是只有高扬仁义之道的儒家圣人这一副面孔。总观《庄子》全书可见，其中的孔子大致有三种不同形象：（1）作为执持仁义之道的儒家宗师而受到道家冷嘲热讽的孔子；（2）虽仍为儒家宗师，但被道家玄旨吸引，并能虚心向老聃等各种道家人物请教的孔子，这一孔子形象可以说介于儒家和道家之间；（3）由外在的言谈举止到内在的精神品性，俨然都已是得道高人的道家阵营中的孔子。对此，一种合理、可信的解释是：出现不同孔子形象的寓言可能出自庄子学派中不同的作者之手。除了这种解释，其实我们还不妨用时间线索把以上三种孔子形

庄子哲学精神的渊源与酿生

象串并为一，串并的结果则是：孔子本人经历了由儒家转向道家、由"游方之内"转向"游方之外"的心路历程。这一心路历程未必属于历史上真实的孔子，但符合庄子对孔子的理解。《寓言》篇：

> 庄子谓惠子曰："孔子行年六十而六十化，始时所是，卒而非之，未知今之所谓是之非五十九非也。"惠子曰："孔子勤志服知也。"庄子曰："孔子谢之矣，而其未之尝言……"

这段话常被后世的儒家一厢情愿地解释为庄子有尊孔之意。事实上，此处庄子赞赏的并非作为儒门宗师而实为已经道家化了的孔子，其特点是终生与时俱化，虽然从未明言其心迹，却早已弃绝圣智。按庄子的理解，既然孔子始终都能做到自我反思、自我修正、自我超越，那么，在晚年周游列国却屡屡碰壁之后，想必他会因"游方之内"而走投无路和仁义理想之完全破灭，而作出大彻大悟的明智选择，转而放弃仁义之道，以至于最终"游方之外"。

庄子为了与儒家进行对话而重塑的由儒而道的孔子形象，预示了中国思想史上绵延不绝的一道独特景观：在后世的贾谊、嵇康、阮籍、陶渊明、苏轼等众多儒家士人的心路历程中，同样也都存在着这种从现实政治关切自我精神生命之终极安顿、从"游方之内"到"游方之外"，亦即从儒家主题到庄学主题的转换。恰如林语堂所说："道教（家）是中国人民的游戏姿态，而孔教为工作姿态。……每一个中国人当他成功发达而得意的时候，都是孔教徒，失败的时候则都是道教徒。道家的自然主义是服镇痛剂，所以抚慰创伤了的中国人的灵魂者。"[①]

以阮籍的自述心迹之作《大人先生传》为例，文中先后出场与"大人先生"——实即庄子所谓"真人""至人"——对话的有士君子、儒家隐士、薪者，他们与作者暗自期许的"大人先生"共同构成的四种由低到高

[①] 林语堂：《吾国与吾民》，宝文堂书店1988年版，第107页。

第三章　庄子与作为对话者的儒家：从"群于人"到"成其天"

的人格形态，实质上反映了阮籍本人的思想演变轨迹和精神出走过程，即：超越现实政治，继而超越儒家信念，进而超越生死、荣辱、贵贱，出走的终点或目标则是："超世而绝群，遗俗而独往，登乎太始之前，览乎忽漠之初，虑周流于无外，志浩荡而自舒，飘飖于四运，翻翱翔乎八隅……"① 这正是庄子所说的"游方之外"的生命圣域。由阮籍此文亦可见，庄子与儒家围绕"游方之外"抑或"游方之内"的人生哲学对话一直延续到了后世，只不过这种对话已由庄与儒之间转入了儒家知识分子的心灵内部，成为其自我精神蜕变的重要环节。

本章结语

全面来看，庄子与之展开思想对话的不只有儒家以及下文将要讨论的惠施。在道家阵营之外，以自苦救世为宗旨的墨家也是其重要的论争对手。而正如与儒家及惠施的关系那样，庄子在对墨家施以责难之词的同时，我们也不应排除他从这个论敌中汲取某些思想要素的可能性。钱穆在《先秦诸子系年·自序》中曾认为："先秦学术，惟儒墨两派。墨启于儒，儒原于故史。其他诸家，皆从儒墨生。要而言之，法原于儒，而道启于墨。农家为墨道作介，阴阳家为儒道通囿。……诸家之学，交互融洽，又莫不有其旁通，有其曲达。"② 这一看法在强调包括道家内在的先秦诸家学术交相融通的同时，又指认"道启于墨"，但钱氏并没有说明其依据何在，更未细述道家阵营中的庄子之学与墨家的关系，故此论显失粗疏武断。

关于庄子对墨家的批评，学者已有详论。③ 至于二者思想的相通处，笔者认为，庄与墨至少在以下几方面是可以达成共识的。第一，批评儒家

---

① 陈伯君校注：《阮籍集校注》，中华书局1987年版，第185—186页。
② 钱穆：《先秦诸子系年》，第46页。
③ 参见郑杰文《〈庄子〉论墨与战国中后期墨学的流传》，《齐鲁学刊》2004年第5期；童恒萍《〈庄子〉与墨家》，《中州学刊》2004年第5期。

以有偏私的仁爱为内涵的人性论：墨家以无偏私的兼爱对抗仁爱，庄子则主张"至仁无亲"（《天运》《庚桑楚》），并且也批评儒家的仁爱是有私之爱。① 第二，批评儒家之礼：墨家的理由是儒家之礼过于烦琐，浪费财力和物力，庄子的理由是礼钳制扭曲本真人性，扰乱社会生活固有的常则。② 第三，反对儒家的厚葬主张：从利之计虑出发，墨家提倡节葬、薄葬，庄子则基于齐同生死的思想观念，完全不把儒家重视的丧仪当回事。第四，如同庄子思想一样，墨子的天志鬼神观念也透露着明显的巫魅气息。据此，如果说庄子在人性、礼、丧仪等问题上的思想主张来自墨家，或是受墨家影响的结果，无疑是不恰当的，但如果认为庄子思想中可能存在着某些墨家的痕迹，而在面对儒家这个共同的论敌之时，二者的部分理论主张更是构成了相互辅益、彼此共鸣的关系，应属不虚之论。

儒家之所以只能是庄子多方批驳的对话者，并且笔者之所以否定庄子出于儒门，在此可以补充的一个重要原因是：就思想来源来说，从孔子到荀子，早期儒家总体上对神秘的巫文化所持的是疏离、排斥的立场，但庄子对巫文化却采取了继承、发挥和转换的处置方式，二者的态度可谓一反一正、一拒一受。这一点决定了庄子之学不可能源出自儒家。

与庄子相比，以家国天下为心魂所系的儒家较少关注艰难时世中的个体生存问题。在个体之游身与游心这两个方面，儒家的主张是修身以出仕、"游方之内"，用宋明儒者的话说便是"在人伦物理上纵横自得"；庄子则认为个体在世的关键是如何苟全性命、如何"游方之外"，从而为自我寻找到妥帖的身心安顿之道。为存身计，庄子的生命哲学难免带有一些随顺委蛇、滑头处世的非道德色彩，虽然庄子本人历来嫉俗孤傲、毫不退让。然而，由于庄子的精神理想是"立乎不测而游于无有""出六极之外而游无何有之乡""体尽无穷而游无朕"（《应帝王》），所以，他为个体生

---

① 在《天道》篇，针对孔子所说"中心物恺，兼爱无私，此仁义之情也"，老聃批评说："无私焉，乃私也。"
② 《骈拇》："屈折礼乐，呴俞仁义，以慰天下之心者，此失其常然也。"

第三章　庄子与作为对话者的儒家：从"群于人"到"成其天"

命内在构设的心灵圣域也就相应表现出了不问人间是非善恶、但求自我逍遥解脱的虚无主义特征。撇开其中的消极性不论，庄子之学仍可因其对个体生命的热切关注和悲悯呵护，被看作对儒家忽视个体的思想弊端的反拨、弥补和解决。

第四章

庄子与作为对话者的惠施：
从"逐物"到"自宁"

第一节 庄惠之交

惠施与庄子同为战国时期的宋国人。据钱穆考定，惠施的生卒时间约为公元前370年—前310年，可见他略长于庄子（约公元前369年—前283年），也比庄子早卒，《徐无鬼》篇"庄子送葬，过惠子之墓"一节可印证这一事实。惠施虽然是庄子的好友兼宋国同乡，却有着与庄子截然不同的人生道路，他曾做过魏惠王的相，在魏国的内政和外交方面都很有成就。《庄子·秋水》："惠子相梁，庄子往见之。或谓惠子曰：'庄子来，欲代子相。'于是惠子恐，搜于国中三日三夜。庄子往见之，曰：'……今子欲以子之梁国而吓我邪？'"又，《淮南子·齐俗训》："惠子从车百乘，以过孟诸，庄子见之，弃其余鱼。"这两件事说明，高居魏国相位的惠施既看重权位，又好摆排场，而庄子则对此毫无兴趣，甚至深恶痛绝。

按说庄子与惠施不仅学术思想不同，而且地位悬殊、志趣迥异，可谓道不同不相为谋，然而有趣的是，所有这些并不妨碍他们在经常的论争和交往中成为情谊深厚的朋友。庄子送葬路过惠施墓前曾说："自夫子之死也，吾无以为质矣。"语中传达的孤独、感伤的心情以及真挚、纯厚的友

第四章　庄子与作为对话者的惠施：从"逐物"到"自宁"

情，颇有些子期死而伯牙断琴之韵致，正如《淮南子·修务训》所云："惠施死而庄子寝说言，见世莫可为语者也。"钱穆认为，惠施与庄子交游是在他被魏王罢官，辗转由楚返宋之后。① 李存山则根据《秋水》篇所记庄子赴梁见惠施一事，推测早在他被罢官之前就已与庄子有交往，后者赴梁是去见老朋友。② 无论相交之早晚，二人之间不仅保持了至少十多年的友情，并且看来友情还甚为笃厚，否则就不会发生《至乐》篇所载"庄子妻死，惠子吊之"那样的事情了。而这种友情也可以说是庄子与惠施能够展开长期的面对面、深层次的思想交锋和互动的现实条件。

李存山又提出，惠施在出仕而为魏相之前，原是布衣之士，同庄子一样属于平民知识分子阶层，其社会政治思想有"止贪争"（见《吕氏春秋·不屈》）、"去尊"（见《吕氏春秋·爱类》）、"泛爱"（见《庄子·天下》）、"偃兵"（见《韩非子·内储说上》），等等。③ 冯友兰也认为，"去尊"是惠施的主要政治思想，其含义是"去掉特权和要求平等"。④ 严格说来，惠施是否像庄子那样也出自布衣之士，这个问题尚需细考，但他的这些带有平民和平等主义倾向的政治主张，显然与庄子思想有近通之处，虽然二者并不完全一致。这一点，或许是庄惠能够相交为友的一个重要原因。

虽然庄惠并不像《大宗师》篇描写的子祀、子舆等人那样，是"相视而笑，莫逆于心"的"道友"，而是哲学思想冲突、言辞争锋的"辩友"，但这对"辩友"在各自不同的场合发言论事之时，却也会出现遥相契合的情况。《韩非子·说林下》载：

---

① 参见钱穆《钱宾四先生全集》第六册《惠施》分册，台北：联经出版事业公司1985年版，第6页。
② 参见李存山《庄子与惠施》，《道家文化研究》第五辑，上海古籍出版社1994年版。
③ 参见李存山《庄子与惠施》。
④ 冯友兰：《中国哲学史新编》上册，第441页。

> 伯乐教二人相踶马，相与之简子厩观马。一人举踶马，其一人从后而循之，三抚其尻而马不踶，此自以为失相。……惠子曰："置猿于柙中，则与豚同。故势不便，非所以逞能也。"

巧合的是，庄子在回应魏王"何先生之惫邪"的揶揄之词时，也曾以猿为喻，说明"处势不便，未足以逞其能也"（《山木》）的道理。究竟这个比喻最先出自惠施还是庄子之口，当然已经无法考证，但由此我们却可推知，庄对惠或惠对庄的言论和思想是非常熟悉的，所以在措辞激烈、毫不退让的面对面交锋之外，二人实不乏暗中借取对方言论和思想的情况。

《天下》篇说"惠施多方，其书五车"，《汉书·艺文志》名家类下记有"《惠子》一篇"，后注"名施，与庄子并时"，但他的思想资料保存下来的却很少，且多是散见于其他先秦典籍中的有关惠施的只言片语，其中尤以《庄子》所存为最详。这包括《庄子》中记述的庄与惠的多次辩驳，以及《天下》篇末章所载惠施的十条"历物之意"。有学者认为，五十二篇的古本《庄子》原有《惠施》篇，汉志所录"《惠子》一篇"所指正是此篇，此篇亦即三十三篇的今本《庄子》的末章，而"《惠子》一篇"之所以进入《庄子》，成为古本五十二篇中的一篇，或许是刘向编校整理《庄子》一书时的"误操作"。[①] 无论这一说法是否属实，今欲了解惠施的哲学思想，《庄子》中的相关记述确是不可或缺的文献依据。

除了私人情谊和传世的著作资料，惠施与庄子在思想上的内在关系亦较为密切。王夫之《庄子解·天下》：

> 至其篇末举惠施以终之，则庄子之在当时，心知诸子之短长，而未与之辩，唯游梁而遇惠子，与相辨论，故惠子之死，有"臣质已死"之叹，则或因惠子而有内七篇之作，因末述之以见其言之所繇兴。或疑此篇非庄子之自作，然其浩博贯综，而微言深至，固非庄子

---

① 参见崔大华《庄学研究》，第47—48页。

第四章 庄子与作为对话者的惠施：从"逐物"到"自宁"

莫能为也。

王夫之在这段话之前已断言，在《庄子》内外篇中，只有内七篇是庄子本人作品，因此最能代表其真实的思想。上面这段话在肯定《天下》篇也是庄子"自作"的同时①，又认为内七篇乃"因惠子而有"，是与惠施"相辩论"的产物，其中兼有庄子对包括惠施在内的"诸子之短长"的知见。若依此说，既然庄子本人的文章是在与惠施辩论的语境中产生的，那么，惠施作为论敌对庄子的挑战、非难和激发，无疑直接推动了庄子思想的文本化表达。甚至可以说，如果没有惠施作为论辩之"质"，恐亦无我们今天看到的《庄子》之书和庄子之学。另外，王孝鱼亦依王夫之的看法，认为内七篇是"庄子为惠施而作"，其目的是"说服""攻击"或"感化"惠施。从这个角度说，"庄子能完全暴露出他的思想底里，我们今天还应该感谢惠施"这个针锋相对、咄咄逼人的论敌。②

王夫之的看法虽属猜测，且有过当之处，但确乎揭示了惠施对于庄子思想之生成所具有的独特意义。我们看到，《庄子》中记述的庄惠之辩，似乎每一次都以庄子胜出而终结，但如果考虑到这些辩论的记述者皆是庄子的后学，那么，真实的情况或许就并非如此。换句话说，惠施并不一定总是辩论的失败者，庄子很可能亦有被驳得无言以答之时。而从客观的第三者角度看，庄与惠的每一次辩论，结果都很难说谁输谁赢，事实上二者都不过只是分别表达了自己的观点而已。并且，就论辩的逻辑严谨性来说，其实庄子有时反倒不如惠施缜密，例如在关于鱼之乐的"濠梁之辩"中，庄子就有诡辩（偷换论题）的嫌疑。由此，如果说在长期的近距离交锋中，面对同为一代大哲且同样雄辩的惠施，庄子对其思想既有批驳和超

---

① 王夫之认为，《庄子》全书只有内七篇以及《寓言》《天下》两篇为庄子亲笔。（参见邓联合《以内篇参观之——王船山对庄子与其后学的分疏》，《中国哲学史》2017年第2期）

② 王孝鱼：《庄子与惠施——〈庄子内篇新解〉前言》，《晋阳学刊》1980年第1期。

越，也有暗中的借取和改造利用，并不是完全没有可能。

第二节　外物与内德

先来看《天下》篇所记惠施的十条"历物之意"与庄子思想的关联。其中第一条为：

> 至大无外，谓之大一；至小无内，谓之小一。

冯友兰认为，纯粹的形上学或"最哲学底哲学"应是"一片空灵"的，其中不包含任何经验内容。[①] 按照这个标准，惠施的这条"历物之意"就是完全不涉经验的纯形式的逻辑命题，"'无外'、'无内'可以说是'至大'、'至小'的定义"。[②] 而在李存山看来，惠施的命题是从宇宙构成论角度立论的："大一"是指宇宙全体，"小一"是构成宇宙万物的基本单位。与此命题相关者，《庄子》中说：

> 精至于无伦，大至于不可围。（《则阳》）
> 世之议者皆曰："至精无形，至大不可围。"……无形者，数之所不能分也；不可围者，数之所不能穷也。（《秋水》）

李存山认为，"不可围""数之所不能穷"就是"至大"；"无形""数之所不能分"就是"至小"，因此这段话可视为对"至大无外"和"至小无内"的准确解释。又，《知北游》篇：

> 今彼神明至精，与彼百化，物已死生方圆，莫知其根也，扁然而

[①] 参见冯友兰《贞元六书》，第10—12页。
[②] 冯友兰：《中国哲学史新编》上册，第446页。

第四章 庄子与作为对话者的惠施：从"逐物"到"自宁"

> 万物自古以固存。六合为巨，未离其内；秋豪为小，待之成体。……此之谓本根，可以观于天矣。

李存山指出，惠施命题中的"至大无外，谓之大一"，就是要解决《知北游》这段话所说的"六合为巨，未离其内"的问题，"至小无内，谓之小一"则是要解决"秋豪为小，待之成体"的问题。[1] 若此论可据，那么我们就可以说，庄子和惠施的宇宙论思想是彼此交织、相互递进的。

惠施"历物之意"的其他几条主要是从空间转换和时间流迁的角度，在更广大的时空范围内，申明事物存在及其性质的变动性、相对性。其中，从空间角度立论的有"无厚，不可积也，其大千里"，"天与地卑，山与泽平"等，从时间角度立论的有"今日适越而昔来"，"日方中方睨，物方生方死"。细究其理，可知惠施立论潜在的前提预设是：某一事物究竟具有何种性质、以何种形式出现，又与其他事物构成何种关系，关键取决于我们看待事物的角度。这也就是说，事物于此时此地所呈现的某种性质和样式，若换在另一种时空背景下，就会转化为与之相反的另一种性质和样式。推而广之，事物的各种性质之间，乃至万物之间并不存在截然分隔的界限，所有的差异和界限都是相对的，也都是可以消除的。正是在此意义上，"天地一体也"。顺着惠施的思路，冯友兰说："既然'天地一体'，所以要'泛爱万物'。这是十事的一个结论。"[2] 侯外庐也认为："第十条'泛爱万物，天地一也'，为惠施根据前面九条所得的结论。"[3]

在《庄子》中，我们同样可发现类似于惠施"历物之意"的相对主义命题。例如：

---

[1] 参见李存山《庄子与惠施》，载《道家文化研究》第五辑，上海古籍出版社1994年版。
[2] 冯友兰：《中国哲学史新编》上册，第451页。
[3] 侯外庐：《中国古代思想学说史》，第217页。

> 方生方死，方死方生。（《齐物论》）
>
> 未成乎心而有是非，是今日适越而昔至也。（《齐物论》）
>
> 天下莫大于秋豪之末，而大山为小；莫寿于殇子，而彭祖为夭。天地与我并生，而万物与我为一。（《齐物论》）
>
> 自其异者视之，肝胆楚越也；自其同者视之，万物皆一也。夫若然者，且不知耳目之所宜，而游心乎德之和；物视其所一而不见其所丧，视丧其足犹遗土也。（《德充符》）

从后两条引文可见，庄子虽然也像惠施那样认为"万物皆一也"，事物在时空范围内显现出的差别都是相对的，但与其"历物之意"的不同处在于："万物皆一也"对于庄子而言，只是一个过渡性的思想环节，他的真正意图是要通过这一环节，最终凸显作为天地万物之一的"我"与天地万物的一体性，以及"我"凭借对万物之"所一"的知解，以获致破除一己小我之生死得失而体认作为天地万物总体之"一"并"游心乎德之和"的精神圣域。正如日本学者森秀树所说："《齐物论》篇的作者把世界和自己看作是'一'，并用名家的理论作为跳台，来对这一神秘的世界体验作哲学的证明。"[①] 冯友兰亦认为，庄子与惠施虽然都讲万物一体，但"惠施不讲对于内心的修养而只讲对于外物的知识"，他是"就万物论万物，并不是以我为中心"，而庄子则认为"'我'是最伟大的"，其所谓"万物一体"是以"我"为中心的；所以，惠施只讲"泛爱万物"，"而不讲无差别的、一片混沌的主观境界。庄周则把这一种境界作为他的《齐物论》的最后的结论"，且将此境界视为"自我修养的最高成就"。[②]

正是基于庄子思想的这一立场和取向，《天下》篇的作者批评惠施陷溺于外物，只讲对外物的知解，而没有返归自我，以至于完全忽视了内德

---

① [日] 森秀树：《道家和名家之间》，《道家文化研究》第十五辑，生活·读书·新知三联书店1999年版。

② 冯友兰：《中国哲学史新编》上册，第452—453页。

第四章　庄子与作为对话者的惠施：从"逐物"到"自宁"

修养，即所谓"弱于德，强于物，其途隩矣"，"遍为万物说，说而不休，多而无已"，"不能以此自宁，散于万物而不厌"，"骀荡而不得，逐万物而不反"，云云。从庄子学派的角度说，惠施"逐万物而不反"的结果，犹如"穷响以声，形与影竞走"，其说其辞既于物无用，更"不能服人之心"，而多辞博说者自己亦将因此陷入永无休止却又毫无意义的辩驳之中，永远不可能得到自我精神上的安宁。用庄子当面批评惠施的话说便是："今子外乎子之神，劳乎子之精，倚树而吟，据槁梧而瞑。"（《德充符》）

第三节　两行与道

除"弱于德，强于物"这点外，《天下》篇对惠施的另一重要批评，是说他陷入一偏而不明大道：

> 由天地之道观惠施之能，其犹一蚊一虻之劳者也。……夫充一尚可，曰愈贵道，几矣！

《齐物论》篇有几段话，也可以看作庄子对陷入一偏的惠施之类的辩者学说的概括、回应、批评和超越，其思想旨归同样是大道。例如：

> 物无非彼，物无非是。自彼则不见，自知则知之。故曰：彼出于是，是亦因彼。彼是方生之说也，虽然，方生方死，方死方生；方可方不可，方不可方可；因是因非，因非因是。是以圣人不由，而照之于天，亦因是也。是亦彼也，彼亦是也。彼亦一是非，此亦一是非。果且有彼是乎哉？果且无彼是乎哉？彼是莫得其偶，谓之道枢。枢始得其环中，以应无穷。是亦一无穷，非亦一无穷也。故曰：莫若以明。
>
> 恶乎然？然于然。恶乎不然？不然于不然。恶乎可？可于可。恶

247

乎不可？不可于不可。物固有所然，物固有所可。无物不然，无物不可。故为是举莛与楹，厉与西施，恢恑憰怪，道通为一。其分也，成也；其成也，毁也。凡物无成与毁，复通为一。唯达者知通为一，为是不用而寓诸庸。……因是已。已而不知其然，谓之道。劳神明为一而不知其同也，……是以圣人和之以是非而休乎天钧，是之谓两行。

夫道未始有封，言未始有常，为是而有畛也。请言其畛：有左，有右，有伦，有义，有分，有辩，有竞，有争，此之谓八德。……故分也者，有不分也；辩也者，有不辩也。曰：何也？圣人怀之，众人辩之以相示也。故曰辩也者，有不见也。夫大道不称，大辩不言，……道昭而不道，言辩而不及……

综括而言，这几段话大致有如下几层逐步递进的涵义。

其一，在经验或现象世界，亦即在"物"的层面上，彼与此、是与非、生与死、可与不可、然与不然、分与成、成与毁，等等，都是两相对偶的关系，有一端必有另一端。

其二，对于那些执持其中一端者，惠施之类的辩者往往通过时空视角的变化，转而强调两端中的另一端，并据此与前者展开永无休止的论辩，试图说服他们放弃自己的观点。

其三，事实上，惠施一方与他们所批评的另一方的观点，二者属于同一层面，其间是对等并立、相反相待、相互转化的关系，任何一方观点的合理性和说服力都丝毫不高于另一方。正如《齐物论》篇所说："今且有言于此，不知其与是类乎？其与是不类乎？类与不类，相与为类，则与彼无以异矣。"

其四，由于上述原因，对于同样使用有分限的"非常"之言的惠施及其论辩对手[①]来说，企图以自己的观点压服对方，不仅不可能达到目的，反倒会陷自身于两端中的片面一端，以致无视另一端所具有的合理性，更

---

① 《齐物论》："夫道未始有封，言未始有常，为是而有畛也。"

第四章　庄子与作为对话者的惠施：从"逐物"到"自宁"

无法总体把握事物的存在和发展所呈现出的复杂、多样的完整样貌。

其五，有所见必有所蔽，有所辩必有辩之所不及，为克服片面、狭隘的相对主义，必须将各种歧异对立的见解"照之于天"，也就是从"未始有封"之道的终极视角来看待惠施等人的言辩。一旦用天道对其加以观照，那么我们就会发现，任何事物、事物的任何性质以及人们关于事物的任何言说，皆有其存在的合理性（"道通为一"），而无论其间存在着多么大的差异。

其六，有鉴于此，通达之人绝不会像惠施那样自蔽于一端，以致与对手论辩不已，他总是能把握住天道这个关键或枢纽（"道枢"），以完全开放的胸襟和眼光，毫无偏私地看待并包容各种纷错歧异的言论（"以明""怀之"）。所以，他就如同处于"环中"一样，可以超然于周遭世界无穷无尽的众声喧哗之外，齐彼我、同然否，一任是者自是、非者自非，此之谓"两行"。①

从本质上说，庄子的"两行"也是一种相对主义的理论观念，但这种更为精妙的相对主义与惠施"历物之意"的相对主义却有根本的不同。关于这一点，王夫之早有洞见：

> 惠施之说，亦与庄子两行之说相近。然其两行也，无本而但循其末，以才辩之有余，毂转而屡迁；人之所然者可不然之，人之所不然者可然之，物之无者可使有，有者可使无。汤义仍阅《释氏传灯录》，谓止一翻字法门，盖与此略同。故自谓持一尺之棰，旦取此半而用之，夕取彼半而用之，止此然不然、可不可、有与无之两端，互相换而可以不穷；凡可言者即言，可行者即行，诃庄子之为大瓠而无用，

---

① 徐克谦说，庄子的"齐物"和惠施的"泛爱万物"的差别在于，"庄子实际上不容忍差异性，他要用道来'齐物'，或者说要用无是无非的道，来泯灭、统一一切的是非，而惠施则主张在承认差异性的前提下'泛爱万物'，也即给予一切不同与差异以平等宽容的对待，使之都有发展的机会"（《论惠施思想的独特个性》，《中州学刊》1999年第2期）。笔者认为，这种看法没有虑及庄子提倡的"两行"之道；并且，如果惠施果真宽容差异性的话，那么他就不会与持不同意见者强争是非了。

庄子哲学精神的渊源与酿生

乃不自知其于物尤为无庸也。(《庄子解·天下》)

所谓"翻字法门",是指惠施之学的全部要诀就在于不断从一端翻转到对立的另一端,以与他人强争是非短长;所谓"无本而但循其末"则是说,惠施虽然看到了事物存在、变化的样貌总是表现为相对相待的"两端",但他却只是在"两端"之间作无穷的翻转,而没有能够超越"物"之"两端",向上通达终极的天道。质言之,惠施的"两行"是局限于"物"即经验或现象的层面,只知以一端对抗另一端的相对主义("但循其末"),其中缺乏以天道作为终极指向的形而上的理论关怀("无本"),其目的仅在于"以反人为实而欲以胜人为名"(《天下》)。反之,庄子的"两行"则是摆脱了经验之"物"的局限,超越了"两端"之间的无穷翻转,以形而上的天道为旨归,而又能以天道返照、包容形而下的"物"之"两端"的相对主义。

《荀子·解蔽》云:"惠子蔽于辞而不知实。"套用这句话,站在庄子的角度上,可以说"惠子蔽于物而不知道"。对于庄子而言,自陷于"物"之"两端"之间而强争是非,既徒劳无功又毫无必要,所谓"是非之彰也,道之所以亏也"(《齐物论》);透破无谓的此是彼非之辩而得道、体道,才是庄子最为关切的问题。由于惠施缺少形而上的理论关怀,所以对于他来说,无论"然不然、可不可、有与无",等等,"凡可言者即言,可行者即行",一切皆取决于在当下的论辩中是否能够"异于彼"(《齐物论》),进而"胜人之口",甚或"饰人之心,易人之意"(《天下》)。

虽然思想旨趣相距天壤,庄子和惠施毕竟都是相对主义者,在消解世界万物间的截然分隔方面,在破除人们片面执持事物之一端以至于僵固不化的主观认知方面,亦即在强调"物"和"物论"的齐一性及其差别的相对性方面,二者的思想仍是一致相通的。[①]《秋水》篇说:

[①] 《徐无鬼》:"庄子曰:'天下非有公是也,而各是其所是,天下皆尧也,可乎?'惠子曰:'可。'"由此可见,庄子与惠施都不承认天下存在着唯一的是非,因此也都否认任何用以裁断是非的绝对、通行的标准。

第四章　庄子与作为对话者的惠施：从"逐物"到"自宁"

> 以道观之，物无贵贱；以物观之，自贵而相贱；以俗观之，贵贱不在己。以差观之，因其所大而大之，则万物莫不大；因其所小而小之，则万物莫不小；知天地之为稊米也，知毫末之为丘山也，则差数睹矣。（《秋水》）

这段话兼有庄子以道观物和惠施就物论物的双重特点，用王夫之的话说，其特点便是本末兼具而又能以本统末，故可视为二者之相对主义思想融会贯通的结果。日本学者森秀树认为，惠施等名家学者的思想特点是"通过自由变换视角"，以凸显"物"的变动性和人们认识世界能力的"弹性"，而庄子则"对名家的这种生气盎然的思想跳动，情有独钟，接受了它的启示，并将之吸收到自己的体验世界，构筑了道家的理论"。[1] 近乎此，侯外庐说："惠施这种以时间空间的一切差别均为相对及虚妄，曾影响于庄子的思想，所以庄子也建立了同样的逆说。"[2] 冯友兰则认为，"庄周认为惠施是了解他的，是可以在一起辩论的"，"他们的哲学思想有相通之处。……庄周同惠施一派的辩论，是相互启发，相互补充"的关系。[3] 另外，伍百非说："庄子虽非毁名家，转以益其论。"[4] 在笔者看来，后两种观点相对较妥。因为，严格说来，以《齐物论》篇为中心，庄子的相对主义思想不一定全部来自惠施，二人长期交往交锋的结果，也并不一定只是庄子被动地接受惠施的影响；但毫无疑问的是，庄子的"'齐物'论"和"齐'物论'"确实存在着类似于惠施之相对主义的显著痕迹。

---

[1]　[日]森秀树：《道家和名家之间》载《道家文化研究》第十五辑，生活·读书·新知三联书店1999年版。
[2]　侯外庐：《中国古代思想学说史》，第217页。
[3]　冯友兰：《中国哲学史新编》上册，第481、480页。
[4]　转引自安继民《论庄惠之争》，《中州学刊》1994年第3期。

本章结语

  正是由于惠施缺少本体之道的终极视域，且一味追逐外物而疏于修治内在之德，所以在有用与无用、人之情、生死、鱼之乐等问题上，他与庄子发生了激烈的争论。

  关于有用与无用之关系的辩论出现在《逍遥游》和《外物》篇，二者辩论的实质是两种不同人生观的激烈碰撞。从中可见，惠施追求的是事物的具体用途以及积极入世的人生理想。他认为，凡不符合一定的规范和标准，或不能满足人们实际需要的事物，都会被世人弃之不顾，这也正是庄子及其"大而无用"之言不可逃避的命运。对此，庄子一方面坦承自己的学说不可能为世所用，另一方面又提出，凡有具体用途者，皆必然会因其用而招祸自害，人生在世也是如此，然而"无所可用"者却不会自困自苦于其用，所以他们可以逍遥于无何有之乡，彷徨于广莫之野，丝毫不担心会为外物所害，而这正是其学说的本旨以及他本人所追求的"大用"。在此基础上，庄子又进一步反唇相讥，批评惠施"犹有蓬之心"而"拙于用大"，不明"无用之为用"的道理。从中可见，惠施所说的有用与无用皆限于"物"的层面，而庄子却拒绝"以物为事"（《德充符》），他追求的是超世的生命理想。

  《德充符》篇记述了庄子与惠施关于人之情的辩论。惠施认为，人必有人之情，无人之情则不可谓之人。庄子则反驳说，人原本无人之情，因为人之所以为人者不在人情，而在乎高悬于人之上的天道；他并且解释说，其所谓"无情"是指顺应自然，不人为地刻意保养生命，不以妄起的好恶之情欲"内伤其身"。惠施转而提出，不精心保养生命，人自身怎么可能存在于世呢？庄子的回答是：人之存在，上依天道，下因自然而内不生好恶之情。在庄子看来，惠施劳精耗神于名辩，其实已经违背了天道自然而至于"内伤其身"，即《天下》篇所谓不能"自宁"。这场论争涉及

第四章 庄子与作为对话者的惠施：从"逐物"到"自宁"

两种不同的人性论和养生观：惠施就人论人，强调人之所以为人者的独特性，而人生在世则应积极增益其生命的质量；庄子却由天道以观人，主张人生在世应因顺自然，不必刻意养生，更不应妄生情欲以害生。

《至乐》篇记述的"庄子妻死，惠子吊之"，二人之间关于有情与无情的对话，同样体现了他们在关乎"人"的问题上的天人视角之异。在惠施，人必有人情，亲逝而哭便是人之常情，因此庄子妻死却不哭反歌，无疑是悖逆人情的反常之举。但庄子却解释说，生死本质上是无形之气的聚散离合，人生天地间，这个过程如同春夏秋冬四时运行一样，再自然、再正常不过了，因此临丧不必哭，哭反倒是不明生命本相的表现。庄子在此问题上的态度，可谓以天地自然之理化解人之情。

在著名的"濠梁之辩"（《秋水》）中，我们不难发现，虽然惠施认为"泛爱万物，天地一体也"，但这条"历物之意"对于他来说，却永远只是一则基于现象层面（"物"）的万物差异之相对性以及万物之差异可以相互转化的抽象推论，而绝不可能转化为个体超越现象，内在地与天地万物相合相通的精神契会之境。因为在这次论争中，惠施明确对庄子说："子非鱼，安知鱼之乐？"其中的潜台词是：人与鱼，乃至人与物、此物与彼物、自我与他人，异类不可能相知相通。随后，惠施的论辩虽然保持着逻辑缜密的特点，庄子的最终答词虽有偷换论题之嫌，但归根结底我们仍不能认为惠施最终胜出。这是因为在庄子思想中，人与万物一体相通——例如此时此地他所领受到的儵鱼之乐，乃是个体与"与物无际"之道相合之后所获得的"至美至乐"的精神体验[1]，这种体验原本就是难以思议言说的。[2] 所以面对惠施的"汝安知鱼乐"之问，庄子只能答以"我知之濠上也"。

---

[1] 《田子方》："夫得是，至美至乐也。"《知北游》："物物者与物无际。"
[2] 陈荣捷认为，庄子与惠施"都相信万物一体，是谓'太一'。只是庄子认为要经由神秘经验，惠施却主张须透过理性知识，才可体认之"，所谓"理性知识"即"纯粹理智主义"的概念辨析（《中国哲学文献选编》，第213页）。

以上几次辩论可谓《庄子》一书的精彩华章，其中涉及的理论话题都是构成庄子思想的重要内容。如果说庄子以《齐物论》篇为中心的相对主义的世界观、知识观和价值观，可能吸收并超越了惠施的名辩之学，那么，在有用与无用、有情与无情等问题上，庄子所提出的一系列思想主张，则得益于长期交往中惠施作为论敌的多次发问和一再追问。换言之，由于二者之间存在着根本性的视域差异——"天"与"人"、"道"与"物"，所以，与惠施的多次辩驳在彰显庄学理论特质的同时，更直接激发了庄子的思想创造活力，对其思想愈益深入的开展产生了积极的推动作用。

　　亦敌亦友的惠施由于陷溺于外物而不明大道、不求"自宁"，"独与天地精神往来""上与造物者游"的庄子完全可以"居高临下"地俯视和批评他。但同时我们还应看到，惠施在"两端"之间作无穷翻转的相对主义与庄子的"齐物论"思想存在着密切关联；而且，只要能够获致道的终极视角，同时稍作调整和变换，这种相对主义大可转化为庄子式的个体处世之术，亦即《天下》篇所谓"不敖倪于万物，不谴是非，以与世俗处"。

第五章

个体的出走与庄子哲学精神的生成

先秦之世，出走之人可谓多矣。这些出走者，除了历史上确有其人的箕子、伯夷、叔齐、范蠡、老子、屈原等，还有《论语·微子》《庄子》以及其他文献中记述的或真或假的众多"逸民"或隐士，而孔子晚年栖栖惶惶流荡于列国之间，也未尝不是一个可以象征士人出走的典型历史事件，遑论孔子还曾动过"乘桴浮于海"和"居九夷"的念想。把时间再往前推，《周易》中已有了反映退隐避世思想的遯卦，《诗经》卫风的《考槃》则被一些学者认为是赞美贤者栖居涧谷的隐逸诗。[①]

在先秦出走之士构成的特殊群体中，作为"陆沉者"的庄子无疑是出走最彻底、出走方式最独特的一个：虽然其身仍游走于市井间，其心却已经完全不属于这个世界了。在此意义上，庄子可以说是现实世界的异乡人。凭着诗人的敏感，闻一多先生对庄子作为异乡人在世生存的虚无感、荒谬感、幻灭感及其哲学思想中蕴含的"神圣的客愁"作出了深刻解读。他说："'万物生于有，有生于无'，庄子仿佛是说：那'无'处便是我们真正的故乡。……纵使故乡是在时间以前，空间以外的一个缥缈极了的'无何有之乡'，谁能不追忆，不怅望？何况羁旅中的生活又是那般龌龊、逼仄、孤凄、烦闷？"[②] 作为精神出走的异乡者，庄子与他莫名陷身其中的

[①] 参见邓联合《〈庄子〉与〈诗〉的显隐关联发微》，《中国哲学史》2022年第4期。
[②] 闻一多：《周易与庄子研究》，第79页。

现实世界相互隔膜、相互断离，他不仅怀疑、厌弃现实世界，更无法接受其内蕴的各种价值和意义。这种对世界及其存在之真实性的怀疑和否定，使《庄子》一书成为佛教传入之前最具出世精神和虚无主义色彩的中国哲学文本。

本书绪论曾援引法国学者路易·迪蒙的观点，认为个体精神的发展需要以"与社会世界的间离化"作为其外部条件，而从历史上看，在"传统的、整体主义的社会中"，最先出现的即是"抛弃社会世界"的"出世的个体"。庄子便是一个主动与社会世界决然拉开距离，转向现实社会之外寻求心灵安顿的出世者、边缘人，其哲学思想则可以说是精神出走者的自我表白。

第一节　现实世界的尘垢化

本来，在一个社会生活方方面面皆井然有序的世界中，个体生命的心灵安顿是不成其为问题的。这是因为，当下社会的稳定有序不仅可以使个体充分相信生活世界的存在合理性，从而主动将精神生命寄寓于其中，并且，只须遵照既有的生活法则或沿循现实社会提供的可能路径，个体即可确保其精神期求在更高层面上的自我实现。此种情形下，个体对于周遭世界不仅不会有异己感、陌生感、失望感，相反，拥抱世界并被世界揽入怀中的个体的心灵总是有所依、有着落的，因为这样的社会生活既为他的在世生存敞开了广阔、充盈的意义空间，同时又向他承诺了某种具有超越性质的价值目标。实质上，春秋时期穆叔所说的"三不朽"（见《左传·襄公二十四年》），正是体现了个体在此情形下所拥有的兼具此岸和彼岸向度的精神追求。

偏偏，庄子身在其中的并非这样的"黄金时代"，而是一个无道至极的昏乱之世。存在主义哲学家克尔凯郭尔认为，个体的生存问题，只有"到了一个人类在广泛意义上感到自身捉摸不定的时代"，即人的存在受到全面威胁和严峻挑战的时代——深刻的矛盾、恐惧和惶惑不可避免地成为日常生活的主要内容,走向死亡成为唯一确定、可预测的人生结局,才会被思考。[①] 对于沦落到社会底层的庄子而言,他所受到的威胁和挑战,以及他所经验的恐惧和惶惑,不仅仅肇端于肉体生命随时可能的陨灭,而且源自意义世界的全面崩塌,而他所面对的问题也不仅只是微贱形躯的苟全,更有如何在一个价值虚无的生活世界中安顿其孤独痛苦的心灵,尤其是在生命意义之终极关切的层面上。

以庄子的眼光看,当下的生活世界早已无异于"尘垢",由于它已不能满足个体对于意义的欲求,所以心灵最终要从其中出走:

> 无谓有谓,有谓无谓,而游乎尘垢之外。(《齐物论》)
> 芒然彷徨乎尘垢之外,逍遥乎无为之业。(《大宗师》)

所谓"尘垢",是指现实社会由于秩序的离散、价值的沦丧、意义的虚无,已经蜕变为没有丝毫生机和希望的僵死存在。《天下》篇说庄子"以天下为沈浊,不可与庄语",这句话正代表了他对社会生活早已沉沦、污浊之真相的判断,而"沈浊"一词恰可与"尘垢"互训。更足以使庄子感到绝望的是,现实世界的堕落和毫无希望甚至已经到了如此地步,即:所有关于意义的严肃话语反倒都已变得没有任何意义,并且其中任何一种涉及是非、善恶的主张也都不过是徒增其乱的强行聒噪和自以为是。《齐物论》:

> 道恶乎隐而有真伪?言恶乎隐而有是非?道恶乎往而不存?言恶乎存而不可?道隐于小成,言隐于荣华。故有儒墨之是非,以是其所非而非其所是。

[①] 参见[德]威廉·魏施德《后楼梯:大哲学家的生活与思考》,李贻琼译,华夏出版社2000年版,第225—226页。

道既是至上的存在本体，又是象征着至真、至善、至美的价值和意义本体，所以那些对道有所体认的言说可能包含着关于存在的真理，也可能体现了关于意义或价值的某种理想主张。《齐物论》篇此处所谓道主要偏重后一方面的含义。在庄子的立场上，儒家和墨家关于道的言辩恰恰是"天下无道"的表征，是至上之道已从现实世界退出的结果；反而言之，正因为道的退出（"道隐"），然后才出现了儒墨之类关于道的纷乱言说，而这些自以为得道之真、相互攻讦的言说又进一步遮蔽了道及其显现路径，从而使道再不能出场、返场。

一方面是至上之道的隐遁，一方面是现实世界的"无道"，道与世界的相互疏离，借《缮性》篇的话说就是：

> 世丧道矣，道丧世矣，世与道交相丧也，道之人何由兴乎世，世亦何由兴乎道哉！道无以兴乎世，世无以兴乎道，虽圣人不在山林之中，其德隐矣。

圣人乃是道于世间的人格化身，他们承担着"弘道"的天然责任[1]，但在"世与道交相丧"的情形下，圣人也不得不隐其"德"。可见，这是一个连火种都已绝灭、没有未来的黑暗时世。照《天下》篇的描述，当时的实际情况是，"天下多得一察焉以自好"，或"天下之人各为其所欲焉以自为方"，其结果是"百家往而不反，必不合矣"，"道术将为天下裂"。《天下》篇作者所说的"道术"由"一"到"百家"的分裂，以至于"道术"碎片化的"无乎不在"，与庄子之谓"道隐""天下无道"[2]，似有差异。二者的相同之处则在于，他们都察觉到："天下非有公是也，而各是其所是"（《徐无鬼》），"天下是非果未可定也"（《至乐》）。这也就是说，一个为人们所公认、共享的具有终极性质的统一的意义世界或意义共同体已

---

[1] 《论语·卫灵公》："人能弘道，非道弘人。"
[2] 在《人间世》篇，接舆歌曰："天下无道，圣人生焉。"

经不复存在，而包括仁义、善恶、是非之"樊然殽乱"在内的天下大乱，只不过是道在现实世界中缺场的外部征象。

此前，人们似乎还可以从上下各安其位、各敬其事的宗法世界中直接感受道的存在，这种有条不紊的生活秩序也因此俨然成了道的现实承载者，此之谓"天下有道"。《左传·成公十二年》：

> 世之治也，诸侯闲于天子之事，则相朝也，于是乎有享宴之礼。享以训共俭，宴以示慈惠。共俭以行礼，而慈惠以布政。政以礼成，民是以息。百官承事，朝而不夕，此公侯之所以扞城其民也。故《诗》曰："赳赳武夫，公侯干城。"及其乱也，诸侯贪冒，侵欲不忌，争寻常以尽其民，略其武夫，以为己腹心股肱爪牙。故《诗》曰："赳赳武夫，公侯腹心。"天下有道，则公侯能为民干城，而制其腹心。乱则反之。

《论语》：

> 天下有道，则礼乐征伐自天子出；天下无道，则礼乐征伐自诸侯出。……天下有道，则政不在大夫；天下有道，则庶人不议。（《季氏》）

这两段话蕴含的一个共同理念是：道存在于上下各循其礼的生活世界中，上下相乱则意味着道的缺失。显然，稳定的宗法政治秩序在此被视为道的现实样式，它代表着一种可以笼罩、整饬、规范社会各阶层，并且能够使人们皆可自安自适于其中的意义共同体。事实上，儒家推崇和捍卫的道，正是这种宗法政治秩序内蕴的意义和价值的哲学表达。孔子认为，当"天下有道"时，君子可以"见"、可以"仕"、可以"谷"，甚至不妨"富且贵"（见《论语》之《泰伯》《宪问》《卫灵公》），因为，士人总是能够在现实世界给他敞开的多种可能性中找到自我生命的意义归依。然而，一旦社会秩序解体，所有道路都已断尽，情形又将怎样？

上引已及，春秋时期，天下已多现乱象，如《淮南子》所说："春秋二百四十二年，亡国五十二，弑君三十六。"（《主术训》）到了庄子所处的时代，原先相对还算稳定的宗法政治秩序的解体已经发展到了不可收拾的天崩地裂的程度。据马叙伦考证，庄子的生卒时间可能为公元前369—前286年，另据杨永志所编"庄子时代大事年表"[①]，在庄子生活的八十三年间，几乎每一年皆有重大的昏乱之事发生，其中既有周王朝的东西分裂，更有频繁无休的诸侯间的相互攻伐、君臣间的上下篡杀，等等，所以难怪《逍遥游》篇说"世蕲乎乱"！天下的这种乱象在《庄子》中多有提及：

> 越有难，吴王使之将，冬与越人水战，大败越人，裂地而封之。（《逍遥游》）
>
> 覆坠而不反，火驰而不顾，虽相与为君臣，时也，易世而无以相贱。（《外物》）
>
> 有国于蜗之左角者曰触氏，有国于蜗之右角者曰蛮氏，时相与争地而战，伏尸数万，逐北旬有五日而后反。（《则阳》）
>
> 民之于利甚勤，子有杀父，臣有杀君，正昼为盗，日中穴阫。（《庚桑楚》）
>
> 田成子一旦杀齐君而盗其国，所盗者岂独其国邪？（《胠箧》）
>
> 小盗者拘，大盗者为诸侯。诸侯之门，仁义存焉。昔者桓公小白杀兄入嫂，而管仲为臣，田成子常杀君窃国，而孔子受币。（《盗跖》）

由上可见，庄子的时代已不存在任何真正具有规范意义的价值标尺，唯一通行的是利欲至上、弱肉强食的丛林法则。孔子曰："礼云礼云，玉帛云乎哉？乐云乐云，钟鼓云乎哉？"（《论语·阳货》）"人而不仁，如礼何？

[①] 胡道静主编：《十家论庄》，第549—559页。

人而不仁，如乐何?"(《论语·八佾》)这是说，由于缺少必要的价值内蕴，宗法政治中的各种规范和制度已经变成虚假的空壳。而到了庄子之世，不仅连这种或多或少能够对人们产生约束作用的虚壳已不复存在，甚至那些试图挽救宗法秩序的各种主张和举措也不可避免地异化为"禽贪者器"(《徐无鬼》)，或者竟然只能产生完全相反的价值效应，所谓"举贤则民相轧，任知则民相盗"(《庚桑楚》)。如果说君臣父子的宗法政治秩序曾经以其稳定的运转昭示了一个美善的意义世界，那么，战国时期的天下大乱则在宣告这一政治秩序命运终结之同时，呈露了一个没有丝毫生机和希望的意义虚无的荒原。在这样的无道之世，个体免刑存身尚且难顾，遑论安然游心于其间，抑或成就有意义的功业以满足其精神欲求。

第二节 圣王历史叙事的覆解

当个体对当下已然"尘垢化"的现实世界失望之后，他其实还可以把目光从当下抽离而转向身后，通过游心于往昔的历史世界，以获得某种精神慰藉和意义归依。众所周知，墨子把"古者圣王之事"作为立言的"三表"之首，他说："古者桀之所乱，汤受而治之。纣之所乱，武王受而治之。……先王之书，所以出国家、布施百姓者，宪也。"(《墨子·非命上》)而在儒家，圣王历史叙事也同样被视为一个源头性的完满的意义世界，他们或以此为据去阐释宗法秩序的存在合理性，或以此为标尺去评判现实政治的是非得失。[①] 例如，在《尚书·周书》的历史图式中，文王和武王以其"明德"，下保烝民，上承天命，他们不仅创立了宏伟的历史功业，而且因此在政治生活的各个方面成为永远垂范于后世的理想"哲王"。由于历史世界可以为人们提供某种终极性的价值依据，所以，后世的叙事者便经常竞相把其叙事开端尽量推向古远之世。这种情形在处于剧变之中

---

① 参见邓联合《从政治合法化的建构到历史理性的觉醒——论〈尚书·周书〉的历史叙事》，《江淮论坛》2006年第4期。

的春秋战国时期表现得尤为突出。例如，春秋时期的观射父提到了"民神不杂"的远古时代（《国语·楚语下》），孔子则数次说到尧舜。《论语》：

> 大哉尧之为君也！巍巍乎！唯天为大，唯尧则之，荡荡乎，民无能名焉。巍巍乎其有成功也，焕乎其有文章！（《泰伯》）
> 无为而治者，其舜也与？夫何为哉？恭己正南面而已矣。（《卫灵公》）

不过，尧舜之事毕竟古远，孔子最为心仪的还是近世之周。《论语》：

> 周监于二代，郁郁乎文哉！吾从周。（《八佾》）
> 周之德，其可谓至德也已矣。（《泰伯》）
> 如有用我者，吾其为东周乎！（《阳货》）

然而，当宗法秩序日趋毁坏之时，那些被认为是这种秩序的历史前源和完美典范，所以能够为其提供意义支撑和价值辩护的"古者圣王之事"也变得虚幻起来了，这就使孔子的内心时或有绝望、悲凉之感，《论语》："文王既没，文不在兹乎？"（《子罕》）"甚矣吾衰也！久矣吾不复梦见周公！"（《述而》）对于孔子而言，文王"既没"、周公不复见于梦，其象征意义在于：那个向来被视为理想典范的往昔世界已经一去不复返了。从这个角度说，时人以"丧家之狗"形容孔子，孔子又惨然以此自嘲，不仅是因为他在政治上的屡屡碰壁，更由于此语道出了其理想几近湮灭、精神无所安寄之苦境。

在战国诸子中，庄子前所未有地颠覆了儒家的圣王历史叙事。首先，他推出了无私无为的圣人形象，以对抗儒家的仁义圣王。《应帝王》：

> 有虞氏不及泰氏。有虞氏，犹藏仁以要人；亦得人矣，而未始出于非人。泰氏，其卧徐徐，其觉于于；一以己为马，一以己为牛；其

知情信，其德甚真，而未始入于非人。

成玄英疏："有虞氏，舜也。泰氏即太昊伏羲也。"实质上，"有虞氏""泰氏"究竟是不是舜、太昊伏羲并不重要，庄子的意思是，儒家的仁义圣王与无私无为的至德之圣相比，实是等而下之。

其次，与儒家总是将尧舜禹塑造成最早的理想圣王截然相反，在庄子的历史叙事中，他们虽然也偶尔受到称赞①，但更多时候都是以被批评的负面形象出现。例如：

> 昔者尧问于舜曰："我欲伐宗、脍、胥敖，南面而不释然。其故何也？"（《齐物论》）
>
> 昔者尧攻丛、枝、胥、敖，禹攻有扈，国为虚厉，身为刑戮，其用兵不止，其求实无已，是皆求名实者也。（《人间世》）
>
> 大乱之本，必生于尧、舜之间，其末存乎千世之后。千世之后，其必有人与人相食者也！（《庚桑楚》）
>
> 夫尧，畜畜然仁，吾恐其为天下笑。后世其人与人相食与！……夫尧知贤人之利天下也，而不知其贼天下也。（《徐无鬼》）

本来，在儒家的历史话语中，尧舜禹作为以德正身、抚民、立国的圣王，绝没有血腥的杀伐之事。但在庄子笔下，尧禹却成了"用兵不止"、热中"名实"，以至于"国为虚厉，身为刑戮"的暴王。本来，尧舜行仁义、用贤人是为了治天下，但庄子却认为他们是在"要人""贼天下"，正如陈泳超指出的那样，庄子批判儒家圣王历史叙事的理论着力点在于，"将尧舜连同仁义之道一并轰毁"。② 迥异于儒家视域中的远古场景，庄子似乎

---

① 《德充符》："受命于地，唯松柏独也正，在冬夏青青；受命于天，唯尧舜独也正，在万物之首。"

② 陈泳超：《尧舜传说研究》，第39页。

有意向人们揭露出另一种历史真相，这种真相实质上与混乱的现实世界一样混乱无序、血腥无比。

通过拨反尧舜禹的正面形象，庄子传达的言外之意是，儒家的圣王历史叙事既不足以作为完满的意义世界以支撑起现实社会的合法性，更不值得人们信而好之，甚至心驰神往。[①] 据实而论，庄子描述的往古场景当然也是基于其个人的价值立场，内中有故意与儒家"唱对台戏"的意味，所以也很难说得上真实可信。但是，如果把它与春秋战国时期诸家各异的历史叙事结合起来审查，那么，庄子对历史真相的另一种叙说实际上表明，一种共同的历史记忆或为人们普遍认同的历史图式已经解体，而蕴含在其中的那些共同的理想信念和意义诉求也已就此烟消云散了。

第三节　天道的远逝

当现实世界和往昔历史都已坍塌、虚幻而不再值得信赖之后，人们最后或许还可以诉诸"天命"或"天道"，从上天那里找寻古今人间社会皆已消遁了的终极意义，并把他们已然变得惶惑、焦虑的心灵寄寓于对天的信念之中。屡遭挫折的孔子有时就是这样做的。《论语》：

　　不怨天，不尤人，下学而上达。知我者其天乎！（《宪问》）
　　道之将行也与，命也；道之将废也与，命也。公伯寮其如命何！（《宪问》）
　　获罪于天，无所祷也。（《八佾》）
　　予所否者，天厌之！天厌之！（《雍也》）

[①] 顾颉刚认为，道家构建历史叙事之目的，是"想向'博学以疑圣，华诬以胁众'的儒、墨之徒作一个致命的攻击。他们看儒、墨都喜欢'托古改制'，而结果闹得一团糟，所以他们起来'托古改人生观'，把对方的古制讥笑得一钱不值"（《秦汉的方士与儒生》，上海古籍出版社1998年版，第170页）。

第五章 个体的出走与庄子哲学精神的生成

> 天生德于予，桓魋其如予何！（《述而》）
>
> 天何言哉？四时行焉，百物生焉，天何言哉？（《阳货》）

面对挫折、他人的误解和外界强力的逼迫，孔子在对超越人间社会、作为至上价值本体之天的信念中，俨然获得了坚定的精神支撑和巨大的生命勇气。问题是："天道"远逝、"人事理性主义"不断发展在春秋时期早已是大势所趋[①]，例如与孔子处于同一时代的子产便明确说："天道远，人道迩，非所及也，何以知之？"（《左传·昭公十八年》）而此前周人在总结历史经验时，更是早已领悟"天命靡常""天不可信"（《尚书·君奭》）的真相。张光直说："上帝的裁判，均以统治者的成与败、放纵与节制为基础。这种裁判便称为'天命'。它将选择的权力归之于'上天'，这是周人观念的典型反映。"[②] 如果用这种观念来对照春秋时期君王的放纵和政局的摇撼，便只能得出一个结论：曾经降临人间的"天命"正在或已经远离人间。虽然孔子于危难急迫之时也曾不得已而吁求上天，事实上他更多时候却罕言"天道"，这未尝不是"天道"远逝的曲折反映。

"天道"远逝在庄子思想中的间接表现是：天不可知。他说：

> 六合之外，圣人存而不论。（《齐物论》）
>
> 计人之所知，不若其所不知；其生之时，不若未生之时；以其至小求穷其至大之域，是故迷乱而不能自得也。由此观之，又何以知毫末之足以定至细之倪！又何以知天地之足以穷至大之域！（《秋水》）
>
> 天有历数，地有人据，吾恶乎求之？莫知其所终，若之何其无命也？莫知其所始，若之何其有命也？（《寓言》）

[①] 参见陈来《古代思想文化的世界——春秋时代的宗教、伦理与社会思想》，第 75—78 页。

[②] 张光直：《青铜挥麈》，上海文艺出版社 2000 年版，第 277 页。

固然，庄子并没有否认"天道"的存在（"天有历数"），但同时他又认为，以人之渺小和有限，欲"求穷其至大"之天，乃是不可能的事情，各种纷纭的解释不过是人们僭越自己的存在和能力之限而产生的一隅偏见。所以，明智的做法是就此放弃"用管窥天"的可笑之举（《秋水》），"知止乎其所不能知"（《庚桑楚》），对不可知之天采取"存而不论"的态度。

与"天道"的不可知相对应，人间事务的内在规律（"人据"）也是莫名难测的，如《秋水》篇说："昔者，尧、舜让而帝，之、哙让而绝；汤、武争而王，白公争而灭。由此观之，争让之礼，尧、桀之行，贵贱有时，未可以为常也。……帝王殊禅，三代殊继。差其时，逆其俗者，谓之篡夫；当其时，顺其俗者，谓之义之徒。"依此，如果一切皆取决于"时""俗"之"殊"，而非恒定、普遍之天，那么，人间万事也就没有什么宰制性、必然性的价值法则可援以为据了。

在"天命"与个体的关系方面，孔子认为"君子有三畏"，而首当其冲的便是"畏天命"（《论语·季氏》），"不知命，无以为君子"（《论语·尧曰》），而他本人则"五十而知天命"（《论语·为政》）。但在庄子看来，连究竟"无命""有命"都是不可确定的，哪里还谈得上因"知命"而成为人间的君子，并由此开展出有社会意义的积极人生？

本章结语

综上，庄子所面对的精神困境是：原先被当作终极价值承载者的人间生活秩序、远古的圣王历史叙事以及冥冥之中的"天命""天道"，皆轰然崩坏了，包围着庄子的是一个意义虚无的世界。在这样的世界中，由于完全丧失了合理的价值内蕴，于是一切皆合理，一切皆荒诞，一切皆莫名其妙，一切皆似是而非。对于身在其中的个体而言，一方面，由于固有的价值约束的消失，其心灵获得了前所未有的宽松空间，以致他可以自由地沉思自身和世界；另一方面，正如帕斯卡所说，由于"一切都是不确定的",整个世界没有一丝希望的光亮,"周围除了黑暗还是黑暗",个体"对是谁造成自己的处境,自己为什么来到这里,未来如何,何时死去,全都一无所知……像一个人在沉睡中被带到一个荒凉而恐怖的岛上,醒来后不知自己身在何处,又无法逃离",所以他感受到的只有"无聊、枯燥、悲伤、焦虑、烦躁和绝望",以及"他的无,他的孤寂,他的无能,他的依赖性,他的软弱,他的虚空"。[1] 也就是说,由于个体生命的意义此前一直被包裹在一个整体性的意义世界中,因此,意义世界的轰然解体必然相应地造成个体生命意义的虚无和没有着落。庄子的孤独、痛苦和茫然无依,正反映了在此情形下士人心灵无处安顿的精神困境。

《天下》篇在评述庄子的思想和人格风貌时,起首便说:

> 芴漠无形,变化无常,死与生与?天地并与?神明往与?芒乎何之?忽乎何适?万物毕罗,莫足以归。

这段话经常被看作对庄子思想之诡异风格的描述,或者是庄子对于道、宇宙的不言之言。实质上,其中未尝不包含着庄子对个体生命之来由和归依的追问,而这种本体性的追问最终又归结于茫然无果。尤其能够体现庄子对个体生命意义之无果追问的,还有下面一段话:

> 一受其成形,不亡以待尽。与物相刃相靡,其行尽如驰,而莫之能止,不亦悲乎!终身役役而不见其成功,苶然疲役而不知其所归,可不哀邪!人谓之不死,奚益!其形化,其心与之然,可不谓大哀乎?人之生也,固若是芒乎?其我独芒,而人亦有不芒者乎?(《齐物论》)

这里是说,生命的存在毫无意义("不见其成功""不知其所归"),而其悲哀之处尤其在于,明明生命没有意义,个体仍然还要"成形"而生,一

---

[1] 参见〔德〕威廉·魏施德《后楼梯:大哲学家的生活与思考》,第117—120页。

任身心奔驰于赴死之途。庄子把生命本质的莫名其妙称为"芒"。"芒"者，昏昧也，"谓万物皆不知其所由生"。①《至乐》篇又说：

> 芒乎芴乎，而无从出乎？芴乎芒乎，而无有象乎？
> 杂乎芒芴之间，变而有气，气变而有形，形变而有生，今又变而之死。

"芒"在这里是指包括个体生命在内的万物的本原或初始状态，它同样是不可测知的。换言之，个体生命莫名其妙的本质不是后天造成的，而是先天注定，因此是不可知、不可化解、不可逃避的。

与本体层面上的生命本相之虚无相对应，个体在世的当下状态或方式同样莫名其妙、不可解释，正所谓"行不知所往，处不知所持，食不知所味"（《知北游》）。《大宗师》：

> 子舆与子桑友，而霖雨十日。子舆曰："子桑殆病矣！"裹饭而往食之。至子桑之门，则若歌若哭，鼓琴曰："父邪！母邪！天乎！人乎！"……曰："我思夫使我至此极者而弗得也。父母其欲吾贫哉？天无私覆，地无私载，天地岂私贫我哉！求其为之者而不得也。然而至此极者，命也夫！"

此处透露了庄子内心强烈的苦闷和孤愤意识，这种意识之所以产生，乃是由于向来被视为生命本原的父母、天地对于个体的不公正操弄。② 在此生命苦境中，一方面个体不得不承受命运的煎熬，另一方面他却又申说无门，似乎父母、天地已经无情且永远地抛弃了他，以至于个体既不能在当下境遇中看到生存的意义和希望，更无法从对于生命本原的信念中获得心

---

① 崔大华：《庄子歧解》，第57页。
② 《达生》："天地者，万物之父母也。"

灵慰藉。结合前文分析，此处所谓父母、天地，实质上象征着能够包容、抚慰个体，并赋予个体以存在价值的整体性的意义世界，而子桑对于父母、天地的无果追问甚至不无怨懑，则意味着个体与整体性的意义世界之早先亲缘的断离、终结，以及由此导致的个体心灵的永恒放逐。

在个体尚未确立新的生命意义之前，正如黑暗中的万物也都是黑暗的一样，由于意义的彻底虚无，现实世界的尘垢化必然导致存在于其中的个体生命的尘垢化。《至乐》：

> 生者，假借也；假之而生生者，尘垢也。

以"生"为"假借"，这意味着生命不过是某些外于其身的要素暂时、偶然的凑集，是芒芴之中异己力量无端操弄的结果。所以对于个体而言，当下的生命存在既不真实，且不属于他。《知北游》：

> 舜曰："吾身非吾有也，孰有之哉？"曰："是天地之委形也；生非汝有，是天地之委和也；性命非汝有，是天地之委顺也……。"

俞樾云："'天地之委形'，谓天地所付属之形也。"① 包括"形"在内，如果生命的全部内容皆归属于天地，那么个体自身还能够拥有、掌控什么？如果生命最终要消失在天地之间，那么个体存在的现实意义还有什么？固然，天地是生命不可逃的本原父母②，但问题在于个体并不能从天地中获得其生存的意义和自主性，更何况天地对个体命运的安排往往并不公正。因此，虽然处身天地之间，庄子心中时或仍然有极为深重的幻灭感：

> 人生天地之间，若白驹之过郤，忽然而已。注然勃然，莫不出

---

① 陈鼓应注译：《庄子今注今译》，第568页。
② 《庚桑楚》："寇莫大于阴阳，无所逃于天地之间。"

焉；油然漻然，莫不入焉。已化而生，又化而死。(《知北游》)

换成存在主义的哲学话语，这段话的意思是：对于个体生存而言，一切皆不确定，唯一确定的是必将到来的死亡，而且死亡也是生命的唯一目的。既然生存全无意义，那么，活着岂不是一场终将破灭的彻头彻尾的尘梦？既然生存全无自主性，那么，个体的一切作为岂不如同罔两随影之行止坐起那样（《齐物论》），最终是被一种神秘的外部力量暗中牵引、控制？

对于庄子一类的士人而言，更具逼迫性的问题是：虽然生命如同他们身处其中的现实世界那样，都是尘垢般的虚无存在，个体却偏偏已经无可选择地在世了。由于他们既不能通过依从现实世界以确立生命的意义，又无法在那已经解体的终极意义世界中探摸到生命的根基，所以，唯一的结果便是"心若悬于天地之间"（《外物》）。进而，庄子对虚无的在世本相的洞见又意味着自我在尘梦中有了觉醒，如此一来，他就无法作为一个愚者痴者昏睡于过去的酣梦之中了。只是，在放眼四周尽是黑暗的情形下，此心何处可安？

一条可能的个体出路是：一方面，在不得已的情形下与已然尘垢化的现实世界虚与委蛇，"不谴是非，以与世俗处"；另一方面，"择日而登假"或"登天游雾"，使其心魂"乘道德而浮游"于六合之外的"逍遥之虚"，"独与天地精神往来"——在此圣域中，个体不仅可以获得至美至乐的精神愉悦，更可"官天地，府万物"，"与日月参光""与天地为常"。

庄子的哲学精神即由此生成。

余　　论
《庄子》与《诗》的显隐关联[*]

按照传统的学术观念,《庄子》是道家经典,《诗经》为儒家"六经"之一,无论文章体裁、文本内容,还是运思方式、价值取向、情感意趣,乃至成书时间、历史影响,二者都相去甚远。正因此,古今学者亦较少留意二者之间的关联。在寇淑慧汇编的《二十世纪诗经研究文献目录》[①]中,甚至很难看到探讨二者关系的专门论著。

笔者认为,《庄子》与《诗经》固然参商相殊,但若仔细检视这两部书,就会发现其间并非全无瓜葛,而是存在着一些微妙的关联。从庄学研究的角度说,这些关联或许不是多么至关重要,但对于从细微处探讨《庄子》的文本特点及其生成背景和原因则不无助益,所以未可全然忽视。

一般认为,《诗经》之名确立于汉武帝时期,此前它被称为《诗》或《诗三百》。[②] 鉴于《诗》的成书时间远早于《庄子》,故笔者讨论的两书的关联实质上是指《诗》在《庄子》中的印痕,更具体地说是《诗》对《庄子》的影响。这种影响之所以可能发生,不仅因为《诗》作为早期典

---

[*] 本部分曾以《〈庄子〉与〈诗〉的显隐关联发微》为题发表于《中国哲学史》2022年第4期。
[①] 参见寇淑慧编《二十世纪诗经研究文献目录》,学苑出版社2001年版。
[②] 洪湛侯认为,《诗》于战国末已称为"经",其依据是《礼记·经解》逐一列举了《诗》《书》《乐》《易》《礼》《春秋》,虽然没有在每种典籍后加"经"字,但作者既然将《诗》一并列入《经解》中,实已等于称之为"经","六经"之名与数亦至此完成。(《诗经学史》,中华书局2002年版,第105页)

籍是先秦诸子共享的经典文献，更因为其中的诗篇文采优美、韵律规整、富有节奏、朗朗上口，因此便于记诵授受、广泛流传，以至于成为那个时代贵族间"文化交往和语言交往的基本方式和手段"，而习《诗》、诵《诗》则成为先秦"士以上阶层的最重要的通识教育科目"①，故孔子曰："不学诗，无以言。"（《论语·季氏》）有鉴于此，"其学无所不窥"的庄子不可能不熟知《诗》，而《诗》对《庄子》产生影响，乃至在其中留下某些痕迹就应是非常自然的现象。

概言之，《庄子》与《诗》的关联有两种：显性与隐性。所谓显性关联是指《庄子》中明确提及《诗》的篇章，隐性关联是指《诗》在《庄子》中留下的一些不易被察觉的痕迹。笔者将从这两个方面探讨《诗》对《庄子》的影响。

第一节　显性关联：《庄子》中的《诗》

《庄子》全书共六处提及《诗》，分别见于内篇《大宗师》、外篇《天运》、杂篇《徐无鬼》《外物》《让王》《天下》。先来看学者颇有疑议的两处，其一是《天运》：

> 孔子谓老聃曰："丘治《诗》《书》《礼》《乐》《易》《春秋》'六经'，自以为久矣，孰知其故矣……。"老子曰："……夫'六经'，先王之陈迹也，岂其所以迹哉！今子之所言，犹迹也。"

关于这段话，张恒寿说，"六经之名，起源较晚，最早不能先于秦末汉初"，因此《天运》这一章虽有庄子学派的文风和思想特点，但"其产生年代，不可能早于秦统一前后，或者是汉人取先秦旧说改编而成"。② 与此

---

① 陈来：《古代思想文化的世界——春秋时代的宗教、伦理与社会思想》，第 166 页。
② 张恒寿：《庄子新探》，第 173 页。

余论 《庄子》与《诗》的显隐关联

相类,外篇《天道》:"孔子西藏书于周室。……往见老聃,而老聃不许,于是繙十二经以说。"对此,张恒寿认为,"先秦有六艺之称,而没有六经之名","十二经"是汉初才有的名称,据此他推测这段文章可能是淮南门客或其同派的作品。①

另一疑议处是杂篇《天下》:

> 古之人其备乎!……其在于《诗》《书》《礼》《乐》者,邹鲁之士、搢绅先生多能明之。《诗》以道志,《书》以道事,《礼》以道行,《乐》以道和,《易》以道阴阳,《春秋》以道名分。

这里的"《诗》以道志……《春秋》以道名分"句,马叙伦断为注文误入②,张恒寿、徐复观、陈鼓应也认为这句话与前后句法文字不相类,当是后人对上句所谓"《诗》《书》《礼》《乐》"的附注,后来错为正文。③与张恒寿等人的看法不同,王博依据郭店竹简《六德》《语丛一》,认为儒家以《诗》《书》《礼》《乐》《易》《春秋》六书为代表的经典系统"至少在战国中期已经初步完成,而不是现代学者通常以为的汉初",虽然战国中期尚未有"六经"之名。④尤其需要注意的是,不仅《六德》《语丛一》中的六书次序与上引《天运》《天下》篇的两段话完全相同,而且《语丛一》云,"《诗》,所以古今之恃(志)也者……《礼》,交之行述也",这与《天下》篇对《诗》《礼》思想主旨的解说基本一致。这也就意味着,《天运》《天下》篇提及《诗》等六书的两段话未必晚出于汉初,而是很可能于战国时期就已存于《庄子》中。

《天运》篇把《诗》等六书称为"先王之陈迹",而非更为根本的

---

① 参见张恒寿《庄子新探》,第159—160页。
② 参见张丰乾编《〈庄子·天下篇〉注疏四种》,第250页。
③ 参见张恒寿《庄子新探》,第301页;徐复观《中国人性论史(先秦篇)》,第319页;陈鼓应注译《庄子今注今译》,第859页。
④ 参见王博《中国儒学史·先秦卷》,北京大学出版社2011年版,第443—444页。

"所以迹",这显然是站在道家立场对儒家经典及其思想的贬视和批评。与此不同,《天下》篇所谓"《诗》以道志"云云,则没有批评色彩,毋宁说这是作者基于其对《诗》的思想主旨的理解而作出的客观平实的概括。《天运》和《天下》对《诗》的态度差异说明,庄子学派内部对《诗》的看法有分歧,这两段话当出于不同学者。

与《天运》篇一致,杂篇《徐无鬼》的一则寓言也对《诗》持贬视态度:

> 徐无鬼出,女商曰:"……吾所以说吾君者,横说之则以《诗》《书》《礼》《乐》,从说之以《金板》《六弢》,奉事而大有功者不可为数,而吾君未尝启齿。今先生何以说吾君,使吾君说若此乎?"

女商试图以《诗》《金板》等说服魏武侯,武侯不为所动,徐无鬼的一番话却使他大悦。作者借此表明,《诗》并非"真人之言"(《庄子·徐无鬼》),道亦不在其中。

不同于《天运》《徐无鬼》,杂篇《外物》对《诗》表达了一种远甚于贬视的尖刻嘲讽态度:

> 儒以《诗》《礼》发冢。大儒胪传曰:"东方作矣,事之何若?"小儒曰:"未解裙襦,口中有珠。""《诗》固有之曰:'青青之麦,生于陵陂。生不布施,死何含珠为!'接其鬓,压其顪,儒以金椎控其颐,徐别其颊,无伤口中珠!"

光天化日下,儒者口诵《诗》文,却从事着肮脏的勾当,这真是一幅极具讽刺性的思想图景。对于发冢之儒来说,《诗》不过是其借以文饰盗贼之实的幌子。这里儒者口诵的"《诗》固有之"四句,不见于今本《诗经》,

多有学者认为是逸诗。① 林希逸在指出这篇寓言"盖喻游说之士,借《诗》《书》圣贤之言,以文其奸者"的同时,又说:"此诗只四句,或是古诗,或是庄子自撰,亦不可知。……诗曰何以含珠为,则我今取之,亦合古诗之意矣。"② 此说颇有见地。《史记》有孔子删诗之说③,在从"三千余篇"到"三百五篇"的删选过程中,想必有不少诗篇未被收入。可为佐证者,殷亡后,箕子过殷墟,"乃作《麦秀之诗》以歌咏之"(《史记·宋微子世家》),此诗亦不见于《诗经》,学者普遍认为这是司马迁搜集的逸诗。④ 据此,如果说发冢之儒口诵的"青青之麦"四句是被孔子删去的古诗,当是有可能的。反之,若说此四句乃庄子自撰,亦不无可能。⑤《左传·隐公元年》载,庄公入隧见其母姜氏"而赋:'大隧之中,其乐也融融!'姜出而赋:'大隧之外,其乐也泄泄!'"杨伯峻认为,这里的"赋"即是赋诗,但其所赋之诗并不见于《诗经》,郑玄曰"赋者或造篇,或诵古",杨先生据此推定庄公、姜氏之"赋"实为"随口吟其自作辞句"。⑥ 发冢之儒口诵的四句或属此类。

事实上,无论其所"赋"是自作或古有《诗》句,都说明"儒以《诗》《礼》发冢"寓言的作者熟悉《诗》。这里可以补充的一点是:若从前人总结的《诗》的艺术手法(赋比兴)来看,这篇寓言中的"青青之麦"四句明显具有兴的典型特点。按朱熹的说法,"兴者,先言他物,以

---

① 参见(清)郭庆藩《庄子集释》,第928页;王叔岷《庄子校诠》,第1056页;曹础基《庄子浅注》,第407页。

② (宋)林希逸著,周启成校注:《庄子鬳斋口义校注》,中华书局1997年版,第420页。

③ 《史记·孔子世家》:"古者《诗》三千余篇,及至孔子,去其重,取可施于礼义……三百五篇,孔子皆弦歌之,以求合《韶》《武》《雅》《颂》之音。"

④ (西汉)司马迁著,张大可注释:《史记全本新注》,华中科技大学出版社2020年版,第992页。

⑤ 清吕履恒《冶古堂文集》卷二:"上下五千言,固多韵语,若漆园'诗礼发冢'之辞,与《左氏》所载诸谣歌同一风致,老庄何不可诗者?"(转引自李波《"〈庄〉之妙,得于〈诗〉":明清〈庄子〉散文评点的诗性审美》,《聊城大学学报》2013年第2期)

⑥ 杨伯峻编著:《春秋左传注》,第15、31页。

引起所咏之词也"①。依此，儒者口诵的前两句"青青之麦，生于陵陂"为"他物"，后两句"生不布施，死何含珠为"则是其真正想说的"所咏之词"。基于此，如果说这四句是寓言作者自撰，那么他显然非常熟悉且擅长用《诗》的手法自作其辞。

再看杂篇《让王》：

> 曾子居卫……曳縰而歌《商颂》，声满天地，若出金石。……故养志者忘形，养形者忘利，致道者忘心矣。

曾参为鲁人，其学出自孔门正传。《商颂》见《诗经》最末，为宋人追述殷商历史及其先祖丰功伟业之诗，而殷商又是为文武、周公所灭，但该寓言却偏偏让曾参歌《商颂》而非鲁国的《鲁颂》。作者之所以这样做，实质上是要把曾参塑造成文武周孔之道的叛逆者，正如《庄子》全书多次把孔子描述为道家化的人格形象那样。在《让王》的这则寓言中，曾参所歌的《商颂》俨然成为他宣示其叛离周孔之道的标识。

最后看《大宗师》篇末的寓言：

> 子舆与子桑友，而霖雨十日。子舆曰："子桑殆病矣！"裹饭而往食之。至子桑之门，则若歌若哭，鼓琴曰："父邪！母邪！天乎！人乎！"有不任其声而趋举其诗焉。子舆入，曰："子之歌诗，何故若是？"曰："吾思夫使我至此极者而弗得也。父母岂欲吾贫哉？天无私覆，地无私载，天地岂私贫我哉！求其为之者而不得也。然而至此极者，命也夫！"

这里所说的子桑"趋举其诗"和"歌诗"颇可玩味。关于前者，崔譔注：

---

① （宋）朱熹集注，赵长征点校：《诗集传》，中华书局2011年版，第2页。

"趋举其诗,无音曲也";林希逸注:"情隘而其词蹙也"①;王夫之注:"不能歌,且口诵之"②;朱桂曜注:"迫于声情,不能从容合节也。"③ 关于后者,依《左传》中的"歌诗""赋诗"之例,"'赋诗'者,皆自赋,而云'歌'者,则由乐工完成。因此,'歌诗'必然合乐,而'赋诗'则多随时口诵,不待乐奏"④。相对而言,"赋诗"较为即兴、自由,"歌诗"更具有音乐性、仪式性。综合诸说,可知子桑虽是"鼓琴"而歌,但饥病交迫之下,其心中悲苦无依的情感激荡却使他所歌的诗句过于急促,以至于不合音节。这则寓言的耐人寻味处在于,迥异于前引《天运》《徐无鬼》《外物》等篇,子桑(庄子)并未贬视或嘲讽《诗》,也没有明示《诗》与儒家的关系,而是径直通过"歌诗"来抒泻其悲苦的生命情感。

更进一步看,子桑所歌为"父邪!母邪!天乎!人乎!"此辞当为庄子自撰。检视《诗经》可见,其中多有与此相似的诗句。例如,邶风《北门》:"终窭且贫,莫知我艰……天实为之,谓之何哉";《日月》:"父兮母兮,畜我不卒";小雅《正月》:"父母生我,胡俾我瘉";《小弁》:"靡瞻匪父,靡依匪母。……天之生我,我辰安在";《巧言》:"悠悠昊天,曰父母且。……昊天已威,予慎无罪。昊天泰憮,予慎无辜";《巷伯》:"苍天苍天……矜此劳人"。显然,这些诗句与子桑所歌之辞皆是以吁父求母、呼天问人的方式,抒发个体身陷苦境而不解其故的悲情(详论见后文)。

综上可说,《诗》是《庄子》文本由以生成的背景性经典之一,庄子及其后学非常熟悉《诗》。如果说《庄子》内篇为庄子作品、外杂篇出自其后学的话,那么,《大宗师》的子桑"歌诗"寓言似乎提示我们:庄子本人不仅未将《诗》与儒家对应起来,进而贬抑之,他甚至有时还采取与

---

① 陈鼓应注译:《庄子今注今译》,第208页。
② (清)王夫之著,王孝鱼点校:《老子衍 庄子通 庄子解》,中华书局2009年,第143页。
③ 崔大华:《庄子歧解》,第267页。
④ 马银琴:《周秦时代〈诗〉的传播史》,社会科学文献出版社2011年版,第41页。

《诗》的某些篇章相类的方式表达其生命悲情；而在其后学那里，《诗》则被定位为儒家经典，扮演着一个思想对话者——很大程度上是一个被批评者——的角色。

第二节　隐性关联：章法与语汇

如前所述，《诗》与《庄子》的隐性关联是指《诗》在《庄子》中留下的一些不容易被察觉的痕迹。笔者认为，这些痕迹首先可在《庄子》某些篇章的章法和语汇中寻找，其原因应是由于《诗》作为早期经典在当时流行最广泛，且是士阶层最重要的通识教育科目，故对《庄子》之文产生了潜移默化的影响。兹以《逍遥游》《齐物论》为例试作分析。之所以选择这两篇，是因为无论文风还是思想，它们都是《庄子》全书最具代表性的文本，如冯友兰说："庄之所以为庄者，突出地表现于《逍遥游》和《齐物论》两篇之中。"[1] 章太炎也认为，《庄子》之"维纲所寄，其唯《消摇》《齐物》二篇"[2]。正是在这两篇中，我们可以发现《诗》影响了庄子的印痕。

《逍遥游》的鲲鹏寓言历来是学界讨论的焦点。该寓言三次述及鲲鹏图南：首先是直接叙述，继而引《齐谐》再述，后又复述于汤与棘的对话中。关于这种叙述方式，古今学者解读不一。王夫之认为这是杂篇《寓言》所谓"三言"之一的"重言"，他说："鲲鹏之说既言之，重引《齐谐》，三引汤之问棘以征之，外篇所谓'重言'也。"[3] 另有学者将其视作庄子文章之妙笔，如清宣颖说："引《齐谐》……与上作一样句法，顿挫鼓舞而下，有似步虚之声"，"汤问、《齐谐》，大率相类耳。若惟恐人有

---

[1] 冯友兰：《中国哲学史新编》上册，第401页。
[2] 《章太炎全集》第六册，第3页。
[3] （清）王夫之著，王孝鱼点校：《老子衍　庄子通　庄子解》，第76页。

余论　《庄子》与《诗》的显隐关联

不信，故又征之。止是随手澹宕之文，却波澜诡谲，令人欲迷"。[1] 冯友兰、张恒寿则怀疑汤与棘对话中的鲲鹏寓言为同类作品重出，是后人而非庄子手笔。[2] 而在笔者看来，如果着眼于鲲鹏寓言作为"文章"的生成背景，《逍遥游》之所以三言鲲鹏图南，很可能是借取了《诗》的复沓手法。

复沓又称复唱、叠章、重章叠句等，是指一首诗由若干章组成，各章主题、结构乃至句法基本相同，只在相应的局部变换少数字词，从而形成反复咏唱、跌宕回环的艺术效果。从今本《诗经》来看，复沓是其中最典型尤其是国风运用最普遍的表现手法。运用复沓的诗篇或抒情或叙事，或兼抒情与叙事，各章之间的关系大致有两种：平行和渐进。前者如召南《草虫》，该诗首章、次章、末章的末句分别为"我心则降""我心则说""我心则夷"，其辞虽异，其情则类，三章平行共鸣。后者如周南《芣苢》、秦风《晨风》，《芣苢》为妇女采车前子时所歌，其首章、次章、末章的第二句分别为"薄言采之""薄言掇之""薄言袺之"，末句分别为"薄言有之""薄言捋之""薄言襭之"，其辞迭变，叙事亦循序渐进；《晨风》是一位遭丈夫遗弃的女子抒情诗，其首章、次章、末章的第四句分别为"忧心钦钦""忧心靡乐""忧心如醉"，其辞前后各异，其情随之愈加强烈，一章甚于一章，正如朱熹所云："未见君子，则忧心靡乐矣。靡乐则忧之甚也。……如醉，则忧又甚矣。"[3]

据此对看《逍遥游》的鲲鹏寓言：大鹏南飞是三次叙述的共同主题，三次叙述中大鹏的出场方式及其细节却各有不同。而在《晨风》中，遭弃女子对丈夫的思念之情分别由首章首句"鴥彼晨风，郁彼北林"，次章首句"山有苞栎，隰有六驳"，末章首句"山有苞棣，隰有树檖"引出。《晨风》运用了兴的手法，但其与鲲鹏寓言皆借由不同方式进入共同的主题则一致。另外，《逍遥游》引《齐谐》叙述大鹏南飞后，渐次推衍出

---

[1] （清）宣颖撰，曹础基点校：《南华经解》，第3、5页。
[2] 参见张恒寿《庄子新探》，第51页；冯友兰《中国哲学史新编》上册，第398页。
[3] （宋）朱熹集注，赵长征点校：《诗集传》，第100页。

"小知不及大知，小年不及大年"之旨；进一步，在汤与棘的对话复述大鹏南飞后，庄子又深入一层，将前章之旨归结为"小大之辩"，并随即更转入"知效一官，行比一乡……"的论述。由此可见，庄子三言大鹏南飞，绝非简单重复，其旨可谓一层深于一层，这与《诗经》中那些运用复沓手法的大量诗篇各章间的渐进关系颇为相似。固然，《诗》重于抒情，庄子意在说理，但上述分析表明，鲲鹏寓言的叙述章法与《诗》之复沓确有近通处，要之有三：贯穿始终的主题或意象、前后章循序渐进的叙述结构、局部细节的差异化。

与鲲鹏寓言相类，《应帝王》篇季咸见壶子寓言的章法也有复沓的特点。在这篇寓言中，季咸四次见壶子，每次来见，庄子的叙事结构都是：列子带季咸见壶子、季咸为壶子看相、壶子显示某种面相、季咸出而告列子、列子返而告壶子、壶子自陈其意。依次来看，壶子四次所示之相分别为"地文""天壤""太冲莫胜""未始出吾宗"，其用心一次比一次深邃，以致季咸最终不得其解而逃。参照《诗经》的表现手法，可以说季咸四见壶子寓言也采用了类似渐进式复沓的叙述章法。

在《诗经》中，运用复沓手法的诗章或两章，或三章，或四章，其中以三章最多。而在《逍遥游》《应帝王》中，庄子恰恰三言鲲鹏南飞、四言季咸见壶子。在此意义上，我们不妨把这两篇寓言的章法结构分别称为三段式、四段式。通观《庄子》全书，三段、四段的渐进式叙述另有多例。例如，庖丁从"所见无非全牛"到"以神遇而不以目视"（《养生主》），女偊从"外天下"到"外生"、颜回从"忘仁义"到"坐忘"（《大宗师》），痀偻者从"失者锱铢"到承蜩犹掇、梓庆斋心从"不敢怀庆赏爵禄"到"辄然忘吾有四枝形体"（《达生》），均为三段式叙述[①]；纪渻子训练的斗鸡从"虚憍而恃气"到"望之似木鸡"（《达生》），则经

[①] 此外，《齐物论》篇王倪对于齧缺的三问，三次皆答以"吾恶乎知之"，随后又依次辩议了"三正"（"正处""正味""正色"），《达生》篇工倕先后三言"忘足""忘要""忘是非"。

余论 《庄子》与《诗》的显隐关联

历了四个阶段。与鲲鹏南飞、季咸见壶子寓言相比，这些叙述虽然都较为简略，但其与《诗经》运用渐进复沓手法的抒情诗和叙事诗的三章或四章的结构模式却是一致的。从这个角度说，复沓手法对《庄子》的影响不限于《逍遥游》《应帝王》，而是在全书留下了多处印痕。推而言之，《诗》对庄子及其后学之为文皆有影响。

再看《齐物论》篇的语汇。该篇首章描述"地籁"的"夫大块噫气……独不见之调调、之刁刁乎"一段，以及随后论说"大知闲闲，小知间间……旦暮得此，其所由以生乎"一段，被宣颖赞为"天机浩荡之文"①，从写作技法来看，这两段堪称先秦诸子书中最具有自觉修辞意识的文本。除了运用比喻、排比、对偶、拟人等手法，在语汇方面，庄子还频繁运用叠字词和四字句。可以看出，这两段中的叠字词有"翏翏""调调""刁刁""闲闲""间间""炎炎""詹詹""惴惴""缦缦"，四字句有"大块噫气，其名为风"，"大知闲闲，小知间间"，"大言炎炎，小言詹詹"，"小恐惴惴，大恐缦缦"，"近死之心，莫使复阳"，"喜怒哀乐，虑叹变慹，姚佚启态"。

放眼《庄子》全书，叠字词和四字句在这两段之外的其他文本中同样多见。仅从内篇来看，其中的叠字词如"数数""分分""弊弊"（《逍遥游》）、"役役""窃窃""栩栩""蘧蘧"（《齐物论》）、"恢恢"（《养生主》）、"止止"（《人间世》）、"青青""肩肩"（《德充符》）、"深深""邴邴""崔崔""拘拘""喘喘""愤愤"（《大宗师》）、"徐徐""于于"（《应帝王》）。四字句如：

卑身而伏，以候敖者；东西跳梁，不辟高下；中于机辟，死于罔罟。（《逍遥游》）
民食刍豢，麋鹿食荐，蝍蛆甘带，鸱鸦耆鼠……。（《齐物论》）
手之所触，肩之所倚，足之所履，膝之所踦，砉然响然，奏刀騞

---

① （清）宣颖撰，曹础基点校：《南华经解》，第13页。

281

然，莫不中音。(《养生主》)

支离疏者，颐隐于脐，肩高于顶，会撮指天，五管在上，两髀为胁。(《人间世》)

有人之形，无人之情。有人之形，故群于人……謷乎大哉，独成其天！(《德充符》)

古之真人，其寝不梦，其觉无忧，其食不甘，其息深深……凄然似秋，暖然似春。(《大宗师》)

无为名尸，无为谋府，无为事任，无为知主……不将不迎，应而不藏。(《应帝王》)

限于篇幅，这里仅列举每篇由四字句构成的一个句群，实则此类句群于内篇多见，其差别只在或长或短、或断或续。另外，《人间世》篇楚狂接舆的凤歌也几乎全是四字句，且其文辞风格与《诗经》颇为相似。

对看《诗经》：首先，其中除了极少数的三字、五字、六字为句，绝大多数都是四字句；其次，仅以国风周南为例，《诗经》还频繁运用叠字词，如"关关"(《关雎》)、"萋萋""喈喈""莫莫"(《葛覃》)、"诜诜""振振""薨薨""揖揖""蛰蛰"(《螽斯》)、"夭夭""灼灼""蓁蓁"(《桃夭》)，等等。《诗》之所以大量使用叠字词和四字句，是由于这样可使其句式整齐、节律铿锵、音调优美，从而便于配乐歌唱或随口赋诵，也利于记忆授受。作为当时传播和影响最广泛的经典[①]，《诗》深度渗透进了贵族阶层的政治生活、文化教育和现实日常之中，因此，贵族出身的庄子难免在耳濡目染中深受其熏陶。即便未必领受《诗》的道德意蕴和精神价值，庄子亦难免在撰作其书时承袭《诗》的语汇范式以构词成

[①] 据学者统计，《国语》《左传》引《诗》分别有31、217条，《论语》《孟子》《荀子》中分别有25、39、96处涉及《诗》，皆为其所涉早期经典之最（参见洪湛侯《诗经学史》，第60、78页）。另外，《庄子》的《天运》《徐无鬼》《天下》篇三次提及《诗》《书》《礼》《乐》等经典时，都是《诗》居首位。这些都说明了《诗》在先秦传播之广泛、影响之深刻。

句，甚或直接借取《诗》的语汇。

且看两条证据。其一，前述《齐物论》开篇第二段的三个叠字词"闲闲""炎炎""惴惴"，不仅已见于《诗经》中，且含义也相同，即：魏风《十亩之间》"桑者闲闲兮"，大雅《云汉》"赫赫炎炎"，秦风《黄鸟》"惴惴其慄"。其二，作为《庄子》及此前经典中的稀见词，"逍遥"在《庄子》全书凡6见，"鞅掌"2见，"翱翔""瞻彼"各1见①，但这四个词却不见于《庄子》前的《尚书》《易》乃至《老子》《论语》《孟子》等文献，而独见于《诗经》中，即：郑风《清人》"河上乎翱翔""河上乎逍遥"，小雅《白驹》"于焉逍遥"，桧风《羔裘》"羔裘逍遥""羔裘翱翔"，齐风《载驱》"齐子翱翔"，郑风《女曰鸡鸣》"将翱将翔"，小雅《北山》"或王事鞅掌"，"瞻彼"于邶风《雄雉》，卫风《淇奥》，小雅《吉日》《正月》《瞻彼洛矣》，大雅《旱麓》《公刘》《桑柔》中更有13见。这两条可以说是《庄子》借取《诗》语汇的直接证据。

第三节　隐性关联：自然书写、民间日常与"诗的情趣"

上节所论《庄子》的三段式叙述结构以及叠字词、四字句，都属于文章形式的范畴。事实上，从内容来看，《庄子》与《诗》也不乏关联，以下从三个方面试作分析。

（一）自然书写

《论语·阳货》："小子何莫学夫《诗》？《诗》，可以兴，可以观……

---

① "逍遥"见《逍遥游》"逍遥乎寝卧其下"；《大宗师》"逍遥乎无为之业"；《天运》"以游逍遥之虚，食于苟简之田"，"逍遥，无为也"；《达生》"逍遥乎无事之业"；《让王》"逍遥于天地之间而心意自得"。"鞅掌"见《在宥》"游者鞅掌"，《庚桑楚》"鞅掌之为使"。"翱翔"见《逍遥游》"翱翔蓬蒿之间"。"瞻彼"见《人间世》"瞻彼阕者，虚室生白"。

多识于鸟兽草木之名。"孔子之所以言此，是因为《诗》堪称一座"自然博物馆"，其中记述了繁富的自然物和自然现象，故学者可从中获得关于鸟兽草木的广博知识。张丰乾注意到，在先秦诸子的"'哲学'著作中，唯独《庄子》书中多以鸟兽草木鱼虫为喻，在形式上和《诗经》最为接近"①。陈荣捷则引《逍遥游》的鲲鹏寓言，褒赞庄子"以大自然做舞台，以造物做角色，有声有色。他的意境之高，视线之远，是先秦诸子所皆不可及的"②。《荀子·解蔽》批评庄子"蔽于天而不知人"，如果把"天"理解为自然宇宙的话，那么我们就会看到，举凡动植飞潜、山泽河海、风雷雨雪、日月星辰，《庄子》书中无所不有，相关篇章对它们的描写或夸张或细腻，或真实，或灵异，为置身日用伦常中的人们构设了另一个生机盎然却又恢佹憰怪的世界。

《诗》和《庄子》的自然书写当然都不是博物学意义上的客观展陈，二者呈现的实质上都是人文化的自然。扬之水指出："'诗三百'感物造端，比兴托讽，多举鸟兽草木鱼虫之名。"③《毛诗正义》引郑玄曰："兴者，托事于物则兴者起也。取譬引类，起发己心，诗文凡举草木鸟兽以见意者，皆兴辞也。"要言之，《诗》对自然物和自然现象的描述乃是一种托物言志抒情的艺术手法。与此不同，《庄子》的自然书写则是为了阐说哲思。二者的不同还在于，《诗》中的情是由自然物由外而内地引发而生，《庄子》则更多是将其哲思由内而外地赋予自然物。

另一方面，无论《诗》的感物发心以抒情，还是《庄子》的"指事类情"（《史记·庄子列传》）以述理，其背后的信念基础却相一致：人和自然万物原是相类一体、可感可通的，恰如《庄子》所云，"天地与我并生，而万物与我为一"（《齐物论》），"山林与！皋壤与！使我欣欣然而乐

---

① 张丰乾：《可与言〈诗〉——中国哲学的本根时代》，商务印书馆2020年版，第265页。
② 陈荣捷：《战国道家》，《中国哲学论集》，第207页。
③ 扬之水：《诗经名物新证》，北京古籍出版社2000年版，第3页。

与!"(《知北游》)所以,《诗》和《庄子》的自然书写固然旨趣不同、方式各殊,但如果说二者共同分享着美富活泼的自然宇宙以及人与自然相通甚或亲近的天然素朴情感,乃至庄子受到了《诗》中人与自然的情感意趣的潜在熏染,恐不为过。

(二) 民间日常

除了自然万物,《庄子》和《诗经》对民间日常的体察和书写亦颇可对看。清林云铭说,庄子"似个最近情的人,世间里巷,家室之常,工技屠宰之末,离合悲欢之态,笔笔写出,心细如许"①。可以说,若论描述民间日常之真切、多样,先秦诸子著作无有过于《庄子》者。遍览全书,可发现其中记述了大量的民间人物及其日常职事,如解牛者、木匠、捕蝉者、射箭者、养马者、占卜者、种菜者、画工、斫轮者、操舟者、逆旅人、捶钩者,等等。而在《诗经》中,尤其在国风部分,则频频述及农人、行役者、工匠、驭者、猎人以及下层小吏等普通民众的日常生活和劳作。之所以如此,是因为古有"采诗之官",他们深入各地采集民歌,供统治者借以了解民情,从而"观风俗,知得失,自考正"(《汉书·艺文志》),其所采之诗实际上原为百姓生活劳作之余抒情达意的歌谣。庄子则由于家贫而长期生活于社会底层,故其得以广泛接触并近距离地观察民间各色人物的日常样态。

在《诗经》中,无论日常劳作还是悲欢离合,底层百姓的生活无不洋溢着素朴自然、健康活泼的气息。《庄子》对各种民间人物的描写同样充满了由衷的赞赏,甚至不无欣羡神往之意,在这些人物身上,看不出丝毫的自小自贱,毋宁说在劳其力、施其技的过程中,他们是在享受一种安然自适且富有尊严的生活形式,而庄子也往往赋予其以得道者的理想人格。毫无疑问,庄子对民间百姓的日常生活感同身受的体贴和同情,与他本人的底层境遇密切相关,但另一方面,我们还应看到,其笔下的民间人物形

---

① 谢祥皓、李思乐辑校:《庄子序跋论评辑要》,第300页。

象以及其真诚的民间心态确乎与《诗经》中原为民谣的众多诗篇形成了前后相应、共鸣的关系。有鉴于此，或可认为《诗》对《庄子》的民间日常书写有一定影响。

（三）"诗的情趣"

先秦经典中，除了《诗经》《楚辞》，《庄子》是唯一具有强烈抒情色彩的子书，故有学者将三者进行比较论说。例如，钱澄之《庄屈合诂自序》："诗也者，性情之事也。……吾以屈子续《诗》，庄子亦诗人也。"①胡文英《庄子论略》更认为："庄子最是深情。人第知三闾之哀怨，而不知漆园之哀怨有甚于三闾也。……三闾之哀怨在一时，漆园之哀怨在万世。"② 闻一多也曾将三者进行比较，他说："庄子的著述，与其说是哲学，毋宁说是客中思家的哀呼……他这思念故乡的病意，根本是一种浪漫的态度，诗的情趣。……是诗便少不了那一个哀艳的'情'字。《三百篇》是劳人思妇的情；屈、宋是仁人志士的情；庄子的情可难说了，只超人才载得住他那种神圣的客愁。"基于此，他称庄子为"开辟以来最古怪最伟大的一个情种"。③

以上诸说从不同角度强调了《诗》《庄》《骚》的同或异：其同在"诗的情趣"，其异在情的内蕴各殊。依闻先生之见，《诗》是劳人思妇的悲情，《庄》是富有哲学意味的游子客愁。笔者赞同闻先生对《庄子》的看法，因为其中抒发的大多不是儒家志士的家国之情，而是基于个体孤困境遇的生命哀情，但如果说这种生命哀情与《诗》迥然无关，则不尽然。

《庄子·徐无鬼》"越之流人"章以及《则阳》"旧国旧都，望之畅然"章，常被学者据以解读庄子的孤苦之情。事实上，相较于这两章，前引《大宗师》篇末的子桑歌诗寓言把庄子的孤苦无依之情表达得更为痛切，也更具哲学意蕴。如上所论，《诗经》中多有与子桑所歌

---

① （明）钱澄之撰，彭君华点校：《田间文集》，第231—232页。
② （清）胡文英：《庄子独见》，华东师范大学出版社2011年版，第6—7页。
③ 闻一多：《周易与庄子研究》，第79页。

余论 《庄子》与《诗》的显隐关联

相似的呼天问人的诗句，除前文已引诗句外，王风《黍离》特别值得重视。①

《黍离》的作者应不是普通百姓，其所述亦非劳人思妇之情。旧说此诗是西周大夫对故都荒败的慨叹，类似于箕子过殷墟所作的《麦秀之诗》，但今从诗中却看不出凭吊故国之意，故旧说似不可信。显而易见的是，这是一首"流离之诗"，抒发的是漂泊者无处安身、饱受冷遇且不为世人理解的怨懑哀思。② 全诗采用复沓手法，三章相同重复的诗句是：

> 知我者，谓我心忧；不知我者，谓我何求。悠悠苍天，此何人哉？

作者叩问苍天的哀呼，与子桑所歌"天乎！人乎！"以及前引《北门》"终窭且贫，莫知我艰……天实为之，谓之何哉"，《小弁》"天之生我，我辰安在"，《巧言》"悠悠昊天，曰父母且。无罪无辜，乱如此幠"，《巷伯》"苍天苍天……矜此劳人"，其抒情理路的相同之处在于，都径直把个体不幸的生命境遇向上贯通于"天"，在"我"与"天"之间建立情感关联而叩问之。在《诗经》的这些诗句和子桑所歌中，作为最高存在者的"天"不像在大雅、周颂中那样，常被奉为统治的终极合法性来源，而是被用以从根本处解释个体当下的生命遭际，尤其是那些莫名其妙的不幸遭际，进而安顿或化解其一己之情。这其实是先民身陷无可奈何的个体困境之时近乎本能的情感反应方式。事实上在《论语》中，即便是主张"不怨

---

① 此外，不少学者认为卫风《考槃》是隐逸诗，如朱熹说："诗人美贤者隐处涧谷之间，而硕大宽广，无戚戚之意。虽独寐寤言，犹自誓其不忘此乐也。"（《诗集传》，第46页）曹风《蜉蝣》则被普遍认为是一首感叹生命虚幻而莫知所归之诗。这两首诗也可与《庄子》相参看。

② 参见程俊英译注《诗经译注》，上海古籍出版社2004年版，第102页；褚斌杰注：《诗经全注》，人民文学出版社1999年版，第80页；[日]白川静《诗经的世界》，黄铮译，四川人民出版社2019年版，第138—139页。

天，不尤人"(《宪问》)的孔子，也不乏类似的情感表现，例如《八佾》："获罪于天，无所祷也"；《述而》："天生德于予，桓魋其如予何"；《先进》："颜渊死。子曰：'噫！天丧予！天丧予！'"

庄子的"诗的情趣"未必直接承自《诗》，但其吁父求母、呼天问人的抒情方式与《诗》的某些篇章以及孔子的"天丧予"之叹，却应源出于共同的精神文化资源。所不同者，庄子赋予了"天"以更多的哲学意涵，并用以解释个体生命存在的全部内容。《养生主》："天也，非人也。天之生是使独也，人之貌有与也"；《大宗师》："死生，命也，其有夜旦之常，天也。人之有所不得与。"套用闻一多的话：庄子的这些论断与其说是哲学，毋宁说是其于孤凄无望的现世羁旅中悲绝的哀呼。这种富于哲学意蕴的生命哀情与《诗》的某些篇章，其义或殊，其情则类。

本章结语

以上从文本章法、语汇以及自然书写、民间日常、"诗的情趣"等方面解析了《庄子》与《诗》的隐性关联。平实而论，这些关联既不应被夸大，也不能被无视。在探讨《诗》对《庄子》之影响的问题时，如果参考上述隐性关联，同时依据如下三条客观事实，即：（1）《诗》是先秦流传最广泛的经典，且是贵族交往和教育的必备内容；（2）庄子博学且属于士阶层；（3）《庄子》全书六处明确提及《诗》的显性关联，足证庄子及其后学熟知《诗》，那么，我们就可以得出一个较为中肯的结论：《诗》确乎对《庄子》文本的形成及特点产生了一定影响，并在其中留下了印痕。

参考文献

一　典籍

（汉）董仲舒撰，（清）凌曙注：《春秋繁露》，中华书局1975年版。

（唐）韩愈：《韩昌黎全集》，中国书店1991年版。

（唐）陆德明撰：《经典释文》，中华书局1983年版。

（宋）黎靖德编：《朱子语类》，中华书局1986年版。

（宋）林希逸著，陈红映校点：《南华真经口义》，云南人民出版社2002年版。

（宋）林希逸著，周启成校注：《庄子鬳斋口义校注》，中华书局1997年版。

（宋）朱熹集注，赵长征点校：《诗集传》，中华书局2011年版。

（明）方以智撰，庞朴注释：《东西均注释（外一种）》，中华书局2016年版。

（明）方以智撰，张永义注释：《药地炮庄笺释·总论篇》，华夏出版社2013年版。

（明）方以智：《一贯问答》，《儒林》第二辑，山东大学出版社2006年版。

（明）释德清：《庄子内篇注》，华东师范大学出版社2009年版。

（清）钱澄之撰，彭君华点校：《田间文集》，黄山书社1998年版。

（清）钱澄之撰：《庄屈合诂》，黄山书社1998年版。

（清）段玉裁：《经韵楼集》，上海古籍出版社2008年版。

（清）郭庆藩撰：《庄子集释》，中华书局 2004 年版。

（清）黄宗羲：《宋元学案》第三册，中华书局 1986 年版。

（清）王夫之：《船山全书》第一、六、十一、十五册，岳麓书社 2011 年版。

（清）王夫之：《读四书大全说》，中华书局 1975 年版。

（清）王夫之著，王孝鱼点校：《老子衍 庄子通 庄子解》，中华书局 2009 年。

（清）王夫之著，舒士彦点校：《宋论》，中华书局 1964 年版。

（清）王先谦：《荀子校释》，中华书局 1988 年版。

（清）王先谦：《庄子集解》，中华书局 1987 年版。

（清）宣颖撰，曹础基点校：《南华经解》，广东人民出版社 2008 年版。

曹础基：《庄子浅注》，中华书局 2000 年版。

陈鼓应：《管子四篇诠释——稷下道家代表作解析》，商务印书馆 2006 年版。

陈鼓应注译：《老子今注今译》，商务印书馆 2003 年版。

陈鼓应注译：《庄子今注今译》，中华书局 1983 年版。

陈荣捷编著：《中国哲学文献选编》，江苏教育出版社 2006 年版。

程俊英译注：《诗经译注》，上海古籍出版社 2004 年版。

褚斌杰注：《诗经全注》，人民文学出版社 1999 年版。

崔大华：《庄子歧解》，中州古籍出版社 1988 年版。

方勇、陆永品撰：《庄子诠评》，巴蜀书社 2007 年版。

傅山：《傅山全书》第二册，山西人民出版社 1991 年版。

高亨：《老子注译》，清华大学出版社 2010 年版。

胡文英：《庄子独见》，华东师范大学出版社 2011 年版。

黄晖撰：《论衡校释》，中华书局 1990 年版。

李零：《郭店楚简校读记》，北京大学出版社 2002 年版。

刘文典撰：《庄子补正》，安徽大学出版社、云南大学出版社 1999 年版。

刘笑敢：《老子古今：五种对勘与析评引论》，中国社会科学出版社 2006 年版。

钱穆：《庄子纂笺》，三民书局1981年版。

（清）于鬯著，张华民点校：《香草续校书》，中华书局1963年版。

（清）章学诚，刘公纯点校：《文史通义》，中华书局1956年版。

任继愈译著：《老子新译》（修订本），上海古籍出版社1985年版。

汤炳正、李大明、李诚、熊良智注：《楚辞今注》，上海古籍出版社1996年版。

王叔岷：《庄子校诠》，"中央研究院"历史语言研究所1994年版。

邬国义、胡果文、李晓路：《国语译注》，上海古籍出版社1994年版。

吴树平：《风俗通义校释》，天津古籍出版社1980年版。

（西汉）司马迁著，张大可注释：《史记全本新注》，华中科技大学出版社2020年版。

夏明钊译注：《嵇康集译注》，黑龙江人民出版社1987年版。

谢祥皓、李思乐辑校：《庄子序跋论评辑要》，湖北教育出版社2001年版。

严北溟、严捷译注：《列子译注》，上海古籍出版社1986年版。

杨伯峻编著：《春秋左传注》，中华书局1990年版。

杨伯峻撰：《列子集释》，中华书局1979年版。

袁珂校注：《山海经校释》，上海古籍出版社1985年版。

张丰乾编：《〈庄子·天下篇〉注疏四种》，华夏出版社2009年版。

张双棣、张万彬、殷国光、陈涛：《吕氏春秋译注》，吉林文史出版社1993年版。

张双棣撰：《淮南子校释》，北京大学出版社1997年版。

钟泰：《庄子发微》，上海古籍出版社2002年版。

周振甫译注：《周易译注》，中华书局1991年版。

朱桂曜：《庄子内篇补证》，上海商务印书馆1935年版。

朱文熊：《庄子新义》，华东师范大学出版社2011年版。

二 论著

[澳] 文青云：《岩穴之士：中国早期隐逸传统》，徐克谦译，山东画报出

版社 2009 年版。

[德] 恩斯特·卡西尔：《人论》，甘阳译，上海译文出版社 1985 年版。

[德] 卡尔·雅斯贝斯：《历史的起源与目标》，魏楚雄、俞新天译，华夏出版社 1989 年版。

[德] 威廉·魏施德：《后楼梯——大哲学家的生活与思考》，李贻琼译，华夏出版社 2000 年版。

[法] 爱弥尔·涂尔干：《宗教生活的基本形式》，渠东、汲喆译，上海人民出版社 2006 年版。

[法] 路易·迪蒙：《论个体主义：对现代意识形态的人类学观点》，谷方译，上海人民出版社 2003 年版。

[法] 马塞尔·莫斯：《巫术的一般理论》，杨渝东、梁永佳、赵丙祥译，广西师范大学出版社 2007 年版。

[美] 艾兰：《龟之谜——商代神话、祭祀、艺术和宇宙观研究》，汪涛译，商务印书馆 2010 年版。

[美] 艾兰：《水之道与德之端——中国早期哲学思想的本喻》，张海晏译，商务印书馆 2010 年版。

[美] 本杰明·史华慈：《古代中国的思想世界》，程钢译，江苏人民出版社 2004 年版。

[美] 罗浩：《原道：〈内业〉与道家神秘主义的基础》，邢文主编，学苑出版社 2009 年版。

[美] 普鸣：《成神：早期中国的宇宙论、祭祀与自我神化》，张常煊、李建芸译，生活·读书·新知三联书店 2020 年版。

[日] 白川静：《诗经的世界》，黄铮译，四川人民出版社 2019 年版。

[日] 白川静：《中国古代文化》，加地伸行、范月娇译，台湾文津出版社 1983 年版。

[日] 池田知久：《道家思想的新研究——以〈庄子〉为中心》，王启发、曹峰译，中州古籍出版社 2009 年版。

[瑞士] 毕来德：《庄子四讲》，宋刚译，中华书局 2009 年版。

参考文献

[英] J. G. 弗雷泽：《金枝》，徐育新、张泽石、汪培基译，新世界出版社 2006 年版。

[英] 李约瑟：《中国古代科学思想史》，陈立夫等译，江西人民出版社 1999 年版。

[英] 罗宾·布里吉斯：《与巫为邻：欧洲巫术的社会和文化语境》，雷鹏、高永宏译，北京大学出版社 2005 年版。

[英] 以赛亚·伯林：《自由论》，胡传胜译，译林出版社 2003 年版。

白本松：《先秦寓言史》，河南大学出版社 2001 年版。

白奚：《稷下学研究：中国古代的思想自由与百家争鸣》，生活·读书·新知三联书店 1998 年版。

岑仲勉：《两周文史论丛：外一种》，中华书局 2004 年版。

陈独秀：《陈独秀文章选编》上册、中册，生活·读书·新知三联书店 1984 年版。

陈鼓应、白奚：《老子评传》，南京大学出版社 2001 年版。

陈鼓应：《老庄新论》，上海古籍出版社 1992 年版。

陈来：《古代思想文化的世界——春秋时代的宗教、伦理与社会思想》，生活·读书·新知三联书店 2002 年版。

陈来：《古代宗教与伦理：儒家思想的根源》，生活·读书·新知三联书店 1996 年版。

陈来：《诠释与重建——王船山的哲学精神》，北京大学出版社 2004 年版。

陈来：《有无之境——王阳明哲学的精神》，人民出版社 1991 年版。

陈丽桂：《战国时期的黄老思想》，台北：联经出版事业公司 1995 年版。

陈梦家：《殷墟卜辞综述》，中华书局 1988 年版。

陈槃：《古谶纬研讨及其书录解题》，"国立"编译馆 1993 年版。

陈槃：《旧学旧史说丛》，上海古籍出版社 2010 年版。

陈荣捷：《中国哲学论集》，"中央研究院"中国文哲研究所 1994 年版。

陈泳超：《尧舜传说研究》，南京师范大学出版社 2000 年版。

崔大华：《庄学研究——中国哲学一个观念渊源的历史考察》，人民出版社

1992年版。

党晴梵：《先秦思想史论略》，陕西人民出版社1959年版。

邓联合：《王夫之庄学思想通论——基于〈船山全书〉的研究》，北京大学出版社2020年版。

邓联合：《"逍遥游"释论——庄子的哲学精神及其多元流变》，北京大学出版社2010年版。

杜正胜：《古代社会与国家》，台北：允晨文化实业股份有限公司1992年版。

杜正胜主编：《中国上古史论文选集》下册，台北：华世出版社1979年版。

方勇：《庄子学史》，人民出版社2008年版。

冯友兰：《贞元六书》，华东师范大学出版社1996年版。

冯友兰：《中国哲学简史》，北京大学出版社1996年版。

冯友兰：《中国哲学史新编》，人民出版社1998年版。

冯友兰：《中国哲学史》，中华书局1961年版。

傅斯年：《傅斯年全集》第二、三卷，湖南教育出版社2003年版。

高国藩：《中国巫术史》，上海三联书店1999年版。

高瑞泉编选：《向着新的理想社会——李大钊文选》，上海远东出版社1995年版。

葛兆光：《中国思想史》第一卷，复旦大学出版社1998年版。

顾颉刚撰，王煦华导读：《秦汉的方士与儒生》，上海古籍出版社1998年版。

顾森主编：《中国汉画大图典》第四卷《仙人神祇》，西北大学出版社2022年版。

顾铁符：《楚国民族述略》，湖北人民出版社1984年版。

关锋：《庄子内篇译解和批判》，中华书局1961年版。

郭沫若：《青铜时代》，《郭沫若全集》第一卷，人民出版社1982年版。

郭沫若：《十批判书》，东方出版社1996年版。

洪湛侯：《诗经学史》，中华书局2002年版。

侯外庐：《中国古代思想学说史》，辽宁教育出版社1998年版。

胡道静主编：《十家论庄》，上海人民出版社2004年版。

胡厚宣、胡振宇：《殷商史》，上海人民出版社2003年版。

胡家聪：《稷下争鸣与黄老新学》，中国社会科学出版社1998年版。

胡适：《胡适文集》第五册，北京大学出版社1998年版。

胡适：《中国哲学史大纲》，上海古籍出版社1997年版。

胡新生：《中国古代巫术》，山东人民出版社2005年版。

季羡林：《中印文化关系史论丛》，人民出版社1957年版。

康有为撰，姜义华、吴根梁编校：《康有为全集》第二集，上海古籍出版社1990年版。

康有为：《孔子改制考》，中华书局1958年版。

寇淑慧编：《二十世纪诗经研究文献目录》，学苑出版社2001年版。

郎擎霄：《庄子学案》，天津市古籍书店1990年版。

李济著，张光直主编：《李济文集》第四卷，上海人民出版社2006年版。

李零：《兰台万卷：读〈汉书·艺文志〉》，生活·读书·新知三联书店2011年版。

李零：《中国方术续考》，中华书局2006年版。

李妙根编选：《国粹与西化——刘师培文选》，上海远东出版社1996年版。

李申：《道教本论》，上海文化出版社2001年版。

李学勤主编：《字源》中册，天津古籍出版社2012年版。

李玉洁：《楚国史》，河南大学出版社2002年版。

梁启超撰：《论中国学术思想变迁之大势》，夏晓虹导读，上海古籍出版社2001年版。

梁钊韬：《中国古代巫术：宗教的起源和发展》，中山大学出版社1999年版。

林富士：《汉代的巫者》，台北：稻乡出版社1999年版。

林语堂：《老子的智慧》，时代文艺出版社1988年版。

林语堂:《吾国与吾民》,宝文堂书店 1988 年版。

刘建国:《先秦伪书辨正》,陕西人民出版社 2004 年版。

刘师培:《清儒得失论:刘师培论学杂稿》,中国人民大学出版社 2004 年版。

刘笑敢:《庄子哲学及其演变》,中国社会科学出版社 1988 年版。

刘泽华、汪茂和、王兰仲:《专制权力与中国社会》,天津古籍出版社 2005 年版。

柳存仁:《道家与道术——和风堂文集续编》,上海古籍出版社 1999 年版。

鲁迅:《汉文学史纲要》,人民文学出版社 1973 年版。

马银琴:《周秦时代〈诗〉的传播史》,社会科学文献出版社 2011 年版。

茅盾:《神话研究》,百花文艺出版社 1981 年版。

蒙文通:《先秦诸子与理学》,广西师范大学出版社 2006 年版。

庞朴:《中国文化十一讲》,中华书局 2008 年版。

蒲慕州:《追寻一己之福——中国古代的信仰世界》,台北:允晨文化实业股份有限公司 1995 年版。

钱穆:《钱宾四先生全集》第六册《惠施》分册,台北:联经出版事业公司 1985 年版。

钱穆:《先秦诸子系年》,商务印书馆 2005 年版。

孙以楷:《道家哲学研究:附录三种》,安徽大学出版社 2010 年版。

孙以楷:《老子通论》,安徽大学出版社 2004 年版。

孙以楷、陆建华、刘慕方:《道家与中国哲学(先秦卷)》,人民出版社 2004 年版。

陶磊:《从巫术到数术:上古信仰的历史嬗变》,山东人民出版社 2008 年版。

童书业著,童教英增订:《先秦七子思想研究》,中华书局 2006 年版。

涂又光:《楚国哲学史》,湖北教育出版社 1995 年版。

王葆玹:《老庄学新探》,上海文化出版社 2002 年版。

王博:《老子思想的史官特色》,台北:文津出版社 1993 年版。

王博：《无奈与逍遥：庄子的心灵世界》，华夏出版社2007年版。

王博：《中国儒学史·先秦卷》，北京大学出版社2011年版。

王博：《庄子哲学》，北京大学出版社2004年版。

王尔敏：《先民的智慧：中国古代天人合一的经验》，广西师范大学出版社2008年版。

王国维：《王国维全集》第一卷，中国文史出版社1997年版。

王叔岷：《先秦道法思想讲稿》，"中央研究院"中国文哲研究所1992年版。

王威威：《庄子学派的思想演变与百家争鸣》，人民出版社2009年版。

王亚南：《中国官僚政治研究》，中国社会科学出版社1981年版。

王玉彬：《畸于人而侔于天——先秦子学视域下的庄子哲学研究》，人民出版社2022年版。

韦政通：《中国的智慧》，岳麓书社2003年版。

闻一多：《闻一多全集》第一册，生活·读书·新知三联书店1982年版。

李定凯编校：《周易与庄子研究》，巴蜀书社2003年版。

吴虞：《吴虞集》，四川人民出版社1985年版。

萧登福：《列子探微》，台北：文津出版社1990年版。

萧公权：《中国政治思想史》，辽宁教育出版社1998年版。

熊铁基、刘固盛、刘韶军：《中国庄学史》，湖南人民出版社2003年版。

熊铁基、刘韶军、刘筱红、吴琦、刘固盛：《二十世纪中国老学》，福建人民出版社2002年版。

熊铁基、马良怀、刘韶军：《中国老学史》，福建人民出版社1995年版。

徐复观：《中国人性论史（先秦篇）》，上海三联书店2001年版。

徐克谦：《庄子哲学新探——道·言·自由与美》，中华书局2005年版。

徐来：《英译〈庄子〉研究》，复旦大学出版社2008年版。

徐文武：《楚国宗教概论》，武汉出版社2001年版。

徐中舒：《徐中舒历史论文选辑》上册，中华书局1998年版。

许抗生：《老子评传——中国第一位伟大的哲学家》，广西教育出版社1996

年版。

许倬云:《万古江河:中国历史文化的转折与开展》,上海文艺出版社2006年版。

许倬云:《西周史》(增补本),生活·读书·新知三联书店2001年版。

严复:《严复集》第四册,中华书局1986年版。

严灵峰:《老庄研究》,台北:台湾中华书局1979年版。

严灵峰:《列子辩诬及其中心思想》,台北:文史哲出版社1994年版。

颜世安:《庄子评传》,南京大学出版社1999年版。

晏昌贵:《巫鬼与淫祀——楚简所见方术宗教考》,武汉大学出版社2010年版。

扬之水:《诗经名物新证》,北京古籍出版社2000年版。

杨国荣:《庄子的思想世界》,北京大学出版社2006年版。

杨立华:《庄子哲学研究》,北京大学出版社2020年版。

杨希枚:《先秦文化史论集》,中国社会科学出版社1995年版。

杨儒宾:《先秦道家"道"的观念的发展》,"国立"台湾大学出版委员会1987年版。

杨向奎:《宗周社会与礼乐文明》,人民出版社1997年版。

杨义:《老子还原》,中华书局2011年版。

杨义:《庄子还原》,中华书局2011年版。

姚汉荣、姚益心:《楚文化寻绎》,学林出版社1990年版。

叶国庆:《庄子研究》,上海商务印书馆1936年版。

叶舒宪:《庄子的文化解析》,湖北人民出版社1997年版。

余英时:《士与中国文化》,上海人民出版社1987年版。

袁珂:《中国神话史》,上海文艺出版社1988年版。

詹剑锋:《老子其人其书及其道论》,华中师范大学出版社2006年版。

张丰乾:《可与言诗:中国哲学的本根时代》,商务印书馆2020年版。

张光直:《青铜挥麈》,上海文艺出版社2000年版。

张光直:《中国青铜时代(二集)》,生活·读书·新知三联书店1990

年版。

张光直:《中国青铜时代》,生活·读书·新知三联书店1983年版。

张灏:《幽暗意识与民主传统》,新星出版社2006年版。

张亨:《思文之际论集:儒道思想的现代诠释》,新星出版社2006年版。

张恒寿:《庄子新探》,湖北人民出版社1983年版。

张涅:《庄子解读——流变开放的思想形式》,齐鲁书社2003年版。

张荣朋:《从老庄哲学至晚清方术——中国神秘主义研究》,华东师范大学出版社2006年版。

张松辉:《老子研究》,人民出版社2006年版。

张松辉:《庄子研究》,人民出版社2009年版。

张松辉:《庄子疑义考辨》,中华书局2007年版。

张松如、陈鼓应、赵明、张军:《老庄论集》,齐鲁书社1987年版。

章太炎:《訄书》,辽宁人民出版社1994年版。

章太炎:《章太炎全集》第六册,上海人民出版社1986年版。

章太炎:《章太炎文集》,线装书局2009年版。

章太炎:《章太炎先生国学讲演录》,南京大学中文系古典文学教研室、南京大学学报编辑部1987年编印。

郑良树:《诸子著作年代考》,北京图书馆出版社2001年版。

止庵:《樗下读庄——关于庄子哲学体系的文本研究》,东方出版社1999年版。

钟泰:《中国哲学史》,辽宁教育出版社1998年版。

周策纵:《弃园文萃》,上海文艺出版社1997年版。

周策纵:《古巫医与"六诗"考:中国浪漫文学探源》,上海古籍出版社2009年版。

周策纵:《周策纵自选集》,山东教育出版社2004年版。

朱谦之:《庄子哲学》,《朱谦之文集》第三册,福建教育出版社2002年版。

朱任飞:《〈庄子〉神话的破译与解析》,东北师范大学出版社1999年版。

朱自清：《经典常谈》，生活·读书·新知三联书店 1980 年版。

邹文生、王剑 等：《陈楚文化》，辽宁教育出版社 1998 年版。

三 论文

安继民：《论庄惠之争》，《中州学刊》1994 年第 3 期。

蔡德贵：《再论庄子与齐文化》，《东岳论丛》2003 年第 6 期。

蔡德贵：《庄子与齐文化》，《文史哲》1996 年第 5 期。

蔡靖泉：《"庄子自是楚人"说》，《荆州师专学报》1998 年第 3 期。

蔡元培：《杨朱即庄周说》，载《古史辨》第四册，上海古籍出版社 1982 年版。

柴文华：《〈列子·杨朱篇〉伦理思想臆评》，《学术交流》1990 年第 6 期。

晁福林：《商代的巫与巫术》，《学术月刊》1996 年第 10 期。

陈鼓应：《杨朱轻物重生的思想——兼论〈杨朱篇〉非魏晋时伪托》，《江西社会科学》1990 年第 6 期。

陈广忠：《为张湛辨诬——〈列子〉非伪书考之一》，《道家文化研究》第十辑，上海古籍出版社 1996 年版。

陈红映：《庄子的文化渊源新探》，《思想战线》1994 年第 1 期。

陈梦家：《商代的神话与巫术》，《燕京学报》第 20 期，1936 年 12 月。

陈佩君：《先秦道家的心术与主术——以〈老子〉、〈庄子〉、〈管子〉四篇为核心》，博士学位论文，"国立"台湾大学，2008 年。

陈少明：《经典世界的思想配角——论杨朱》，《中国哲学史》2020 年第 1 期。

陈旭：《商、楚文化关系的探讨》，河南省考古学会编《楚文化研究论文集》，中州书画社 1983 年版。

陈忠和：《从〈庄子〉的神话素材诠证神话原型与哲学理论之关系》，《辅仁学志·人文艺术之部》2005 年第 32 期。

程水金、冯一鸣：《〈列子〉考辨述评与〈列子〉伪书新证》，《中国哲学史》2007 年第 2 期。

邓联合：《从政治合法化的建构到历史理性的觉醒——论〈尚书·周书〉的历史叙事》，《江淮论坛》2006 年第 4 期。

邓联合：《道的功能向度与老子社会政治思想的特质》，《南京社会科学》2006 年第 8 期。

邓联合：《"箕踞"的思想文化解析》，《中国哲学史》2013 年第 2 期。

邓联合：《技术活动中的超越向度：庄子技术寓言解读》，《江海学刊》2008 年第 1 期。

邓联合：《老庄哲学中的光明意象释义》，《哲学研究》2021 年第 12 期。

邓联合：《论王船山〈庄子解〉的"浑天"说》，《文史哲》2020 年第 6 期。

邓联合：《以内篇参观之——王船山对庄子与其后学的分疏》，《中国哲学史》2017 年第 2 期。

邓联合、徐强：《文本·语境·心态：王船山的老庄异同论》，《周易研究》2014 年第 5 期。

邓联合：《遗民心态与明清之际的庄子定位论》，《安徽大学学报》（哲学社会科学版）2017 年第 3 期。

邓联合：《"阴谋家"：老子何以被诬？》，《中国哲学史》2016 年第 1 期。

邓联合：《"贵身"还是"无身"——〈老子〉第十三章辩议》，《哲学动态》2017 年第 3 期。

邓联合：《中国思想史上的"难庄论"和"废庄论"》，《哲学动态》2009 年第 7 期。

邓联合：《庄生非知道者——王船山庄学思想的另一面相》，《文史哲》2014 年第 4 期。

邓联合：《〈庄子〉内七篇之篇名由来问题的再检讨》，《南京社会科学》2010 年第 2 期。

邓联合：《〈庄子〉与〈诗〉的显隐关联发微》，《中国哲学史》2022 年第 4 期。

丁波：《商代的巫与史官》，《中国社会科学院研究生院学报》2004 年第

3 期。

杜正胜：《从眉寿到长生——中国古代生命观念的转变》，《"中央研究院"历史语言研究所集刊》第六十六本第二分，1995 年 6 月。

冯友兰：《中国哲学中之神秘主义》，《燕京学报》1927 年第 1 期。

高亨：《杨朱学派》，载《古史辨》第四册，上海古籍出版社 1982 年版。

高华平：《颜渊之学及〈庄子〉中的颜渊》，《诸子学刊》第四辑，上海古籍出版社 2010 年版。

葛兆光：《众妙之门——北极与太一、道、太极》，《中国文化》1990 年第 2 期。

顾颉刚：《从〈吕氏春秋〉推测〈老子〉之成书年代》，载《古史辨》第四册，上海古籍出版社 1982 年版。

顾颉刚：《〈庄子〉和〈楚辞〉中昆仑和蓬莱两个神话系统的融合》，《中华文史论丛》第二辑，上海古籍出版社 1979 年版。

关永中：《"独与天地精神往来"：与庄子对谈神秘经验知识论》，丁福宁主编《第三个千禧年哲学的展望——基督宗教学与中华文化的交谈会议论文集》，台北：辅仁大学出版社 2002 年版。

关永中：《上与造物者游——与庄子对谈神秘主义》，《台湾大学哲学评论》1999 年第 22 期。

何炳棣：《从〈庄子·天下〉篇首解析先秦思想中的基本关怀》，《"中央研究院"历史语言研究所集刊》第七十八本第一分，2007 年 3 月。

苏何诚：《庄子卮言论：醉境密契之神话语言》，中国政治大学哲学系第九届研究生论文发表会，2006 年 6 月。

贾占新：《论〈列子·杨朱篇〉》，《河北大学学报》（哲学社会科学版）2003 年第 1 期。

简光明：《庄子思想源于田子方说辨析》，《鹅湖月刊》1994 年第 5 期。

蒋国保：《今本〈关尹子〉辨析》，《安徽大学学报》（哲学社会科学版）1981 年第 2 期。

瞿兑之：《释巫》，《燕京学报》第 7 期，1930 年 6 月。

赖锡三：《道家的神话哲学之系统诠释——意识的"起源、发展"与"回归、圆融"》，《清华学报》2004年第2期。

赖锡三：《神话、〈老子〉、〈庄子〉之"同""异"研究——朝向"当代新道家"的可能性》，《台大文史哲学报》2004年第61期。

乐蘅军：《中国原始变形神话试探》，陈慧桦、古添洪主编《从比较神话到文学》，台湾东大图书公司1983年版。

李波：《"〈庄〉之妙，得于〈诗〉"：明清〈庄子〉散文评点的诗性审美》，《聊城大学学报》2013年第2期。

李存山：《〈内业〉等四篇的写作时间和作者》，《管子学刊》1987年第1期。

李存山：《庄子与惠施》，《道家文化研究》第五辑，上海古籍出版社1994年版。

李零：《读郭店楚简〈太一生水〉》，《道家文化研究》第十七辑，生活·读书·新知三联书店1999年版。

李笑岩：《关尹遗说考——兼论关尹学说与〈太一生水〉的关系》，《河北学刊》2009年第1期。

李学勤：《荆门郭店楚简所见关尹遗说》，《郭店楚简研究》（《中国哲学》第二十辑），辽宁教育出版社1999年版。

刘黛：《"取""与"皆弃的杨朱生命哲学——从文本、哲学到思想史》，《文史哲》2020年第6期。

刘黛、王小超：《〈庄子〉言"真"的两个维度》，《中国哲学史》2014年第1期。

刘绍瑾：《也谈南北文化之划分及老庄的文化归属》，《学术研究》1997年第11期。

马鹏翔：《从"老庄"到"庄老"——略论魏晋时期庄学的兴起》，硕士学位论文，北京大学，2003年。

马叙伦：《列子伪书考》，载《古史辨》第四册，上海古籍出版社1982年版。

蒙培元：《自由与自然——庄子的心灵境界说》，《道家文化研究》第十辑，上海古籍出版社1996年版。

那薇：《游心于万物之初——道家的神秘主义》，《新哲学》第八辑，大象出版社2008年版。

钮福铭：《庄子处世哲学与〈周易〉》，《周易研究》1991年第1期。

戚淑娟：《〈关尹子〉研究》，硕士学位论文，华东师范大学，2004年。

裘锡圭：《说卜辞的焚巫尪与作土龙》，载胡厚宣主编《甲骨文与殷商史》，上海古籍出版社1983年版。

饶宗颐：《古代东、西方鸟俗神话——论太皞与少皞》，《饶宗颐二十世纪学术文集》第一册一卷《史溯》，台北：新文丰出版股份有限公司2003年版。

饶宗颐：《历史家对萨满主义应重新作反思与检讨——"巫"的新认识》，《中华文化的过去、现在和未来》，中华书局1992年版。

饶宗颐：《殷代的宗教》《（传老子师）容成遗说钩沉——先老学初探》，《饶宗颐二十世纪学术文集》第七册五卷《宗教学》，台北：新文丰出版股份有限公司2003年版。

邵炳军：《老子先祖宋戴公暨老子宋相人说发微》，《诸子学刊》第一辑，上海古籍出版社2007年版。

宋德刚：《老庄"自"类语词的哲学意蕴》，《中国哲学史》2021年第6期。

孙广、张俊华：《从"贞""真"同源异用论儒道天人观的分野》，《安徽大学学报》（哲学社会科学版）2024年第1期。

孙立：《老庄故里及文化归属考辨》，《学术研究》1996年第8期。

孙立：《〈庄子〉与齐——对〈庄子〉文化归属的再思考》，《学术研究》1998年第9期。

谭宝刚、孙利敏：《关尹、环渊非一人辨——兼论蜎子和范环》，《兰州学刊》2006年第10期。

唐钺：《杨朱考》，载《古史辨》第四册，上海古籍出版社1982年版。

童恒萍：《〈庄子〉与墨家》，《中州学刊》2004 年第 5 期。

涂又光：《道家注重个体说》，《道家文化研究》第一辑，上海古籍出版社 1992 年版。

王博：《论杨朱之学》，《道家文化研究》第十五辑，生活·读书·新知三联书店 1999 年版。

王丰先：《春秋时代的孔子形象》，《儒家典籍与思想研究》第一辑，北京大学出版社 2009 年版。

王孝鱼：《庄子与惠施——〈庄子内篇新解〉前言》，《晋阳学刊》1980 年第 1 期。

王玉彬：《〈庄子·齐物论〉"十日并出"章辨正》，《中国哲学史》2015 年第 4 期。

萧萐父：《道家·隐者·思想异端》，《江西社会科学》1989 年第 6 期。

徐克谦：《论惠施思想的独特个性》，《中州学刊》1999 年第 2 期。

许地山：《道家思想与道教》，《燕京学报》1927 年第 2 期。

许家瑜：《思想史视野下〈老子〉出土至传世本"明"概念研究》，《中国哲学史》2022 年第 4 期。

许家瑜：《万化无极——以"化"为中心的庄子哲学研究》，博士学位论文，北京大学，2020 年。

许抗生：《〈列子〉考辨》，《道家文化研究》第一辑，上海古籍出版社 1992 年版。

羊列荣、雷思海、蒋凡：《从〈周易〉考察道家"心斋"思想的起源》，《学术月刊》1999 年第 3 期。

杨儒宾：《道家的原始乐园思想》，李亦园、王秋桂主编《中国神话与传说学术研讨会论文集》上册，汉学研究中心 1996 年版。

杨儒宾：《道与玄牝》，《台湾哲学研究》第 2 期，1999 年 3 月。

杨儒宾：《技艺与道——道家的思考》，《原道》第十四辑，首都师范大学出版社 2007 年版。

杨儒宾：《儒门内的庄子》，《中国哲学与文化》第四辑，广西师范大学出版社 2008 年版。

杨儒宾:《升天变形与不惧水火——论庄子思想中与原始宗教相关的三个主题》,《汉学杂志》1989 年第 1 期。

杨儒宾:《庄子"由巫入道"的开展》,《中正大学中文学术年刊》2008 年第 1 期。

杨儒宾:《庄子与东方海滨的巫文化》,《中国文化》2007 年第 1 期。

杨少涵:《十三经无"真"字——儒道分野的一个字源学证据》,《哲学动态》2021 年第 8 期。

于雪棠:《〈庄子〉内篇与〈周易〉》,《北方论丛》1999 年第 4 期。

袁济喜:《〈列子〉与六朝文士的演生》,《中国人民大学学报》2005 年第 6 期。

袁珂:《〈山海经〉盖"古之巫书"试探》,《社会科学研究》1985 年第 6 期。

袁珂:《原始思维与活物论神话》,《云南社会科学》1989 年第 2 期。

袁珂:《〈庄子〉的神话与寓言》,《中华文化论坛》1995 年第 3 期。

袁行霈:《山海经初探》,《中华文史论丛》第三辑,上海古籍出版社 1979 年版。

张岱年、杜运辉:《关于列子》,《中国哲学史》2011 年第 2 期。

张岱年:《管子的〈心术〉等篇非宋尹著作考》,《道家文化研究》第二辑,上海古籍出版社 1992 年版。

赵沛霖:《庄子哲学观念的神话根源》,《文史哲》1997 年第 5 期。

赵法生:《殷神的谱系——殷商宗教中的神灵世界与信仰精神》,《原道》第十三辑,首都师范大学出版社 2007 年版。

郑宾于:《杨朱传略》,载《古史辨》第四册,上海古籍出版社 1982 年版。

郑杰文:《〈庄子〉论墨与战国中后期墨学的流传》,《齐鲁学刊》2004 年第 5 期。

郑志明:《庄子的鬼神观》,《鹅湖月刊》1994 年第 5 期。

[比利时]戴卡琳:《老聃是否赞成杨朱、孟孙阳对利天下的看法?》,载

赵保佑主编《老子思想与人类生存之道——2010洛阳老子文化国际论坛文集》，社会科学文献出版社2011年版。

［美］任博克、赖锡三、莫加南、陈慧贞、李志恒：《〈老子〉："正言若反""不笑不足以为道"的"吊诡·反讽"之道》，《商丘师范学院学报》2022年第1期。

［美］史华慈：《黄老学说：宋钘和慎到论评》，《道家文化研究》第四辑，上海古籍出版社1994年版。

［日］森秀树：《道家和名家之间》，《道家文化研究》第十五辑，生活·读书·新知三联书店1999年版。

附　　录

巫魅性、巫史传统与庄子哲学精神探源[*]

白欲晓

　　继《"逍遥游"释论：庄子的哲学精神及其多元流变》（以下简称《释论》）探讨庄子的哲学精神及其流变之后，邓联合新著《庄子哲学精神的渊源与酿生》（以下简称《渊源与酿生》）展开了一项由"流"溯"源"的工作，以对庄子哲学精神的渊源和背景作进一步的发掘。如作者所说，任何"去脉"皆有"来龙"[①]，但思想的发展往往蕴含着更为复杂的情态，特别是创造性的精神历程。也就是说，在描绘人类思想发展的地图作业上，试图标定出某种连续的、清晰可见的坐标是十分冒险的。正如山河大地在自然伟力的作用下，呈现出绵延与断裂、隆起与沉降的奇异景观，因思想巨人的精神创造，人类的思想图景也常于矛盾混乱之中奇峰兀起，或于庸常黯淡之际天光烛照。应当肯定，邓著描绘庄子思想的地图作业，是充满理论勇气的，按作者自己说，这是一种理论的"企图"。面对这一富有勇气的理论"企图"，笔者首先关心的是这一地图作业的"技术路线"，而最为关注的则是：在庄子哲学精神探源的考察中，是否葆有对思想的连续性与断裂性的敏感与识度。

---

[*] 本文为南京大学哲学系白欲晓教授为本书初版撰写的书评，曾刊发于《哲学门》第二十六辑，北京大学出版社2013年版。
[①] 参见邓联合《庄子哲学精神的渊源与酿生》，光明日报出版社2011年版，第218页。

附录　巫魅性、巫史传统与庄子哲学精神探源

言及"技术路线",《渊源与酿生》的起始坐标乃是《释论》一书对庄子哲学精神的揭示,而最重要的操作方法乃是缩小比例尺的尺度,也即放大视界以融入更为广阔的理论图景,作者称之为"理路转换",即:从庄学到庄学精神,进而展开对庄学精神之渊源的揭示。

在《释论》中,作者曾以《庄子·逍遥游》篇之"逍遥游"为焦点,对庄子哲学精神展开深度考察。作者认为,庄子的"逍遥游"具有"兼括精神境界和生存方式之双重内涵的"结构①,既指示着"内在、超越的精神境界",又代表着"外在、当下的生活方式"。②虽然作为"精神境界"的"逍遥游"具有重要的思想影响,但作为"生存方式"的"逍遥游"也许更能凸显庄子哲学的关切:"在社会政治生活之外去建构独立的个体生命形态。"③作者以独异的个体生命精神为中心,揭示庄子哲学对于士人独立人格的哲学建构,以及对"非政治""民间"生存样态的追求。《渊源与酿生》概括并重申了关于庄子哲学精神的这一理解:"庄子的哲学精神彰显了独立的个体意识在中国思想史上横空出世般的觉醒。"④而《渊源与酿生》一书的主要任务便是从"庄子哲学精神"这一起始坐标入手,探寻其所表征的生命精神形态之文化源头与诞生。

相应于这一起始坐标的确立,作者提出了"理路转换"的操作方法。所谓理路转换,也就是将视角从关注庄子的"哲学思想"转向关注其"哲学精神",进而探求这一精神的思想与文化渊源。这一方法的提出,直接的原因是现存《庄子》文本的驳杂性所导致的对庄子思想准确把握的困难,其内里则是作者探求庄子精神渊源的方法论选择。因为如果流连于哲学观念与范畴所构造的世界,不但对精神渊源的探求无从谈起,即使就哲学精神的把握而言也会受到极大的限制。

---

① 邓联合:《"逍遥游"释论——庄子的哲学精神及其多元流变》,北京大学出版社2010年版,第57页。
② 邓联合:《"逍遥游"释论——庄子的哲学精神及其多元流变》,第33页。
③ 邓联合:《"逍遥游"释论——庄子的哲学精神及其多元流变》,第71页。
④ 邓联合:《庄子哲学精神的渊源与酿生》,第13页。

庄子哲学精神的渊源与酿生

这样一来,《渊源与酿生》描绘庄子思想地图的技术路线便是:哲学精神的渊源←──哲学精神──→哲学观念与范畴。正如作者所说:"既然起于庄子、属于庄子的哲学精神是庄学的'庄子性'所在,它弥散于全部的《庄子》文本和庄子思想中……那么,构成庄子哲学思想的相关范畴和观念无疑可以被拢括于其下,而我们对庄学精神之渊源与酿生机制的考察,自然也就会产生'纲举目张'的理论效应,亦即把对这些范畴和观念的探源问题牵涉出来。"① 不过,笔者这里要提醒的是,以庄子哲学精神来拢括并阐发庄子哲学的观念和范畴在方法论上是可行的,能够规避《庄子》文本的复杂性并统合庄子思想的多元性,虽然这种哲学精神的概括同时也离不开对观念和范畴的诠释,如《释论》对庄子重要观念"逍遥游"的考察那样,但是,从庄子哲学精神的既定把握来回溯其渊源却无疑是冒险之举,因为思想地图的起始坐标和方向似乎是预先设定的了,正如作者所说:"既然已经大致把握了庄学精神的要义和'去脉',何不回过头去追溯其'来龙'呢?"② 不过,对此也大可不必过度担心。因为真正的人文科学研究正是一种探险之旅,也许正是无数从不同地点出发的地图才可以最终复原出思想图景的真实面貌,况且沿途还有各式各样从未引起人们关注的风景。

《渊源与酿生》关注的问题是:如果说庄子的哲学精神表征了一种"独异的个体"超拔的生命意识与非政治、民间化的生存样态,那么,这种生命意识与生存样态可以从哪里找到其文化的渊源与原型?在作者的探源旅程中,最引人注目的理论风景乃是对庄子思想与巫文化之关系的描述。

对道家特别是对老庄思想与巫文化的关系,不少中外学者曾加以关注,如顾颉刚、闻一多、茅盾、党晴梵、杜而末、李泽厚、袁珂、叶舒宪、李约瑟、井筒俊彦、白川静等。相关讨论中,有对道家思想与上古神

---

① 邓联合:《庄子哲学精神的渊源与酿生》,第11页。
② 邓联合:《庄子哲学精神的渊源与酿生》,第218页。

附录　巫魅性、巫史传统与庄子哲学精神探源

话及其原型关系的发掘，有对道家思想与陈楚及东方地域文化传统关系的说明，有对道家思想与巫史传统之影响的揭示，有对道家的神秘主义因素与萨满信仰之关联性的猜测。遗憾的是，这些研究中所蕴含的深刻洞见，其意义并没有被充分认识。这一方面是由于相关研究往往是其他论题研究中的一个局部，或仅仅是大胆的推断，并不系统和成熟，也因为现代庄学研究的哲学化路径的选择，使其很难产生真正的影响。正如《渊源与酿生》作者所指出的："惜乎长期以来大陆学界的研讨重点大多集中在庄子思想除魅化的人文意涵方面，而对其与神秘巫文化的血脉渊源，除了简单笼统地视为楚、殷或东方滨海文化的影响，以及在神话学领域偶有创获外，其他方面皆言之甚少且肤浅。"[1] 虽然研究的"少"和"肤浅"之间并不能画等号，但缺乏充分的研究则难以获致满意的成果。就此而言，《渊源与酿生》对庄子思想与巫文化之关系的深入系统的探讨，有着重要的学术意义。

关于"庄子与巫文化"的关系，《渊源与酿生》提出了"庄子思想的巫魅性"的判断，并从"庄子与神话""庄子与民间巫者"等方面进行了细致分析。此外，作者还以"巫史传统与庄老思想背景之亲缘"为中心，展开进一步的讨论并对庄老加以判别。具体研究中，作者征引材料丰富，分析细密，新见尤多。但引起笔者特别关注的乃是作者对于"巫魅性""巫文化"与"巫史传统"的理解和阐发。作者正是由此对庄子思想与巫文化的关系加以揭明，从而探求庄子哲学精神的渊源。

关于庄子思想，作者指出了其"巫魅性"的特征。不过，《渊源与酿生》并没有对"巫魅性"作出界定。作者通过批评传统研究将庄子思想中之神秘主义因素归因于楚、齐、商宋等巫风盛行之地域文化影响的做法，径直将"庄子思想的巫魅性"归结为"巫文化的遗痕"，而"巫文化"则是早期"人类文化的普遍形态"。[2] 因此可以说，所谓"巫魅性"是"巫

---

[1] 邓联合：《庄子哲学精神的渊源与酿生》，第21—22页。
[2] 邓联合：《庄子哲学精神的渊源与酿生》，第37页。

311

文化"所具有的特性,虽然在作者看来,"庄子思想的巫魅性"乃是"巫文化的遗痕"。由此,作者对庄子思想的"巫魅性"特征便可摆脱传统研究所设定的文化特殊性,而将其放入关于巫术和巫文化的"一般理论"中加以考察,以发现其作为"巫文化"的一般特征。这正是作者以"庄子与神话""庄子与民间巫者"为题所展开的工作。对于庄子思想的"巫魅性"一般特征的考察,作者借鉴了法国人类学家马塞尔·莫斯的《巫术的一般理论》的研究。在笔者看来,这一借鉴可谓有得有失。

莫斯在他的研究中对"巫师的特性"进行了刻画,如:他们的"身体具有特异之处或具有非凡的禀赋",这通常表现为身体上的残疾或精神上的过度敏感;他们常具有"技术、焦虑的性格"而"机敏灵巧""才识过人",其与医生、理发师、牧羊人、挖墓者等职业相关;他们在社会生活中具有占据权威地位的特殊身份,如图腾群体的领袖、庆典的主持者;他们拥有富于神秘和幻想成分的社会的口承传统,经常讲述"传奇、寓言或冒险故事";他们中的有些人拥有对物体和自己的存在的非凡控制力;等等。[1] 借鉴莫斯的理论,可以使庄子思想中的某些神秘主义内容得到合理解释,这是《渊源与酿生》的所得之处。《庄子》所描绘的神话般的场景和意象,畸残者、巧匠所具有的超常能力,乃至该书恢怪诡谲的寓言性表达方式,都可以在莫斯对巫师的特性的刻画那里找到相合之处。例如,"在庄子笔下,畸残人、巧匠、特异功能者这三种在人类学视域中与巫存在着天然亲缘的特殊人物形象恰恰经常出现,且备受推崇称扬。这暗示出庄子极可能与当时的部分巫者有着密切的关系"[2]。

特别需要注意的是,莫斯还揭示了巫术在文化交涉或文化发展过程中所面临的处境。一种情况是:"两种文化发生接触时,通常巫术就被归结

---

[1] 参见〔法〕马塞尔·莫斯《巫术的一般理论》第三章"巫术的要素"之"巫师",杨渝东、梁永佳、赵丙祥译,广西师范大学出版社2007年版。

[2] 邓联合:《庄子哲学精神的渊源与酿生》,第37页。

为相对落后的文化所具有的特征。"① 还有一种情况，莫斯似乎并没有明言，这就是在较为高级的宗教面前，巫术常常代表了某种邪恶的力量。莫斯指出，在基督教的欧洲，"无论是谁，只要施巫术就会称作巫师，还有可能因此遭到惩罚。巫术的罪名是一项常见的罪名"②。笔者要指出的是，这两种处境皆源于一个原因，这就是高级宗教以取悦神灵的方式对巫术之操纵神灵的代替，以及专业化的祭司阶层对巫师的打压。《渊源与酿生》显然抓住了莫斯关于巫术的上述处境的第一点，也由此说明了庄子哲学关于个体存在的"边缘性""民间性"的文化与精神来源。作者指出，"在礼崩乐坏、天命远逝、鬼神不灵、人文理性已然觉醒的战国之世"，传统巫者"这一特殊群体所携带的心灵记忆、思想资源和精神信仰，以及他们疏离于主流政治生活之外的应世态度和人格风貌，构成了先秦历史文化演进中一段隐秘的民间的'小传统'。同样生活在民间的庄子不仅与其中的巫者有密切的接触，进而对他们辗转于社会底层的现实境遇抱有深切同情，对其精神品格给予高度赞誉，更为重要的是，在思想上，庄子亦从中汲取甚多"③。笔者认为，这是《渊源与酿生》对庄子哲学精神渊源之追探所获得的重要成果。这一成果揭示了庄子哲学与传统巫文化之"小传统"的密切关联，使传统关于此一问题的想象、推测获得了细致而系统的说明，有重要的学术意义。

在肯定《渊源与酿生》作出的新探索的同时，还有重要的问题值得讨论。首先，莫斯关于巫术的一般理论，在多大程度适用于对中国上古至三代的信仰世界的描述。其次，庄子"独异的个体"的生命哲学精神，亦即对"内在的"超越精神境界和对"当下的"自然自由的生活方式的追求，其渊源除了可追溯至巫文化及巫者的影响之外，还有没有其他的精神性源头，特别是考虑到这种哲学精神其实具有强烈的理性特征。

---

① ［法］马塞尔·莫斯：《巫术的一般理论》，第41页。
② ［法］马塞尔·莫斯：《巫术的一般理论》，第36页。
③ 邓联合：《庄子哲学精神的渊源与酿生》，第58页。

历史地看，随着早期"绝地天通"的宗教改革，中国原始的信仰状况日趋复杂，出现了巫觋与祝、宗、史的分化。梁钊韬先生曾指出："巫觋与祝、宗、史的职能有别，祝、宗、史的任务主要不在于粗蛮的黑巫术，且随着时代与社会的发展，愈来愈与巫觋分道扬镳，后来乃至成为知识分子的前身，成了朝廷的官职。"[1] 根据宗教学的一般观念，巫觋与祝、宗、史的最大不同，在于祝、宗、史的基本身份为宗教祭司。马克斯·韦伯曾对"祭司"与"巫师"加以区别。"祭司"是规则化的、有组织的且持续性地关注于影响神的人员，其职业有别于巫师的个人化且随机的作为；"祭司"与"巫师"的不同还在于，祭司具有特殊的知识、固定的教说以及职业的资质，而巫师则是靠着从奇迹所展现出来的个人天赋（卡里斯玛）以发挥其影响力。[2] 不过，人类学家和社会学家也注意到这样的情况，这就是在巫师与祭司之间存在着过渡和流动的情况，甚至在有些文化中二者的身份并非判然有别。如弗雷泽虽严格区分巫术与宗教，但他也承认这样的事实，即"在许多世纪里和许多国土上巫术与宗教相融合、相混淆"[3]。韦伯更为审慎地指出，虽然以祈愿、献祭与崇拜等诸种形式呈现出来的"祭典"（kultus）和"宗教"与巫术性强制的"巫术"有区分，"不过，实际上可能找不到任何一个例子可以完全适用于此种区分，因为行之于世界各地的、我们刚才称之为'宗教性的'祭典，其实还带有无数巫术的要素"[4]。

考察文献典籍对中国三代宗教文化的记载，可以明显地发现巫术的作用与影响一直贯穿在祭祀性活动之中。张光直先生指出："古代最有名的

---

[1] 梁钊韬：《中国古代巫术：宗教的起源和发展》，中山大学出版社1999年版，第222页。

[2] 参见［德］马克斯·韦伯：《宗教社会学》，康乐、简惠美译，广西师范大学出版社2005年版，第37页。

[3] ［英］J. G. 弗雷泽：《金枝》，徐育新、张泽石、汪培基译，新世界出版社2006年版，第57页。

[4] ［德］马克斯·韦伯：《宗教社会学》，第34页。

附录　巫魅性、巫史传统与庄子哲学精神探源

巫舞,是夏启舞九代。《海外西经》:'大乐之野,夏后启于此舞九代。'夏后启无疑为巫,且善歌乐。"① 在夏代,王者还兼有大巫师的身份,这个判断是有根据的。《墨子·兼爱下》记载,汤以自己的身体作为牺牲献祭上帝以求雨,这说明巫术和祭祀的混合在商初仍是普遍现象。陈梦家先生对卜辞记载的商代禳祓仪式中的巫术内容进行了说明,他指出:"卜辞禳祓,尚注意及巫术中的巫术物,而以血(尤其犬、豕、羊家畜的血)为最具有巫术能力的。祭祀与巫术在形式上无显著之别,但从用牲一项上可以分别之:巫术之祭的用牲重其血,因血可以禳祓一切,祭祀用牲重其肉,因为先祖可以享用它;巫术之祭用牲重于清洁,祭祀用牲重于丰盛。"② 即使在周初,周公也曾代武王和成王以身献祭,还是一种具有巫术性的祭典。这种巫术与宗教祭祀的混合,相应地造成巫师与祭司身份的混同。有鉴于此,任何试图运用关于巫术的一般理论把握中国上古信仰世界之复杂状况的努力,都应该避免简单化的偏失。

从发展的眼光看,周公制礼作乐之后,巫术在祭典中越来越被排斥,巫术成为小传统而更为广泛地作用于民间社会也是历史的实情。因此,《渊源与酿生》将庄子的哲学精神溯源至这一小传统也是言之成理的。小传统一般是对大传统的疏离式的回应,但往往也是大传统的映射。一般认为,三代文化的演进是一个"由巫而史"的理性化的历程,其大趋势是巫的地位逐渐下降,并日益附属于王权。到了周初,周公"制礼作乐",最终完成了"巫史传统"的理性化过程,其结果有二:一是官职化的巫的某些特征直接转化为统治者的行为方式和品格,二是一些身份低微的巫者因遭到排斥、地位进一步下降,而不得不进入民间社会,成为小传统的一部分。可以引申思考的是:在"巫史传统"理性化的历史演进中,这种理性化以及被迫沦为小传统的巫文化,是如何复杂地作用于时代思想的。

笔者认为,《渊源与酿生》从一个侧面揭示了民间巫文化对庄子思想

---

① 张光直:《中国青铜时代(二集)》,生活·读书·新知三联书店1990年版,第64页。
② 陈梦家:《商代的神话与巫术》,转引自张光直《中国青铜时代(二集)》,第60页。

的作用，虽是微观的分析与探索，却展示了思想发展的另一真实面向。另一方面，西周以来中国文化的人文主义转向，以及春秋之际的理性主义思潮，对庄子哲学精神的发生性影响也特别值得关注。

《渊源与酿生》对后一方面也有论及。在"巫史传统与老庄思想背景之亲缘"一节中，作者指出，老子虽然也秉承了巫文化的精神传统，但由于置身于人文理性萌醒的春秋末期，传统巫文化的"与神合一"已不再是老子作为史官的最高追求，"经由老子而庄子，巫者所追求的'与神合一'最终被转换成个体自我'与道合一'的至高精神境界。而正如老子思想的巫魅性那样，这种精神理想的理论展开也主要包括三个关键环节：个体与至上之道的关系；得道之方；得道者之容态和心境。从《庄子》书中的具体论述看，这是一种既不失诡秘的巫魅色彩，同时又透显着人文理性特质的人生理想"①。在这里，"巫魅性"让位于"巫魅色彩"。其中的原因是，无论老子还是庄子，其思想毫无疑义地具有人文理性的特质，他们所推重的乃是据以莅天下，使"其鬼不神"（《老子》第六十章》）且能"神鬼神帝"（《庄子·大宗师》）的理性之"道"。这正是"巫史传统"理性化对道家之老庄的深刻影响。

毫无疑问的是，面对庄子思想的复杂性，在描绘庄子哲学精神之起源与发生的地图作业上，《庄子哲学精神的渊源与酿生》向我们呈现了一条重要道路。作者的探险精神以及精细操作所展示的沿途风景，常给人"世之奇伟、瑰怪、非常之观，常在于险远"（王安石《游褒禅山记》）之感，适足以在庄学研究的道路上留下引人注目的路标。

---

① 邓联合：《庄子哲学精神的渊源与酿生》，第91—92页。

后　　记

　　本书初版于 2011 年。此次修订再版，调整、修改了部分章节的结构和标题，以使其眉目清晰可观，同时补充并吸收了学界近年来出现的相关研究成果，对初版中的一些表述欠妥的文字也进行了纠正，另外还将《〈庄子〉与〈诗〉的显隐关联发微》一文作为余论补入其中。

　　感谢初版时为本书赐序的北京大学哲学系的李中华教授，以及现在已是山东大学哲学与社会发展学院教授的王玉彬博士！感谢我的挚友、南京大学哲学系白欲晓教授为本书撰写评论文章！感谢我所在的中山大学哲学系（珠海）提供的支持！当然还要感谢责任编辑郝玉明女士！

邓散行

2024 年 3 月 7 日夜 珠海唐家湾畔